El mayor enemigo de Europa
y otros textos escogidos

el paseo | central, 17

Joseph de Maistre

El mayor enemigo de Europa

y otros textos escogidos

Antología y presentación
E. M. Cioran

Traducción
Yolanda Morató

el paseo, 2020

GOBIERNO DE ESPAÑA
MINISTERIO DE CULTURA Y DEPORTE

Esta obra ha recibido una ayuda a la edición
del Ministerio de Cultura y Deporte

LEER=
+♥♥♥♥

Título original: *Joseph de Maistre. Textes choisis et présentés par E. M. Cioran* (1957)

www.elpaseoeditorial.com

1ª edición: julio de 2020

Diseño y preimpresión: EL PASEO EDITORIAL
Cubiertas: Jesús Alés (sputnix.es)
Corrección: Deculturas, S. C. A.
Impresión y encuadernación: Kadmos

I.S.B.N. 978-84-120728-2-2
DEPÓSITO LEGAL: Se-1087-2020
CÓDIGO THEMA: JP; Q

Impreso en España.

Contenido

Prefacio
(Ensayo sobre el pensamiento reccionario)*

A Joseph de Maistre le corresponde un lugar destacado entre los pensadores que, como Nietzsche y san Pablo, albergaban el estilo y el ingenio de la provocación. Tuvo que crear una obra llena de barbaridades mediante un método que no nos deja de seducir y exasperar y con el que eleva el menor de los problemas al plano de la paradoja y de la dignidad del escándalo y blande un anatema con una crueldad envuelta en fervor. La magnitud y la elocuencia de su encono, la pasión que desplegaba al servicio de las causas indefendibles, su determinación para legitimar más de una injusticia, su predilección por la fórmula letal erigen este espíritu desmesurado que, sin que se digne a persuadir al oponente, aplasta de golpe con el adjetivo. Sus conviccio-

* Este texto de E.M. Cioran se publicó por primera vez como prefacio a la antología de textos escogidos de Joseph de Maistre que presentamos en este volumen, y que el propio Cioran realizó para Éditions du Rocher (Mónaco, Francia) en 1957 con el título: *Joseph de Maistre. Textes choisis et présentés par E.M. Cioran.* Posteriormente, este texto se conoce como *Essai sur la pensée réactionnaire. À propos de Joseph de Maistre*, según fue publicado ya exento por Éditions Fata Morgana en 1977. Las nuevas ediciones han suprimido ya cualquier referencia desde el título a su *à propos.* (Nota del editor.)

nes tienen la apariencia de una gran firmeza: ante las súplicas del escepticismo, supo responder con la arrogancia de sus prevenciones, con la vehemencia dogmática de su desprecio.

Hacia finales del siglo pasado, en el apogeo de la ilusión liberal, podíamos permitirnos el lujo de llamarlo «profeta del pasado», de considerarlo una reliquia o un fenómeno aberrante. Pero nosotros, que venimos de una época bastante desengañada, sabemos que nos pertenece en la medida en que creó un «monstruo» y, precisamente por esa dimensión detestable de sus doctrinas, está vivo, es actual. Aunque los demás lo superasen, no dejaría de pertenecer a esa familia de mentes a la que el paso de los años trata de maravilla.

Envidiamos la suerte, el privilegio que tuvo de desconcertar tanto a sus detractores como a sus entusiastas, de obligar a unos y a otros a preguntarse: ¿hizo en realidad una apología del verdugo y de la guerra o se limitó tan solo a reconocer que eran necesarios? En su requisitoria contra Port-Royal, ¿expresó la esencia de su pensamiento o se entregó sin más a un ataque de ira? ¿Dónde acaba el teórico y dónde comienza el partisano? ¿Era un cínico, un entusiasmado o tal vez no fuese sino un esteta confundido por el catolicismo?

Mantener el equívoco, desconcertar con unas convicciones tan rotundas como las suyas, es una proeza. Resulta inevitable que se llegase a cuestionar la seriedad de su fanatismo, que se hiciera hincapié en las restricciones que él mismo imponía sobre la brutalidad de sus comentarios y que se subrayaran con insistencia sus raras complicidades con el sentido común. En cuanto a nosotros, no seremos quienes le hagamos el agravio de considerarlo un tibio. Lo que recordaremos de él es su espléndida y maravillosa impertinencia, su falta de imparcialidad, de mesura y, a veces, de decencia. Si no nos irritase a cada momento, ¿conservaríamos la paciencia necesaria para leerlo? Las verdades de las que se hizo apóstol aún merecen la pena por la apasionada deformación que les infligía su temperamento. Transfiguró las sandeces del catecismo y aportó un sabor singular a los lugares comunes de la Iglesia. Las religiones mueren por falta de paradojas: él lo sabía, o lo sentía, y para salvar el cristianismo, se las ingenió para introducir algún que otro elemento mordaz con algo más de terror. Contribuía a ello su talento como escritor, mucho más que su piedad, a la que, en opinión de la señora Swetchine, que lo conocía bien, le faltaba ardor. Enamorado de la expresión corrosiva, ¿cómo habría podido acceder a rumiar el cariz insustancial de las plegarias? (¡Un panfletista en oración! Es concebible, aunque desagradable). De Maistre aspira únicamente a la humildad, virtud ajena a su naturaleza, cuando recuerda que tiene que reaccionar como un cristiano. Algunos de sus exégetas pusieron en tela de juicio, no sin pesar, su sinceridad, cuando lo que deberían haber hecho es regocijarse ante el malestar que les inspiraba; sin sus contradicciones, sin los malentendidos que creaba en torno a sí mismo, con o sin intención, su caso habría quedado liquidado hace ya mucho tiempo, su carrera se daría por terminada y le llegaría la desgracia de que lo comprendiesen, que es lo peor que le puede ocurrir a un escritor.

Todo lo que hay de violento y elegante en su genio y en su estilo evoca la imagen de un profeta del Antiguo Testamento y de un hombre del siglo XVIII. En él, el aliento y la ironía dejan de ser irreconciliables; con su frenesí y sus agudezas, nos hace participar del encuentro del espacio y la privacidad, del infinito y del salón. Y aunque estableció su feudo en la Biblia, hasta el punto de admirar indiscriminadamente sus hallazgos y sus sandeces, odiaba sin matices la *Enciclopedia*, que leía, no obstante, por su carácter inteligente y la calidad de su prosa.

Sus libros, colmados como están de una pasión tonificante, nunca aburren. En cada uno de sus párrafos lo vemos exaltar o rebajar la impropiedad de una idea, de un acontecimiento o de una institución, o adoptar al respecto un tono de abogado o de turiferario.

> Todo francés que sea amigo de los jansenistas, o es tonto, o es jansenista.
>
> [...]
>
> Todo está milagrosamente mal en la Revolución francesa.
>
> [...]
>
> El mayor enemigo de Europa* al que hay que reprimir por todos los medios que no constituyan un crimen, la úlcera funesta que se incorpora a todas las soberanías y las corroe sin descanso, el hijo del orgullo, el padre de la anarquía, la sedición universal es el protestantismo.
>
> [...]
>
> En primer lugar, no hay nada tan justo, tan docto, tan incorruptible como los grandes tribunales españoles, y si a este carácter general le añadimos, además, el del sacerdocio católico, nos convenceremos, *a priori*, de que no puede haber en el universo nada más sereno ni más circunspecto ni más humano por naturaleza que el tribunal de la Inquisición.

Quien no conozca la práctica del exceso la puede aprender en la escuela de De Maistre, tan hábil para comprome-

* La cita de Cioran coincide con el texto de De Maistre, excepto en un solo término («*plus*») de carácter enfático [*Le plus grand ennemi de l'Europe* (Cioran) / *Le grand ennemi de l'Europe* (De Maistre)] que, de hecho, da título a esta edición. (Nota de la traductora.)

ter tanto lo que ama como lo que odia. Su libro *Del Papa* —una caterva de elogios, una avalancha de argumentos ditirámbicos— inquietó un poco al sumo pontífice, que vislumbró el peligro de semejante apología. No es más que una manera de elogiar: inspirar miedo a quien se alaba, hacerle temblar, obligarlo a esconderse lejos de la estatua que se le erige, coaccionarlo con la hipérbole generosa para que mida su mediocridad y sufra. ¿Qué es un alegato que ni atormenta ni perturba? ¿Qué es un elogio que no mata? Toda apología debería ser un asesinato por entusiasmo.

«No hay gran personalidad que no tienda a alguna exageración», escribe De Maistre, pensando, sin duda, en él mismo. Observemos que el tono tajante y a menudo enajenado de sus obras no está presente en sus cartas; fueron toda una sorpresa cuando se publicaron: ¿quién habría sospechado de un doctrinario furibundo la amabilidad que desprenden? En la distancia, el movimiento unánime de sorpresa nos resulta hoy algo ingenuo. Los pensadores suelen volcar la locura en sus obras y conservan la sensatez en sus relaciones con los demás; De Maistre será siempre más desenfrenado y despiadado cuando arremeta contra una teoría que cuando se dirija a un amigo o a un conocido. El cara a cara con la idea incita a divagar, anula el juicio y produce la ilusión de la omnipotencia. En realidad, enfrentarse a una idea desequilibra, le roba al espíritu su mesura y al orgullo su calma. Nuestros trastornos y nuestras aberraciones surgen de la lucha que libramos contra las irrealidades y las abstracciones, de nuestra voluntad de arrastrarlo todo hacia lo que no está; de ahí el lado impuro, tiránico, divagador de las obras filosóficas, como, por otra parte, de toda obra. El pensador que intenta emborronar una página sin *destinatario* se cree y se siente el árbitro del mundo. ¿Y cuando escribe cartas? Expresa, por el contrario, sus proyectos, sus debilidades y sus fracasos, atenúa los ultrajes de sus libros y descansa de sus excesos. La correspondencia de De Maistre es la de un hombre moderado. Algunos, contentos de haber encontrado en ella a otro hombre, lo situaron rápidamente junto a los liberales, olvidándose, así, del hecho de que fue tolerante en su vida por lo poco que lo fue en su obra, cuyas mejores páginas son precisamente aquellas en las que enaltece los abusos de la Iglesia y los rigores del poder.

Sin la Revolución, que fue su despertar ante los grandes problemas, la que le arrebató sus costumbres y lo hirió, De Maistre habría vivido en Chambéry la vida de un buen padre de familia y buen francmasón, y habría continuado mezclando su catolicismo, su monarquismo y su martinismo con ese toque de fraseología rousseauniana que afea sus primeros escritos. Cuando el ejército francés invadió Saboya, lo expulsó de allí; y él eligió el camino del exilio: su espíritu ganó con ello y también su estilo. Resulta visible cuando se comparan sus *Consideraciones sobre Francia* con aquellas obras declamatorias y difusas anteriores al periodo revolucionario. La infelicidad, que reforzó sus gustos y sus prejuicios, lo salvó de lo confuso y lo convirtió a un mismo tiempo en alguien incapaz de alcanzar la serenidad y la objetividad, raras virtudes en el exiliado, durante el resto de su vida. De Maistre vivió en el exilio incluso durante los años en que desempeñó funciones de embajador del rey de Cerdeña en San Petersburgo (1803-1817). Todos sus pensamientos portan la huella del exilio. «No hay más que violencia en el universo; pero estamos malcriados por la filosofía moderna, que nos dice que *todo está bien*, mientras que el mal lo ha mancillado todo y, en un sentido más que real, *todo está mal*, puesto que nada está en su sitio».

«Nada está en su sitio», canto de las emigraciones y, a un

mismo tiempo, punto de partida de la reflexión filosófica. La mente se despierta en contacto con el desorden y la injusticia: lo que está «en su sitio», aquello que es *natural*, la deja indiferente, la aletarga, mientras que la frustración y la privación le convienen y estimulan. Un pensador se enriquece de todo aquello que se le escapa, de todo aquello que se escamotea: si se queda sin patria, ¡qué golpe de suerte! Del mismo modo, el exiliado es un pensador a pequeña escala o un visionario de circunstancias, que va y viene entre la espera y el miedo, al acecho de acontecimientos con los que cuenta o a los que teme. ¿Tiene ingenio? Entonces se eleva, como De Maistre, por encima de ellos y los interpreta:

> [...] la condición primera de una revolución decretada es que cualquier cosa que pudiera prevenirla no existe y nada de lo que pudiera impedirla logra su propósito. Pero nunca el orden es más visible, nunca la Providencia más palpable, que cuando la acción superior sustituye a la del hombre y actúa sola: es eso lo que vemos en este momento.

En las épocas en que tomamos conciencia de la inutilidad de nuestras iniciativas, o asimilamos el destino a la Providencia, disfraz tranquilizador de la fatalidad, camuflaje del fracaso, declaración de impotencia para organizar el devenir, aunque con la determinación de obtener de ella las líneas esenciales y descubrir un sentido, o lo asimilamos a un juego de fuerzas mecánico, impersonal, cuyo automatismo regula nuestras acciones y hasta nuestras creencias. No obstante, a ese juego, por muy impersonal y mecánico que sea, le conferimos, a nuestro pesar, prestigios que su propia definición excluye, y lo llevamos de vuelta —conversión de los conceptos en agentes universales— a una potencia moral, responsable de los acontecimientos y del cariz que estos deben tomar. En pleno positivismo, ¿no se evocaba, en términos místicos, al *futuro*, al que se le atribuía una energía de una eficacia apenas menor que la de la Providencia? Hasta tal punto es verdad que en nuestras explicaciones se desliza una pizca de teología, inherente, incluso indispensable para nuestro pensamiento, por poco que este se obligue a ofrecer una imagen coherente del mundo.

Atribuirle al proceso histórico un significado, haciendo que surja de una lógica inmanente al devenir, significa suscribir, de manera más o menos explícita, una forma de Providencia. Bossuet, Hegel y Marx, por el propio hecho de asignarles a los acontecimientos un sentido, pertenecen ya a una misma familia o, al menos, en esencia no difieren unos de otros. Lo importante no es definir o determinar este sentido, sino recurrir a él, postularlo; y ellos recurren a él y lo postulan. Pasar de una concepción teológica o metafísica al materialismo histórico no es más que un cambio de providencialismo. Si desarrollásemos el hábito de mirar más allá del contenido específico de las ideologías y las doctrinas, comprobaríamos que acogerse a unas en lugar de a otras no implica ningún dispendio de sagacidad. Los que se adscriben a algún partido creen distinguirse de los que siguen a otro, mientras que todos, desde el momento en que lo eligen, se vinculan con intensidad, participan de una misma naturaleza y se diferencian, tan solo en apariencia, por la máscara que asumen. Es un disparate pensar que la verdad reside en el acto de elegir, cuando toda toma de posición equivale a un desprecio de la verdad. Para nuestra desgracia, elegir, adoptar una postura, es una fatalidad de la que nadie escapa; cada uno de nosotros debe elegir una no-realidad, un error, convencidos de que por fuerza estamos enfermos, febriles: nuestros asentimientos, nuestras adhesiones, son todos ellos síntomas alarmantes. Cualquiera se confunde con todo aquello que muestre indicios de disposiciones mórbidas: no hay salvación ni salud fuera del ser puro, tan puro como el vacío. Pero regresemos a la Providencia, a un tema casi tan impreciso... ¿Queremos saber hasta qué punto afectó a una época y cuáles fueron las dimensiones de la catástrofe que tuvo que padecer? Midamos la obstinación que han desplegado los creyentes para justificar el designio, el programa y la conducta de la divinidad. No es de extrañar que la obra capital de De Maistre, *Las veladas de San Petersburgo*, sea una variación sobre el tema del gobierno temporal de la Providencia: ¿acaso no vivía él en una época en la que, para que sus contemporáneos pudieran discernir los efectos de la bondad divina, hacía falta combinar los recursos del sofisma, de la fe y de la ilusión? En el siglo v, en la Galia devastada por las invasiones bárbaras, cuando Salviano escribía *De Gubernatione Dei*, se entregaron también a una tarea similar: una lucha desesperada contra la evidencia, una misión sin objetivo, un esfuerzo intelectual basado en la alucinación... La justificación de la Providencia es el quijotismo de la teología.

Por muy dependiente de distintos momentos históricos que sea la sensibilidad al destino, no está, sin embargo, menos condicionada por la naturaleza del individuo. Cualquiera que aborde empresas importantes se sabe a merced de una realidad que le supera. Solo los espíritus vanos, solo los «irresponsables» creen que actúan con libertad; los demás, en el seno de una experiencia esencial, rara vez escapan de la obsesión de la necesidad o de «la estrella». Los gobernantes son administradores de la Providencia, señala Saint-Martin; Friedrich Meinecke observó, por su parte, que, en el sistema de Hegel, los héroes tenían aspecto de unos simples funcionarios del Espíritu absoluto. Un sentimiento similar provocó que De Maistre dijera que los líderes de la Revolución no eran sino «autómatas», «instrumentos», «criminales», y que, lejos de encauzar los acontecimientos, por el contrario, no hacían otra cosa que someterse a su curso.

Esos autómatas, esos instrumentos, ¿de qué manera eran más culpables que la fuerza «superior» que los había despertado y cuyos decretos ejecutaban fielmente? ¿No sería esta misma fuerza también «facinerosa»? Dado que para De Maistre representaba el único punto fijo en el centro del «torbellino» revolucionario, no presentó acusación alguna o, al menos, se comportó como si aceptara sin discusión su soberanía. En su mente, solo intervendría de manera efectiva en los momentos de desconcierto y desaparecería en periodos de calma, asimilándola así, implícitamente, a un fenómeno de época, a una Providencia circunstancial, útil para explicar las catástrofes, superflua en el intervalo entre las desgracias y cuando las pasiones se apaciguan. Al circunscribirla al tiempo, le quitó peso. Para nosotros solo está plenamente justificada si se produce en todas partes y siempre, si permanece siempre en vela. ¿Qué hacía antes de 1789? ¿Dormitaba? ¿No se mantuvo en su puesto a lo largo del siglo XVIII, y acaso no era ese su deseo, en ese siglo al que De Maistre, a pesar de su teoría de la intervención divina, convierte en el principal responsable del advenimiento de la guillotina?

Esta fuerza asume para él un contenido, se convierte verdaderamente en la Providencia a partir de un milagro, a partir de la Revolución.

> Que en pleno corazón del invierno, frente a un millar de testigos, un hombre le ordene a un árbol que se cubra de repente de hojas y de frutos, y que el árbol obedezca, provocará

que todo el mundo grite que es un milagro y que se postre ante el taumaturgo. Pero la Revolución francesa y todo lo que está sucediendo* en este momento es tan maravilloso en su género como la fructificación súbita de un árbol en el mes de enero [...].

Ante una fuerza que obra semejantes prodigios, el creyente se preguntará sobre la manera de salvaguardar su libertad, de evitar la tentación del quietismo y, la más grave, la del fatalismo. El autor trata de darle la vuelta a estas dificultades, planteadas al comienzo mismo de las *Consideraciones*, recurriendo a sutilezas o equívocos:

> Estamos todos** atados al trono del Ser Supremo por una cadena flexible, que nos retiene sin esclavizarnos.
>
> En el orden universal de las cosas lo más admirable es la acción de los seres libres bajo la mano divina. Libremente esclavos, obran de manera voluntaria y necesaria a un mismo tiempo: hacen realmente lo que quieren, pero sin poder alterar los planes generales.

Una «cadena flexible», esclavos que actúan «libremente»; esas son las inconsistencias que delatan los aprietos del pensador ante la imposibilidad de reconciliar la omnipotencia divina y la libertad humana. Y, sin duda, para salvaguardar esta libertad, para dotarla de un campo de

---

* La cita de Cioran coincide con el texto de De Maistre, excepto en dos términos que el primero omite y que ha eliminado de la cita («*en Europe*») [*et tout ce qui se passe dans ce moment* (Cioran) / *et tout ce qui se passe en Europe dans ce moment* (De Maistre). (N. de la T.)

** La cita de Cioran coincide con el texto de De Maistre, excepto en un solo término que añade Cioran («*tous*») [*Nous sommes tous attachés* (Cioran) / *Nous sommes attachés* (De Maistre)]. (N. de la T.)

acción más amplio, De Maistre postula la supresión de la intervención divina en tiempos de equilibrio, breves intervalos, a decir verdad, pues la Providencia, que es reacia a permanecer en la sombra durante periodos prolongados, no sale de su descanso más que para asestar golpes, para demostrar su inclemencia. La guerra será su «departamento», en el que no permitirá que el hombre actúe «sino de una manera más o menos mecánica, pues el éxito depende casi en su totalidad de aquello que menos depende de él». La guerra será, por tanto, «divina», «una ley del mundo», pero, sobre todo, «divina», por su forma de estallar. «En el momento preciso, dirigido por los hombres y prescrito por la justicia, Dios avanza para vengar las injusticias que los habitantes del mundo han cometido contra él».

«Divino» no es un adjetivo que De Maistre utilice con demasiada facilidad: la Constitución, la soberanía, la monarquía hereditaria y el pontificado son, según él, obras «divinas», como lo es toda autoridad consolidada por la tradición, todo orden cuyo origen se remonte a una época lejana; el resto, usurpación miserable y, en consecuencia, obra «humana». En suma, «divino» remitiría al conjunto de instituciones y fenómenos que aborrece el pensamiento liberal. En referencia a la guerra, el adjetivo parece, a primera vista, infeliz; si se reemplaza por «irracional», deja de serlo. Este tipo de sustitución, efectuada en numerosísimas declaraciones de De Maistre, atenuaría su carácter escandaloso; pero, al recurrir a ellas, ¿no acabaríamos desvirtuando un pensamiento en cuya virulencia reside su encanto? Eso no impide que nombrar e invocar a Dios en todo momento, unirlo y asociarlo a lo horrible, pueda estremecer al creyente algo equilibrado, reacio y razonable, pero no al fanático que, al ser un verdadero creyente, se deleita con las extravagancias sanguinarias de la divinidad.

Divina o no, la guerra, tal como se resalta en *Las veladas*, no deja de ejercer cierta fascinación en nosotros. No ocurre lo mismo cuando preocupa a un espíritu de segundo orden como Donoso Cortés, discípulo español de De Maistre. «La guerra, obra de Dios, es buena como buenas son sus obras; pero una guerra puede ser desastrosa e injusta, pues es obra del libre albedrío del hombre». «[...] Nunca he podido entender a quienes anatematizan la guerra. Este anatema es contrario a la filosofía y a la religión: quienes lo verbalizan no son ni filósofos ni cristianos».

El pensamiento del maestro, ya instalado en una posición extrema, resulta difícilmente compatible con el bombo añadido que le aporta el estudiante. Las malas causas requieren talento o temperamento. El discípulo, por definición, no tiene ni lo uno ni lo otro.

En De Maistre, la agresividad es inspiración; la hipérbole, ciencia infusa. Llevado a los extremos, no piensa en otra cosa que en llevarnos allí; y es así cómo logra que nos reconciliemos con la guerra, cómo nos reconcilia con la soledad del verdugo, si no con el propio verdugo. Cristiano por persuasión antes que por sentimiento, bastante ajeno a los personajes del Nuevo Testamento, amaba en secreto el boato de la intolerancia y le resultaba conveniente ser intratable: ¿acaso no fue esa la razón por la que entendió tan bien el espíritu de la Revolución? ¿Y habría sido capaz de describir sus vicios si no los hubiese encontrado en sí mismo? Como enemigo del Terror, para combatirlo tuvo que impregnarse de él, asimilarlo —y uno no se rebela impunemente contra un acontecimiento, una época o una idea—. Su experiencia religiosa acabaría por resentirse: en ella domina su obsesión con la sangre. Asimismo, se sintió más atraído por el antiguo Dios («el Dios de los ejércitos») que por el Cristo del que siempre se habla con fórmulas convencionales, «sublimes» y, la mayor parte de las veces, para justificar esta teoría, interesante sin más, sobre la reversibilidad del dolor de los inocentes en favor del de los culpables. El único Cristo que le hubiera podido convenir habría sido el de la imaginería española: sanguinolento, desfigurado, convulsivo y satisfecho hasta el delirio con su crucifixión.

Al apartar a Dios lejos del mundo y de los asuntos humanos, al despojarlo de las virtudes y de las facultades que le hubieran permitido hacer sentir su presencia y su autoridad, los deístas lo habían rebajado al nivel de una idea y de un símbolo, de una figuración abstracta de la bondad y de la sabiduría. Tras un siglo de «filosofía», se trataba de conferirle de nuevo sus antiguos privilegios, el estatuto de tirano del que tan despiadadamente había sido despojado. Si era bueno y correcto, dejaba de ser temible, perdía todo su poder sobre las mentes. Peligro de gran magnitud del que De Maistre fue más consciente que cualquiera de sus contemporáneos y contra el cual no podía hacer otra cosa que no fuera luchar con todas sus fuerzas para restablecer al «verdadero» Dios, al Dios terrible. Nada en las religiones resulta comprensible si recordamos que el hombre huyó de una divinidad caprichosa, malvada y hasta feroz, o se nos olvida que ama el miedo hasta el frenesí.

El problema del mal no perturba en realidad más que a algunos delicados, a algunos escépticos, indignados por la manera que tiene el creyente de esquivarlo o de acomodarse a él. Es a ellos, pues, a quienes se dirigen en primer lugar las teodiceas, tentativas de humanizar a Dios, acrobacias desesperadas que fracasan y quedan comprometidas en la práctica, pues la experiencia las desmiente a cada instante. Por más que se esfuerzan en persuadirlos de que la Providencia es justa, no lo logran; la declaran sospechosa, la incriminan y le piden que rinda cuentas en nombre de una evidencia: la del mal, evidencia que De Maistre intentará negar. «El mal está en todo», nos enseña; sin embargo, el mal, se apresurará a añadir, se reduce a una fuerza «puramente negativa» que no tiene nada en «común con la existencia», a un «cisma del ser», a un accidente. Otros, por el contrario, pensarán que es tan constitutivo del ser y tan verdadero como el bien; es *naturaleza*, ingrediente esencial de la existencia y en absoluto un fenómeno accesorio, y que los problemas que plantea se vuelven irresolubles desde el momento en que nos negamos a introducirlo, a integrarlo, en la composición de la sustancia divina. Al igual que la enfermedad no significa la ausencia de la salud, sino una realidad tan objetiva y duradera como esta última, el mal *merece el mismo valor* que el bien, al que supera incluso en indestructibilidad y plenitud. Un principio positivo y un principio negativo coexisten y se funden en Dios, como también coexisten y se funden en el mundo. El concepto de culpabilidad de Dios no es un concepto gratuito, sino necesario y perfectamente compatible con el de su omnipotencia: ella sola confiere cierta inteligibilidad al desarrollo histórico, a todo lo que tiene de monstruoso, de insensato y de irrisorio. Atribuirle la pureza y la bondad al autor del porvenir es renunciar a comprender la mayor parte de los acontecimientos y, en especial, el más importante de todos: la Creación. Dios no podía eludir la influencia del mal, resorte de los actos, agente indispensable para cualquiera que, harto de reposar en sí mismo, aspira a salir de sí mismo para propagarse y envilecerse en el tiempo. Si el mal, secreto de nuestro dinamismo, desapareciera de nuestras vidas, vegetaríamos en la perfección monótona del bien, el cual, a juzgar por el Génesis, irritaba al propio Ser Supremo. El combate entre los dos principios, el positivo y el negativo, se disputa en todos los niveles de la existencia, incluida la eternidad. Todos estamos sumidos en la aventura de la Creación, proeza de las más temibles, sin «fines morales», y quizá sin significado; y aunque la idea y la iniciativa correspondan a Dios, no podríamos albergar nada contra él, teniendo en cuenta el gran prestigio de primer culpable del que goza ante nuestros ojos. Al convertirnos en sus cómplices, nos ha asociado a este inmenso movimiento de solidaridad en el mal, que sostiene y fortalece la confusión universal.

Sin duda, De Maistre no se demoraría en una doctrina fundada, hasta ese punto, en la razón: ¿acaso no se proponía dotar de verosimilitud a una teoría tan temeraria como la de una divinidad esencial y únicamente buena? Empresa difícil, incluso irrealizable, con la que esperaba cumplir sometiendo a la naturaleza humana: «[...] nunca se castiga a ningún hombre como justo, sino como hombre; de modo que es falso que la virtud sufra en este mundo: es la naturaleza humana la que sufre, y se lo merece siempre».

¿Cómo exigirle al justo que separe su condición de hombre de su condición de justo? Ningún inocente podría llegar a afirmar: «Sufro como hombre y no como hombre de bien». Exigir semejante disociación significa cometer un error psicológico, equivocarse sobre el sentido de la rebelión de un Job y no haber comprendido que el apestado cedió ante Dios, menos por convicción que por desaliento. Nada permite considerar la bondad como el principal atributo de la divinidad. El propio De Maistre parece a veces tener la tentación de pensarlo: «¿Qué es una injusticia de Dios respecto al hombre? ¿Es que acaso hay un legislador común por encima de Dios que le haya prescrito la manera en que debe actuar para con el hombre? ¿Y quién sería el juez entre él y nosotros?». «Cuanto más terrible nos parezca Dios, más deberemos intensificar nuestro temor religioso hacia él, más ardientes e infatigables deberán ser nuestras plegarias: pues nada nos dice que su bondad las reemplazará». Y en uno de los pasajes más significativos de *Las veladas*, añade estas consideraciones de una imprudente franqueza:

> Dado que la prueba de Dios precede a la de sus atributos, sabemos que *él existe* antes de saber *lo que es*. Nos hallamos, pues, en un reino cuyo soberano ha publicado de una vez por todas las leyes que todo lo rigen. Estas leyes llevan, en general, el sello de una sabiduría e incluso de una bondad manifiestas: algunas, sin embargo (lo supongo en este momento), parecen duras y, si se quiere, incluso injustas; sobre este aspecto, pregunto a todos los descontentos: ¿qué es lo que se debe hacer? ¿Salir del imperio quizás? Imposible: está por todas partes y nada existe fuera de él. ¿Quejarse, contrariarse, escribir contra el soberano? Será para acabar azotado o condenado a muerte. No hay mejor partido que se pueda tomar que el de la resignación y el respeto, y diría incluso que el del amor; dado que, ya que partimos de la suposición de que el señor existe y que debemos servirle por fuerza, ¿no es mejor servirle (quienquiera que sea) por amor que sin amor?

Revelación inesperada que le hubiese encantado a un Voltaire. Aquel que se había esforzado en celebrar la bondad y honorabilidad de la Providencia la desvela, denuncia y considera sospechosa. Admirable sinceridad de la que debió de comprender los peligros. En adelante, la tendrá en cuenta cada vez menos y, como de costumbre, acusando al hombre, dirá *qué hartura* ante el proceso interpuesto contra Dios mediante la rebelión, la risa burlona o la desesperanza. Para incriminar aún más a la naturaleza humana por los males que soporta, forjará su teoría, sumamente insostenible, sobre el origen moral de las enfermedades. «Si no hubiese ningún mal moral sobre la Tierra, no habría ningún mal físico»; «[...] todo dolor es un suplicio impuesto por algún crimen actual o primitivo»; «si no he hecho ninguna distinción entre las enfermedades es porque todas ellas son castigos».

De Maistre derivó esta doctrina de la del pecado original, sin la cual, nos dice, «no se explica nada». Pero se equivoca cuando reduce el Pecado a una transgresión primitiva, a una falta inmemorial y afectada, en lugar de ver en él una tara, un vicio de la naturaleza; se equivoca también cuando, tras haber hablado con toda la razón de una «enfermedad original», la atribuye a nuestras iniquidades, mientras que en realidad se hallaba, como el Pecado, inscrita en nuestra esencia misma: depravación primordial, calamidad que afecta indiferentemente al bueno y al malvado, al virtuoso y al vicioso.

Cuando se ciñe a describir los males que nos abruman, está en lo cierto; pero comete un error en cuanto intenta explicar y justificar su distribución en la Tierra. Sus constataciones nos parecen exactas; sus teorías y sus juicios de valor, inhumanos y carentes de valor alguno. Si las enfermedades, como le gusta pensar, fueran castigos, el resultado serían hospitales rebosantes de monstruos y los incurables, con mucho, los mayores criminales que existen. Pero no arrinconemos la apologética; mostrémonos indulgentes con aquellos que se apresuran a declarar inocente a Dios, a eximirle de toda culpa, reservándole únicamente al hombre el honor de haber concebido el mal... Como todas las grandes ideas, la de la Caída lo explica todo y no explica nada, y resulta tan difícil servirse de ella como dejarla pasar. Pero, en definitiva, tanto si es imputable a una falta como si lo es a una fatalidad, a un acto de orden moral o a un principio metafísico, la Caída explica, al menos en parte, nuestros extravíos, nuestras resultas, nuestras búsquedas infructuosas, la terrible singularidad de los seres, el papel de perturbador, de animal desquiciado e inventivo que se nos ha asignado a cada uno de nosotros. Y aunque dicha teoría comporte numerosos puntos dudosos, hay uno, sin embargo, cuya importancia no se puede contestar: es aquel que hace que nuestra decadencia se remonte a la separación del todo. Este no se le podía escapar a De Maistre: «Cuanto más examinamos el universo, más nos sentimos inclinados a pensar que el mal procede de cierta división que no se sabe explicar y que el retorno al bien depende de una fuerza contraria que nos empuja sin cesar hacia una unidad igualmente inconcebible».

¿Cómo explicar, en efecto, dicha división? ¿Atribuyéndola a la insinuación del devenir en el ser? ¿A la infiltración del movimiento en la unidad primordial? ¿A un movimiento de oscilación fatal concedido a la indistinción feliz anterior al tiempo? No se sabe. Lo que parece cierto es que «la historia» procede de una identidad rota en pedazos, de un desgarramiento inicial, origen de lo múltiple, fuente del mal.

La idea del pecado, conectada con la de la división, no satisface al espíritu, salvo si se usa con precaución, en contra de un De Maistre que con total arbitrariedad llega a imaginar un pecado original de segundo orden, responsable —según él— de la existencia del salvaje, ese «descendiente de un hombre separado del gran árbol de la civilización por una prevaricación cualquiera», ese ser degradado al que no se podría mirar «sin leer el anatema escrito, no solo en su alma, sino hasta en la forma exterior de su cuerpo», ese ser «azotado en lo más profundo de su esencia moral», sin parecido alguno con el hombre primitivo, pues «con nuestra inteligencia, nuestra moral, nuestras ciencias y nuestras artes, nosotros somos precisamente a ese hombre primitivo lo que el salvaje es a nosotros».

Y nuestro autor, siempre dispuesto a llegar hasta los confines de toda idea, a sostener que «el estado de civilización y de ciencia es en cierto sentido el estado natural y primitivo del hombre»; que los primeros humanos, seres «maravillosos», al haber comenzado por una ciencia superior a la nuestra, percibían los efectos en las causas y se encontraban en posesión de «comunicaciones muy valiosas», ofrecidas por «seres de un orden superior», y que, además, ciertos pueblos reacios a nuestra manera de pensar parecen conservar aún el recuerdo de la «ciencia primitiva» y de la «era de la intuición».

¡He aquí la civilización colocada antes de la historia! Esa idolatría de las génesis, del paraíso ya consumado, esa obsesión con los orígenes, es la huella misma del pensamiento «reaccionario» o, si se prefiere, «tradicional». Se puede concebir, ciertamente, una «era de la intuición», aunque, no obstante, a condición de no asimilarla en absoluto a la civilización misma, la cual —ruptura con el modo de conocimiento intuitivo— supone relaciones complicadas entre el ser y el conocer, así como una incapacidad del hombre para salir de sus propias categorías, siendo el «civilizado», por definición, ajeno a la esencia, a la percepción simultánea de lo inmediato y de lo último. Hablar de una civilización perfecta anterior a la aparición de las condiciones susceptibles para que cualquier civilización sea posible es jugar con las palabras; incluir en ella la edad de oro es ampliar abusivamente la esfera del concepto de civilización. La historia, según De Maistre, debe hacernos regresar —por los recodos del mal y del pecado— a la unidad de la era paradisíaca, a la civilización «perfecta», a los secretos de la «ciencia primitiva». Pero no cometamos la indiscreción de preguntarle en qué consistían esos secretos: los ha declarado impenetrables, privilegio de hombres «maravillosos» no menos impenetrables. De Maistre no expresa jamás una hipótesis cuya certeza no trate inmediatamente con las debidas consideraciones: ¿cómo podría él poner en duda la existencia de una ciencia inmemorial cuando, sin ella, no sería capaz de «explicarnos» la primera de nuestras catástrofes? Al ser los castigos proporcionales a los conocimientos del culpable, el diluvio —nos asegura— supone «crímenes inauditos»; y a su vez, estos crímenes suponen «conocimientos infinitamente superiores a los que tenemos». Hermosa e improbable teoría, que se acerca a la de los salvajes, cuyos términos son los siguientes:

> El dirigente de un pueblo que haya alterado en su territorio el principio moral por algunas de esas prevaricaciones que, según las apariencias, ya no son posibles en el estado actual de las cosas, porque felizmente ya no sabemos lo suficiente como para convertirnos en culpables hasta ese punto; como digo, este dirigente del pueblo transmite el anatema a su posteridad; y al ser toda fuerza constante, por su propia naturaleza, aceleradora, pues se suma constantemente a sí misma, y debido a que esta degradación afecta sin tregua a sus descendientes, al final los ha convertido en lo que denominamos *salvajes*.

Ningún tipo de precisión sobre la naturaleza de esa prevaricación. Apenas sabremos algo más hasta que nos diga que es imputable a un pecado original de segundo orden. ¿No es demasiado cómodo, para exculpar a la Providencia, atribuirle a la criatura las anomalías que abundan sobre la Tierra? Pues si el hombre se hallaba degradado desde el principio, su degradación, al igual que la del salvaje, no pudo comenzar por la falta cometida en un momento dado, por una prevaricación inventada, en resumidas cuentas, para consolidar un sistema y defender una causa más que equívoca.

La doctrina de la Caída ejerce una fuerte seducción sobre los reaccionarios, sin que importe el tipo al que pertenezcan; entre ellos, los más insensibles y los lúcidos conocen, además, los recursos que ofrece contra el prestigio del optimismo revolucionario: ¿acaso no postula la invariabilidad de la naturaleza humana, abocada sin remedio a la decadencia y a la corrupción? En consecuencia, no hay ningún origen, ninguna solución a los conflictos que asolan a las sociedades ni posibilidad alguna de un cambio radical que pudiera modificar su estructura: la historia, tiempo idéntico, ¡es el marco en que se desarrolla el proceso monótono de nuestra degradación! El reaccionario, ese conservador que se ha quitado la máscara, siempre tomará prestado lo peor, y lo más profundo, que tienen las sabidurías: la concepción de lo irreparable, la visión estática del mundo. Toda sabiduría y, con mayor razón, toda metafísica, son reaccionarias, como conviene a toda forma de pensamiento que, en busca de constantes, se emancipe de la superstición de lo diverso y de lo posible. Contradicción en términos como al hablar de un sabio, o de un metafísico, revolucionario. A cierto nivel de distancia y clarividencia la historia deja de tener curso; incluso el *hombre* deja de contar: romper con las apariencias es vencer a la acción y a las ilusiones que se derivan de ella. Cuando uno reflexiona detenidamente sobre la miseria esencial de los seres, uno no se detiene en la que surge de las desigualdades sociales ni se esfuerza en remediarla (¡Imaginémonos una revolución que extrajese sus eslóganes de Pascal!).

A menudo, el reaccionario no es más que un sabio hábil, un sabio interesado que, mediante la explotación política de las grandes verdades metafísicas, escruta sin disimulo ni piedad las cimas del fenómeno humano para proclamar su horror. Un explotador de lo terrible cuyo pensamiento —paralizado por cálculo o por exceso de lucidez— minimiza o calumnia al tiempo. Mucho más generoso, por ser mucho más ingenuo, es el pensamiento revolucionario, que asocia a la disgregación del devenir la idea de sustancialidad, distingue en su curso un principio de enriquecimiento, una fecunda dislocación de la identidad y de la monotonía, y una especie de perfectibilidad jamás desmentida, siempre en marcha. Como *un desafío lanzado a la idea del pecado original*, así aparece el sentido último de las revoluciones. Antes de proceder a la liquidación del orden establecido, desean liberar al hombre del culto de los orígenes a los que le condena la religión; no lo consiguen más que socavando a los dioses, debilitando su poder sobre las conciencias. Pues son ellos, los dioses, quienes, encadenándonos a un mundo anterior a la historia, nos hacen despreciar el Devenir, fetiche de todos los innovadores, del mero protestón al anarquista.

Nuestro sentimiento o nuestra visión del tiempo nos dictan nuestras concepciones políticas. Si la eternidad nos obsesiona, ¿qué nos importan los cambios que se operan en la vida de las instituciones o de los pueblos? Para preocuparse, para interesarse por ellos, habría que creer, como sucede con el espíritu revolucionario, que el tiempo contiene en potencia la respuesta a todos los interrogantes y el remedio a todos los males; que su desarrollo conlleva la elucidación del misterio y la reducción de nuestras perplejidades; que es el agente de una metamorfosis total. Pero he aquí lo más curioso: el revolucionario no idolatra el devenir más que cuando se instaura el orden por el que había combatido; se plantea entonces para él la conclusión ideal del tiempo, el *siempre* de las utopías, momento extratemporal, único e infinito, suscitado por la llegada de un nuevo periodo, diferente por completo de los otros, eternidad terrenal que cierra y corona el proceso histórico. La idea de la edad de oro, en resumen, la idea del paraíso, obsesiona de igual manera a creyentes y a no creyentes. Sin embargo, entre el paraíso esencial de las religiones y el paraíso final de las utopías hay todo un intervalo que separa un anhelo de una esperanza, un remordimiento de una ilusión, una perfección afectada de una perfección conseguida. Resulta fácil advertir de qué lado se encuentran la eficacia y el dinamismo: cuanto más marcada esté una época por el espíritu utópico (que puede muy bien presentarse bajo un disfraz «científico»), más posibilidades tendrá de triunfar y de convertirse en duradero. Como demuestra la fortuna del marxismo, en el terreno de la acción siempre se gana cuando se coloca lo absoluto en lo posible, y nunca al comienzo, sino al final del tiempo. Como todos los reaccionarios, a semejanza de De Maistre, lo situó en el pasado. El calificativo de *satánica* que le atribuyó a la Revolución francesa bien podría haberlo extendido al conjunto de los acontecimientos: su odio hacia toda innovación equivalía a un odio hacia el movimiento como tal. Lo que tiene como objetivo es unir a los hombres a la tradición, alejarlos de la necesidad que tienen de interrogarse sobre el valor y la legitimidad de los dogmas y de las instituciones: «Si él [Dios] ha colocado ciertos objetos más allá de los límites de nuestra visión, es, sin duda, porque sería peligroso para nosotros percibirlos con claridad». «Me atrevo a decir que lo que debemos ignorar es más importante que aquello que debemos saber».

Partiendo de la idea de que, sin la inviolabilidad del misterio, el orden se desploma, De Maistre opone a las indiscreciones del espíritu crítico las prohibiciones de la ortodoxia; y a la abundancia de herejías, el rigor de una verdad única. Pero llega demasiado lejos y desvaría cuando quiere hacernos admitir que «toda proposición metafísica que no proceda, como ella misma, de un dogma cristiano no es ni puede ser más que una excentricidad culpable». Fanático de la obediencia, acusa a la Revolución de haber dejado al descubierto el trasfondo de la autoridad y de haber revelado su secreto a los no iniciados, a las masas.

> Cuando a un niño se le da uno de esos juguetes que, mediante un mecanismo interno, efectúa movimientos inexplicables para él, lo rompe para ver qué hay dentro una vez que se ha divertido con él durante un tiempo. Así es cómo han tratado los franceses al gobierno. Han querido ver su interior: han dejado al descubierto los principios políticos, les han abierto los ojos a las masas sobre objetos que nunca se habrían atrevido a examinar, sin considerar que hay cosas que se destruyen al mostrarlas [...].

Observaciones de una lucidez insolente, agresiva, que podrían haber sido sostenidas por el representante de cualquier régimen o de cualquier partido. Sin embargo, ni un liberal (ni un «hombre de izquierdas») se atrevería jamás a hacerlas suyas. ¿Debe la autoridad, para poder mantenerse, descansar sobre algún tipo misterio, sobre algún fundamento irracional? La «derecha» lo afirma, la «izquierda» lo niega. Diferencia puramente ideológica; de hecho, todo orden que quiera perdurar solo puede lograrlo si se rodea de cierta oscuridad, si arroja un velo sobre sus móviles y sus actos, mediante algo «sagrado» que lo vuelve impenetrable a las masas. Ahí está la prueba de la que los gobiernos «democráticos» no sabrían presumir, pero que, por otro lado, proclaman los reaccionarios, quienes, indolentes ante la opinión y el consentimiento de las masas, profieren sin vergüenza truismos impopulares, banalidades inoportunas. Los «demócratas» se escandalizan ante ellas, sabiendo a un mismo tiempo que la «reacción» traduce con frecuencia sus intenciones ocultas, y que expresa algunos de sus íntimos desengaños, muchas certezas amargas en las que no pueden apoyarse públicamente. Acorralados en su «generoso» programa, no les estará permitido albergar el menor desprecio por el «pueblo», ni siquiera por la naturaleza humana; sin tener ni el derecho ni la fortuna de invocar el Pecado original, por fuerza deben tratar con indulgencia y halagar al hombre, desear «liberarlo»: los optimistas, con el alma rota, se debaten entre sus fervores y sus sueños, a un mismo tiempo transportados y paralizados por un ideal inútilmente noble, inútilmente puro. ¡Cuántas veces, en su fuero interno, no han debido de envidiar el descaro doctrinal de sus enemigos! La desesperación del hombre de izquierdas se basa en combatir en nombre de principios que le prohíben el cinismo.

Ese género de tormento se le perdonó a De Maistre, que, temiendo, ante todo, la liberación del individuo, se afanaba en asentar la autoridad sobre unas bases lo bastante sólidas para que pudiera resistir a los principios «sediciosos», promulgados por la Reforma y la *Enciclopedia*. Para poder afianzar más la noción de orden, se esforzará en minimizar la parte que la premeditación y la voluntad han tenido en la creación de las instituciones y las leyes; incluso con las lenguas, negará que hayan sido inventadas, aunque les conceda la posibilidad de tener un comienzo; la palabra, sin embargo, precede al hombre, dado que —añade— no es posible sino por el Verbo. Será Bonald quien nos revele el sentido político de una doctrina semejante en el Discurso preliminar de su *Legislación primitiva*. Si el género humano ha recibido la palabra, con ella ha recibido necesariamente «el conocimiento de la verdad moral». En consecuencia, hay una ley soberana, fundamental, al igual que hay un orden de deberes y verdades.

> Porque si, por el contrario, el hombre ha creado por sí mismo su palabra, entonces ha creado también su pensamiento, ha creado su ley, ha creado la sociedad, lo ha creado todo y puede destruirlo todo; y con razón en el mismo partido que se sostiene que la palabra es de institución humana se observa la sociedad como una convención arbitraria [...].

La teocracia, ideal del pensamiento reaccionario, se basa a un mismo tiempo en el desprecio y en el temor al hombre, en la noción de que es demasiado corrupto como para merecer la libertad, de que no sabe utilizarla y que, cuando se le concede, se sirve de ella para emplearla contra sí mismo, de modo que, para remediar su deterioro, las leyes y las instituciones deben apoyarse en un principio trascendente, preferiblemente sobre la autoridad del antiguo «Dios terrible», siempre dispuesto a intimidar y desalentar las revoluciones.

A la nueva teocracia le obsesionará la antigua: la legislación de Moisés es la única, según De Maistre, que ha desafiado al tiempo, solo ella puede mantenerse fuera «del círculo trazado alrededor del poder humano»; Bonald, por su parte, verá en ella «la más fuerte de todas las legislaciones», pues ha forjado al pueblo más «estable», destinado a conservar la «custodia de todas las verdades». Si los judíos deben su rehabilitación civil a la Revolución, le corresponde a la Restauración reconsiderar su religión y su pasado, exaltar su civilización sacerdotal, de la cual se mofaba Voltaire.

Cuando busca los antecedentes de su Dios, el cristiano tropieza de manera natural con Jehová; del mismo modo, el destino de Israel le intriga. El interés que les producía a nuestros dos pensadores no está, sin embargo, exento de cálculos políticos. Ese pueblo «estable», hostil —creían ellos—, con la manía de la innovación que dominaba el siglo, ¡qué reproche planteaba contra las naciones versátiles que se dirigían hacia las ideas modernas! Entusiasmo pasajero: cuando De Maistre se percató de que los judíos, infieles a su tradición teocrática, se hacían eco en Rusia de las ideologías procedentes de Francia, se volvió contra ellos, los trató como espíritus subversivos y, como colmo de la abominación a su manera de ver, los comparó con los protestantes. Uno no se atreve a imaginar las invectivas que les habría reservado si hubiera presentido el papel que más tarde desempeñarían en los movimientos de emancipación social, tanto en Rusia como en Europa. Demasiado solícito a las tablas de Moisés, De Maistre no podía prever las de Marx... Sus afinidades con el espíritu del Antiguo Testamento eran tan profundas que su catolicismo parecía, si puede decirse así, judaico, totalmente impregnado de ese frenesí profético del que no encontraba más que una débil huella en la dulce mediocridad de los Evangelios. Presa del demonio del vaticinio, buscaba por todas partes señales, presagios que anunciaran el retorno a la Unidad, el triunfo final de los... orígenes, el fin del proceso de degradación inaugurado por el Mal y el Pecado; señales, presagios que lo mantienen ocupado hasta el punto de olvidar a Dios o de pensar en él menos, penetrando más en sus manifestaciones que en su naturaleza, en los reflejos más que en el propio ser; y esas apariencias mediante las cuales Dios se exterioriza reciben el nombre de Providencia: intenciones, vías y artificios de la aterradora, de la incalificable estrategia divina.

Porque el autor de *Las veladas* no deja de invocar el «misterio», porque se refiere a él cada vez que el razonamiento hace que se tope con alguna frontera infranqueable, se ha insistido, sin tener en cuenta la evidencia, en su misticismo, mientras que el místico verdadero, lejos de interrogarse sobre el misterio, de reducirlo a un problema o de utilizarlo como un medio de explicación, se instala en él de inmediato, es indistinto, vive en él como se vive en una realidad, dado que su Dios no está, al igual que el de los profetas, absorbido en el tiempo, versado sobre la eternidad, todo él exterior y superficial, sino ese Dios de nuestros soliloquios y nuestros tormentos, un Dios profundo en el que se congregan nuestros gritos.

De Maistre optó visiblemente por el de los profetas, un «soberano» ante el que «quejarse» o «irritarse» resulta inútil, a cargo de las Iglesias, indiferente a las almas, al igual que había optado por un misterio abstracto, anexo de la teología o de la dialéctica, concepto más que experiencia. Indiferente al encuentro de la soledad humana con la soledad divina, bastante más abierto a los problemas de la religión que a los dramas de la fe, propenso a establecer entre Dios y nosotros relaciones más jurídicas que confidenciales, pondrá cada vez más el énfasis en las leyes (¿no habla acaso del misterio como magistrado?) y reducirá la religión a un simple «cemento del edificio político», a la función social que desempeña: síntesis híbrida de preocupaciones utilitarias y de inflexibilidad teocrática, mezcla barroca de ficciones y de dogmas. Si prefería el Padre al Hijo, preferirá entonces el papa sobre el uno y el otro; interpreto que, espíritu positivo a pesar de todo, le reservará al delegado de Dios la más pulcra de sus adulaciones. «Recibió un arrebato de catolicismo»: estas palabras que le inspira la conversión de Werner le convienen igualmente a él, porque no fue Dios quien le *golpeó*, sino una forma cualquiera de religión, una expresión institucional de lo absoluto. Un golpe similar le había alcanzado igualmente a Bonald, pensador preocupado ante todo por la construcción de un sistema de teología política. En una carta del 18 de julio de

1818, De Maistre le escribía: «¿Es posible, señor, que la naturaleza se haya entretenido en tensar dos cuerdas tan perfectamente acordes como su espíritu y el mío? Es el unísono más riguroso, es un fenómeno único». Se añora esta conformidad de opiniones en un escritor insignificante y voluntariamente obtuso, del que Joubert decía: «Es una persona de tres al cuarto, con mucho ingenio y mucho saber, que ha erigido en doctrina sus prejuicios fundamentales»; al menos arroja algo de luz sobre la dirección hacia la que se inclinaba el pensamiento de De Maistre, como también sobre la disciplina que se había impuesto para evitar la aventura y el subjetivismo en materia de fe. De vez en cuando, no obstante, el visionario que hay en él triunfa sobre los crepúsculos del teólogo y, alejándose del papa y del resto, se eleva hasta la percepción de la eternidad:

> A veces quisiera precipitarme más allá de los estrechos límites de este mundo; quisiera anticipar el día de las revelaciones y sumergirme en el infinito. Cuando se difumine la doble ley del hombre y se confundan esos dos centros, el hombre será UNO: pues, al no haber ya más luchas en él, ¿de dónde tomaría la idea de dualidad? Y si consideramos a los hombres, unos en relación con otros, ¿qué será de ellos cuando, una vez exterminado el mal, no haya más pasiones ni intereses personales? ¿En qué se convertirá el YO cuando todos los pensamientos sean tan comunes como los deseos, cuando todos los espíritus se vean a sí mismos como son vistos por los demás? ¿Quién puede comprender, quién puede imaginar esa Jerusalén celeste en la que todos los habitantes, impregnados del mismo espíritu, se influyan mutuamente y se reflejen el éxtasis?

«¿En qué se convertirá el YO?». Esta no es la preocupación de un místico, para quien el yo es precisamente una pesadilla de la que pretende poder liberarse mediante el desvanecimiento en Dios, en el que conoce la voluptuosidad de la unidad, objeto y término de sus búsquedas. De Maistre no parece haber alcanzado nunca la unidad mediante la sensación ni mediante el salto del éxtasis ni mediante esa embriaguez en la que se diluyen los contornos del ser: esa unidad permaneció en él como obsesión de teórico. Apegado a su «yo», no comprendía bien la noción de «Jerusalén celeste», el retorno a la identidad bienaventurada anterior a la división, como tampoco la nostalgia del paraíso que debía, no obstante, poner a prueba, aunque solo fuese a título de estado límite. Para concebir de qué manera puede constituir una experiencia cotidiana esa nostalgia, es necesario acudir a un espíritu al que De Maistre se sometiera: el de Claude de Saint-Martin, que confesaba contar únicamente con dos cosas o, por emplear sus palabras, dos «posiciones»: el paraíso y el polvo. «En 1817 conocí en Inglaterra a un viejo llamado Best, que tenía la facultad de citar pasajes de las Sagradas Escrituras muy apropiados para cada cual, sin que conociese de nada a quienes se los ofrecía. Cuando me vio a mí, comenzó a decir: ha arrojado el mundo a sus espaldas». En una época en que la ideología triunfaba, en que se emprendía con gran alboroto la rehabilitación del hombre, nadie como él permaneció más anclado en el más allá; como tampoco nadie estaba más cualificado que él para predicar la Caída: representaba la *otra* cara del siglo XVIII. El himno era su elemento, ¿qué digo?, él mismo era himno. Al examinar sus escritos, tenemos la sensación de hallarnos en presencia de un iniciado al que se le transmitieron grandes secretos y que, cosa rara, no ha perdido por ello su ingenuidad. Verdadero místico, a él le repugnaba la ironía: antirreligiosa por definición, no ruega nunca: ¿cómo habría podido recurrir a ella aquel que había arrojado el mundo a sus espaldas y que tal vez no conociera más que un único orgullo: el del lamento? «Toda la naturaleza no es más que un dolor concentrado». «Si no hubiera encontrado a Dios, mi espíritu nunca habría podido sujetarse a nada sobre la tierra». «He tenido la felicidad de sentir y de decir que me creería muy desgraciado si algo prosperaba en el mundo». Anotemos ahora esta grandiosa decepción metafísica: «Salomón dijo que lo había visto todo bajo el sol. Yo podría citar a alguien que no mentiría en absoluto si dijera que ha visto algo más, es decir, ha visto lo que hay por encima del sol, y este alguien se halla muy lejos de vanagloriarse de ello».

Tan discretas como profundas, estas citas (extraídas principalmente de sus *Obras póstumas*) no conseguirían volvernos indulgentes con el intolerable lirismo de *El hombre de deseo*, en el que, salvo el título, todo resulta irritante, y en el que, para desgracia del lector, Rousseau está presente en cada página. Curioso destino, dicho sea de paso, el de Rousseau, que no influyó en los demás más que por sus aspectos cuestionables, y cuyo énfasis y jerga han perjudicado tanto al estilo de un Saint-Martin como al de un… Robespierre. El tono declamatorio antes, durante y después de la Revolución, todo lo que anuncia, revela y desacredita al Romanticismo, lo espantoso de la prosa poética en general, emana de este espíritu paradójicamente inspirado y falso, responsable de la generalización del mal gusto a finales del siglo XVIII y a principios del siguiente. Influencia nefasta que marcó a Chateaubriand y a Sénancour, y que solo consiguió evitar Joubert. Saint-Martin cedió ante ella sobre todo porque su instinto literario nunca fue muy fiable. En cuanto a sus ideas, limitadas a lo vago, albergaban razones para exasperar a Voltaire, quien, tras la lectura del libro *De los errores y de la verdad*, tuvo que escribirle a D'Alembert: «No creo que se haya imprimido nunca nada más absurdo, oscuro, disparatado y estúpido». Es lamentable que a De Maistre le gustara tanto esta obra; fue, es cierto, durante una época en la que sacrificó primero a Rousseau y luego a la teosofía. Pero incluso cuando renegó tanto del uno como de la otra, cuando se alejó del iluminismo y, en un arrebato de ingratitud y de rencor, acusó a la masonería de «necedad», conservó toda su simpatía por el *Filósofo desconocido*, cuyas tesis sobre la «ciencia primitiva», la materia, el sacrificio y la salvación por la sangre había adoptado y desarrollado. La propia idea de la Caída, ¿le habría otorgado tanta importancia si Saint-Martin no la hubiera aseverado con tanto vigor? La idea era, desde luego, banal, y estaba manida; pero, rejuveneciéndola, repensándola como un espíritu libre, desprovisto de toda ortodoxia, nuestro teósofo le confirió ese añadido de autoridad que solo los heterodoxos saben conferir a los temas religiosos demasiado trillados. Hizo lo mismo con la noción de providencia, la cual, predicada gracias a él en las logias de aquella época, adquirió un atractivo que no le habría podido llegar de ninguna Iglesia. Es, además, uno de los méritos de Saint-Martin, que, en pleno «progreso indefinido», le proporcionó un acento religioso a la enfermedad de vivir en el tiempo, al horror de encontrarse encerrado en él. De Maistre le seguirá por esa vía, aunque, no obstante, con menos exaltación y ardor. El tiempo —nos dice— es «una cosa forzada que no pide más que su fin». «El hombre está sometido al tiempo; y, sin embargo, es por naturaleza ajeno a él, y lo es hasta el punto de que la noción de felicidad eterna, unida a la del tiempo, le fatiga y horroriza».

En el pensamiento de De Maistre, el acceso a la eternidad se efectúa, no a través del éxtasis ni por el salto individual a lo absoluto, sino por mediación de un acontecimiento extraordinario, capaz de obstruir el devenir; en absoluto mediante la supresión instantánea del tiempo que opera en el embeleso, sino mediante el fin de los *tiempos*: desenlace del proceso histórico en su conjunto. De Maistre tiene en cuenta nuestras relaciones con el universo temporal (¿hace falta repetirlo?) como profeta y no como un místico. «Ya no hay religión sobre la Tierra: el género humano no puede permanecer en este estado. Los temibles oráculos anuncian, además, que "*los tiempos han llegado*"».

Cada época tiende a pensar que es, de alguna manera, la última, que con ella se cierra un ciclo o todos los ciclos. Hoy, como ayer, concebimos con mayor facilidad el infierno que la edad de oro, el apocalipsis que la utopía, y la idea de una catástrofe cósmica nos resulta tan familiar como lo era para los budistas, los presocráticos o los estoicos. La intensidad de nuestros terrores nos mantiene en un equilibrio inestable, propicio a la eclosión del don profético. Esto es particularmente cierto en los periodos posteriores a las grandes revueltas. La pasión por profetizar se apodera entonces de todos; tanto los escépticos como los fanáticos se regocijan ante la idea del desastre, entregándose de común acuerdo a la voluptuosidad de haberlo previsto y pregonado. Pero son, sobre todo, los teóricos de la Reacción quienes se alborozan, trágicamente sin duda, ante la realidad o la inminencia de lo peor... pues lo peor es su razón de ser. «Muero con Europa», escribía De Maistre en 1819. Dos años antes, en una carta que Bonald le había escrito al propio De Maistre, le expresaba una certeza análoga:

> No le doy ya más noticias; está en condiciones de juzgar lo que somos y adónde vamos. Además, hay para mí cosas absolutamente inexplicables, cuyo desenlace no me parece que se encuentre al alcance de los hombres, ya que actúan según sus consejos y bajo la única influencia de sus voluntades; y en realidad, en todo esto lo que veo más claro... es el Apocalipsis.

Tras sus pensamientos sobre la Restauración, uno y otro acabaron decepcionados al ver que, al hacerse esta realidad, no lograba borrar las huellas que la Revolución había dejado en las mentes. Decepción con la que, quizá, ya contaban, a juzgar por la urgencia con la que se entregaron a ella. Sea como fuere, la historia no lo tuvo en absoluto en cuenta: frustró sus proyectos y anuló sus sistemas. Las palabras más sombrías de De Maistre, que revelaban, si se quiere, una complacencia romántica, datan de la época en que sus ideas parecían haber triunfado. En una carta a su hija Constance, le escribe en 1817: «[...] siempre he tenido sobre mí un brazo de hierro invisible, como una espantosa pesadilla que me impide correr e incluso respirar».

Sus sinsabores con el rey Victor Emmanuel mucho tuvieron que ver, sin duda, con esas crisis de abatimiento; pero lo que más le inquietaba era la perspectiva de nuevos e importantes cambios, el espectro de la democracia. Sin querer resignarse a la forma de porvenir que se esbozaba ante sus ojos y que, no obstante, había presentido, esperaba, con el incurable optimismo de los vencidos, que, al estar su ideal amenazado, *todo* lo demás lo estuviera igualmente; que con la forma de civilización que le permitía desapareciera la propia civilización. Ilusión tan frecuente como inevitable. ¿Cómo desolidarizarse de una realidad histórica que se disloca, sobre todo cuando no hace mucho tiempo concordaba con lo más profundo de nosotros mismos? Ante la imposibilidad de hacer nuestro el futuro, nos dejamos tentar por la idea de la decadencia, que, sin ser ni verdadera ni falsa, explica al menos por qué cada época, cuando intenta individualizarse, solo lo consigue mediante el sacrificio de algunos de los valores anteriores, muy reales e irreemplazables.

El Antiguo Régimen debía desaparecer: un principio de agotamiento lo minaba mucho antes de que la Revolución viniera a rematarlo y destruirlo. ¿Habría que deducir de ello la superioridad del tercer estado? En absoluto, pues la burguesía, a pesar de sus virtudes y de sus reservas de vitalidad, no destacaba, en la calidad de sus gustos, ningún «progreso» respecto a la nobleza venida a menos. Los relevos que se efectúan a lo largo de la historia revelan en mayor medida el automatismo que la urgencia del cambio. Si, en el absoluto, nada es caduco, todo corre el riesgo de serlo en lo relativo y en lo inmediato, donde lo nuevo constituye el único criterio y la metamorfosis, la única moral. Para comprender el sentido de los acontecimientos, considerémoslos como un tema que se ofrece a la mirada de un observador que está de vuelta de todo. Quien hace la historia apenas la comprende, y quien, de una forma u otra, participa en ella, o bien es su víctima, o bien su cómplice. Únicamente el grado de nuestra decepción garantiza la objetividad de nuestros juicios; pero, al ser «la vida» parcialidad, error, ilusión y voluntad de ilusión, emitir juicios objetivos, ¿no significa ponerse de lado de la muerte?

Al afirmarse, el tercer estado debía necesariamente ser indiferente a la elegancia, al refinamiento, al escepticismo de calidad, a las maneras y al estilo que definían el Antiguo Régimen. Todo progreso implica un retroceso, toda ascensión una caída; pero, si disminuye mientras avanza, este declive se limita a un sector circunscrito. El advenimiento de la burguesía liberó las energías que había acumulado durante su alejamiento forzoso de la vida política; desde esta perspectiva, el cambio provocado por la Revolución representa indiscutiblemente un paso adelante. Así ocurrió también en el ámbito político con la aparición del proletariado, destinado a su vez a sustituir a una clase estéril y anquilosada; pero, incluso en este caso, el principio de retrogradación debió intervenir, pues los últimos que llegaron no podían salvaguardar ciertos valores que compensaban los vicios de la época liberal: horror hacia la uniformidad, sentido de la aventura y del riesgo, la pasión de la indecencia por la libertad en materia intelectual, apetito imperialista más al nivel del individuo que al de la colectividad.

Una ley inexorable marca y gobierna sociedades y civilizaciones. Cuando, carente de vitalidad, el *pasado* quiebra, aferrarse a él no sirve de nada. Y, sin embargo, es ese apego a formas de vida en desuso, a causas perdidas o equivocadas, lo que vuelve patéticos los anatemas de un De Maistre o un Bonald. En la visión utópica todo parece admirable y todo es falso; en las constataciones de los reaccionarios todo es execrable y todo parece verdadero.

Ni qué decir tiene que, al establecer hasta aquí una distinción tan categórica entre la Revolución y la Reacción, nos hemos sacrificado necesariamente por la ingenuidad o por la pereza, por la comodidad de las definiciones. Siempre se simplifica por facilidad; de ahí la atracción de lo abstracto. Lo concreto, que por fortuna acude a denunciar el desahogo de nuestras explicaciones y de nuestros conceptos, nos enseña que una revolución que ha llegado a buen puerto, que se ha instalado y se ha convertido en lo contrario de una fermentación y de un nacimiento, deja de ser una revolución, e imita y está obligada a imitar las características, el aparato y hasta el funcionamiento del orden que ha derrocado; cuanto más se entregue a ello (y no puede hacer otra cosa), más destruirá sus principios y su prestigio. Conservadora a su manera de aquí en adelante, luchará, no para defender el pasado, sino el *presente*. Nada la ayudará tanto como seguir las vías y los métodos que usaba, para mantenerse, el régimen que habrá abolido. Así, para asegurar la duración de las conquistas de las que se enorgullece, se alejará de las visiones exaltadas y los sueños de los que hasta entonces había extraído los elementos de su dinamismo. Solo es verdaderamente revolucionario el Estado prerrevolucionario, aquel en el que las mentes hacen suyo el doble culto del futuro y de la destrucción. Mientras una revolución no es más que una posibilidad, trasciende las circunstancias y las constantes de la historia, rebasa, por así decirlo, sus límites; pero, desde el momento en que se instaura, vuelve al orden y se adapta a la historia, y, al prolongar el pasado, sigue su rutina; y lo consigue en un aún mayor grado cuando utiliza los medios de la Reacción que había condenado anteriormente. Incluso en el anarquista se esconde, en lo más profundo de sus revueltas, un reaccionario que espera su hora, la hora de la conquista del poder, en que la metamorfosis del caos en… la autoridad plantea problemas que ninguna utopía se atreve a resolver, y ni siquiera a considerar, sin caer en el lirismo o en el ridículo.

No hay movimiento de renovación que no se deslice hacia el automatismo de las antiguas instituciones ni que tome la apariencia de la tradición en el momento mismo en que se aproxima a su objetivo, en que se lleva a cabo a través del Estado. A medida que se define y se va volviendo más preciso, va perdiendo energía; lo mismo sucede con las ideas: cuanto más se formulen y se expliciten, menos eficaces serán; una idea clara es una idea sin futuro. Más allá de su estado virtual, el pensamiento y la acción se degradan y anulan: el primero conduce al sistema; la segunda, en el poder. Dos formas de esterilidad y de decadencia. Se puede disertar indefinidamente sobre el destino de las revoluciones, políticas o de otro tipo: tienen un solo rasgo en común, una única certeza se desprende del análisis que se les aplica: la decepción que suscitan en todos aquellos que creyeron en ellas con algún fervor.

Que la renovación profunda y esencial de las realidades humanas sea concebible en sí, aunque irrealizable de hecho, debería bastarnos para ser más comprensivos respecto a De Maistre. Por mucho que aborrezcamos algunas de sus opiniones, no deja por ello de ser el representante de la filosofía inmanente a cualquier régimen paralizado en el terror y los dogmas. ¿Dónde se puede encontrar a un teórico más encarnizado contra el *origen* de todo, contra la *acción*? Odiaba el acto como prefiguración de ruptura, como posibilidad de advenimiento, pues, para él, actuar era rehacer. El propio revolucionario lo emplea así con el presente en que se instala, y que querría eternizar; pero su presente se convertirá pronto en pasado y, al aferrarse a él, acabará por unirse a los partidarios de la tradición.

Lo trágico del universo político reside en esa fuerza encubierta que lleva a todo movimiento a negarse a sí mismo, a traicionar su inspiración original y a corromperse a medida que se afirma y avanza. Pues en la política, como en todo, nadie se realiza salvo mediante su propia ruina. Las revoluciones producen sacudidas para dotar de sentido a la historia; la Reacción replica que dicho sentido ya le ha sido otorgado, que hay que plegarse a él y defenderlo. Eso es exactamente lo que sostendrá la revolución que haya triunfado, de manera que la intolerancia resulte de una hipótesis que ha degenerado en certeza y que ha sido impuesta como tal por un régimen, de una visión elevada al rango de verdad. Cada doctrina contiene el germen de infinitas posibilidades de desastre: al no ser constructivo el espíritu más que por inadvertencia, el encuentro entre el hombre y la idea conlleva casi siempre una sucesión de consecuencias funestas.

Influidos en gran medida por la futilidad de las reformas, de la vanidad y de la herejía de algo mejor, los reaccionarios quisieron ahorrarle a la humanidad los tormentos y las fatigas de la esperanza, las agonías de una búsqueda ilusoria: que se satisfaga con el conocimiento adquirido, que abdique de sus inquietudes —declaran—, que se relaje en la tranquilidad del estancamiento, y que, optando por un estado de cosas irrevocablemente oficial, escoja por fin entre el instinto de conservación y el gusto por la tragedia. Pero el hombre, abierto a todas las opciones, es reacio precisamente a esa. En este rechazo, en esta imposibilidad, se agota su drama. De ahí que procede que sea, a la vez o alternativamente, un animal reaccionario y revolucionario. Además, por frágil que resulte la distinción clásica entre el concepto de revolución y el de reacción, debemos, no obstante, conservarla, so pena de desconcierto o de caos en la consideración del fenómeno político. Dicha distinción constituye un punto de referencia tan problemático como indispensable, una convención sospechosa, aunque fatal y restrictiva. Y es, además, la que nos obliga a hablar sin pausa de «derecha» y de «izquierda», términos que no corresponden en absoluto a circunstancias intrínsecas e irreductibles, términos tan someros que desearíamos dejarle únicamente al demagogo la facultad y el placer de servirse de ellos. A veces ocurre que la derecha (pensemos en los levantamientos patrióticos) supera a la izquierda en vigor, fuerza y dinamismo; al adherirse a las características del espíritu revolucionario, deja entonces de ser la expresión de un mundo osificado, de un conjunto de intereses o de una clase en decadencia; contrariamente, la izquierda, enredada en los mecanismos del poder o prisionera de supersticiones anticuadas, puede muy bien perder sus virtudes, anquilosarse y conocer las corrupciones que afectan comúnmente a la derecha. Al no ser la vitalidad privilegio de nadie, se trata, para el analista, de discernir entre su presencia e intensidad, sin preocuparse del barniz doctrinal de este o aquel movimiento, de esta o aquella realidad política o social. Pensemos seguidamente en los pueblos: unos llevan a cabo su revolución hacia la derecha; otros, hacia la izquierda. Aunque la de los primeros a menudo no sea más que un simulacro, existe, no obstante, y esto mismo revela la vacuidad de toda determinación unívoca de la noción de revolución. «Derecha» e «izquierda», simples aproximaciones de las que, por desgracia, no se puede prescindir. No recurrir a ellas sería renunciar a tomar partido, suspender los juicios en materia política, liberarse de las servidumbres del periodo, exigirle al hombre que despierte y abra los ojos a lo absoluto, que llegue a ser únicamente un animal metafísico. Pocas son las personas susceptibles de un esfuerzo de emancipación semejante, de un salto semejante fuera de nuestras verdades de soñadores. Adormecidos estamos todos; y, paradójicamente, esa es la razón por la que actuamos. Continuemos, pues, como si no ocurriera nada, sigamos practicando nuestras distinciones tradicionales, felices de ignorar que los valores que surgen en el tiempo son, en última instancia, intercambiables.

Las razones que empujan al mundo político a forjarse conceptos y categorías son muy diferentes de las que invoca una disciplina teórica: si bien parecen tan necesarias para el uno como para la otra, las del primero esconden, sin embargo, realidades menos honorables; todas las doctrinas de acción y de combate, con su aparato y sus esquemas, no se inventaron salvo para proporcionar a los hombres una buena conciencia, permitiéndoles odiarse... noblemente, sin malestar ni remordimientos. Si se observan con detenimiento, ¿no sería legítimo concluir que, ante los acontecimientos, al espíritu libre, rebelde en el juego de las ideologías, aunque sometido aún al tiempo, no le queda otra cosa que escoger entre la desesperación y el oportunismo?

De Maistre no podía ser un oportunista, como tampoco un desesperado: su religión, sus principios se lo prohibían. Pero, dado que sus estados de ánimo se imponían sobre su fe, experimentó con frecuencia accesos de abatimiento, sobre todo ante el espectáculo de una civilización sin un mañana. Una prueba de ello son sus palabras sobre Europa. No fue el único que creyó morir con ella... Durante el siglo pasado y en el nuestro, más de uno se persuadió de que Europa se hallaba a punto de extinguirse o que no tenía más que único recurso: disimular, por coquetería, su decrepitud. La idea, en artículo de muerte, se extendió y adquirió cierto auge con motivo de las grandes derrotas: en Francia tras 1814, 1870 y 1940; en Alemania tras el hundimiento de 1918 o el de 1945. Sin embargo, Europa, indiferente a las Casandras, persevera alegremente en su agonía, y esta agonía, tan obstinada, tan duradera, quizás equivalga a una nueva vida. Todo este problema, que se reduce a una cuestión de perspectiva y de ideología, si bien carece de sentido para el marxista, en cambio les preocupa al liberal y al conservador, aterrados como está el uno y el otro, aunque como defensores de posturas distintas, de asistir a la desaparición de sus razones de existir, de sus doctrinas y de sus supersticiones. Que cierta forma de Europa se muere hoy no podrá negarse, aunque no haya que ver en ello más que una simple etapa de un inmenso ocaso. Con Bergson desapareció, en palabras de Valéry, «el último representante de la inteligencia europea». La fórmula podría servir para otros homenajes o discursos, pues durante mucho tiempo aún se seguirá encontrando a algún «último representante» del espíritu occidental... Quien proclama el final de la «civilización» o de la «inteligencia» lo hace por rencor contra un futuro que le parece hostil, y por venganza contra la historia, infiel que no se digna a acostumbrarse a la imagen que se había hecho de ella. De Maistre se moría con su propia Europa, con aquella que rechazaba el espíritu de innovación: «la mayor epidemia», como él la denominaba. Tenía la convicción de que, para salvar a las sociedades del desorden, era necesaria una idea universal, reconocida por las buenas o por las malas, que eliminara el peligro de aceptar, en religión y en política, la novedad, la aproximación, los escrúpulos teóricos. Que esta idea se encarnaba en el catolicismo no lo dudaba, pues la diversidad de regímenes, de costumbres y de dioses no le preocupaba en absoluto. Al relativismo de la experiencia, le opondrá lo absoluto del dogma; si una religión cesa de someterse a él, si permite el juicio particular y el libre examen, la declarará nociva y no dudará en retirarle el título de religión. «El mahometismo o incluso el paganismo habrían causado un menor daño político si hubiesen sustituido al cristianismo con su especie de dogmas y de fe; pues estas son religiones, y el protestantismo no lo es». Mientras conservaba algo de fidelidad a los principios de la francmasonería, De Maistre permaneció suficientemente abierto a cierto liberalismo; desde el momento en que, por odio a la Revolución, se entregó en cuerpo y alma a la Iglesia, se deslizó hacia la intolerancia.

Ya se inspiren en la utopía o en la reacción, todos los absolutismos se asemejan y se encuentran. Independientemente de su contenido doctrinal, que los diferencia únicamente en la superficie, participan de un mismo patrón, de un mismo razonamiento lógico, fenómeno propio de todos los sistemas que, no contentos con enunciar un principio incondicional, crean, además, un dogma y una ley. Un modo idéntico de pensamiento preside en la elaboración de teorías materialmente distintas, pero formalmente análogas. En cuanto a las doctrinas de la Unidad, están tan relacionadas que cuando se estudia una, sea la que sea, se asoman al mismo tiempo todos los regímenes que, al rechazar la diversidad en la teoría y en la práctica, le niegan al hombre el derecho a la herejía, a la singularidad o a la duda.

Obsesionado con la Unidad, De Maistre se desata contra toda tentativa susceptible de poder romperla, contra la menor veleidad de innovación o simplemente de autonomía, sin darse cuenta de que la herejía representa la única posibilidad de fortalecer las conciencias; de que, agitándolas, las preserva de la parálisis en que las sume el conformismo; y de que, si debilita a la Iglesia, fortalece en cambio a la religión. Todo Dios oficial es un Dios solo, abandonado, amargado. No se reza con fervor más que en las sectas, entre las minorías perseguidas, en la oscuridad y el pavor, condiciones indispensables para el buen ejercicio de la piedad. Pero, para un De Maistre, la sumisión, yo diría la rabia de la sumisión, prima sobre las efusiones de la fe. Si se le cree, los luteranos, calvinistas y jansenistas no eran más que rebeldes, conspiradores, traidores; él los detesta y, para aniquilarlos, preconiza el empleo de todos los medios que no sean «crímenes». Sin embargo, al leer su apología de la Inquisición, tenemos la impresión de que no rechazaba este último recurso. De Maistre es el Maquiavelo de la teocracia.

La unidad, como él la concibe, se presenta bajo un doble aspecto: metafísico e histórico. Por una parte, significa el triunfo sobre la división, el mal y el pecado; por otra, la instauración definitiva, la apoteosis final del catolicismo gracias a la victoria sobre las tentaciones y los errores modernos. Unidad al nivel de la eternidad; unidad al nivel del tiempo. Si bien la primera nos desborda, si bien escapa a nuestras posibilidades de control, la segunda, en cambio, nos permite tenerla en cuenta y tratarla. Pero digámoslo antes de nada: nos parece ilusoria, nos deja escépticos, pues apenas somos capaces de discernir qué idea religiosa sería hoy capaz de lograr la unificación espiritual y política del mundo. Dado que el cristianismo es demasiado débil para seducir o para contener a los espíritus, una ideología o un conquistador deberán esforzarse en conseguirlo. ¿Incumbirá esta tarea al marxismo o a un cesarismo de nuevo corte? ¿O a los dos a la vez? La síntesis pudiera parecer desconcertante: pero únicamente para la razón, y en absoluto para la historia, reino de la anomalía.

Que el catolicismo, más aún que la religión cristiana en su conjunto, se encuentre en plena delicuescencia es algo que nos enseña la experiencia cotidiana: tal y como se presenta ahora, prudente, complaciente, comedido, no toleraría a un apologista tan brutal, tan magníficamente desenfrenado como De Maistre, que no habría denunciado con tanto furor «el espíritu de secta» en los demás si no hubiese estado él mismo impregnado de él más que nadie. El hombre que maldice el Terror no encuentra una sola palabra para reprobar la revocación del Edicto de Nantes, e incluso lo aplaude: «Respecto a las manufacturas trasladadas por los refugiados a los países extranjeros, y al perjuicio que de ello resulta para Francia, las personas para quienes esas objeciones *de tendero* signifiquen algo...». ¡Objeciones de tendero! Su insuperable mala fe participa del juego o de la locura: «Luis XIV pisoteó el protestantismo y murió en la cama, brillante de gloria y cargado de años. Luis XVI lo agasajó y murió en el cadalso».

En otro lugar, en un arrebato de... moderación, reconoce que el espíritu crítico, contestatario, se perfila bastante antes que Lutero, y con razón hace que se remonte a Celso, a los propios comienzos de la oposición al cristianismo. Para el patricio romano, en efecto, el cristiano resultaba una aparición desconcertante, un fenómeno completamente inconcebible, objeto de estupor. En su *Discurso verdadero*

—texto patético donde los haya— se desata contra las artimañas de la nueva secta que vino a agravar, debido a sus intrigas y a sus locuras, la situación del imperio tomado por los bárbaros. No comprendía que, en lugar de la filosofía griega, se pudiera preferir una doctrina sospechosa y confusa que le provocaba indignación y repugnancia, y en la que, no sin cierta desesperación, presentía una fuerte fuerza de contagio y sus terribles posibilidades. Dieciséis siglos más tarde, su argumentación y sus invectivas fueron retomadas por Voltaire que, igualmente con gran estupefacción ante la asombrosa carrera del cristianismo, hizo todo lo que pudo por señalar sus abusos y sus estragos. Que semejante obra, cuya salubridad salta a la vista, esté en el origen del Terror, es otra exageración de De Maistre, para quien la irreligión y el patíbulo son términos correlativos. «Es absolutamente necesario aniquilar el espíritu del siglo XVIII», nos dice, olvidando que en ese espíritu que tanto odiaba no residía más que un fanatismo: el de la tolerancia. Y, además, ¿con qué derecho se puede condenar la guillotina cuando se ha sido tan blando con la hoguera? La contradicción no parece inquietar demasiado a quien tan complaciente fue con la Inquisición; servidor de una causa, legitimaba sus excesos al tiempo que execraba los cometidos en nombre de otra. Ahí se encuentra la paradoja de los espíritus partidistas, y es algo que aparece en todos los tiempos.

Considerar el siglo XVIII como el momento privilegiado, como la encarnación misma del mal, implica regocijarse con las aberraciones. ¿En qué otra época se denunciaron con mayor rigor las injusticias? Beneficiosa tarea de la que el Terror fue la negación, y no su clímax.

> Nunca se habían predicado más —dijo Tocqueville— la tolerancia en materia de religión, la indulgencia por parte de

> la autoridad, la humanidad e incluso la benevolencia, y parecían admitirse mejor que en el siglo XVIII; incluso el derecho de guerra, que es el último refugio de la violencia, se había mejorado y mitigado. Sin embargo, en el seno de costumbres tan moderadas iba a surgir la revolución más inhumana.

En realidad, la época, demasiado «civilizada», había alcanzado un refinamiento que la condenaba a la fragilidad, a una duración brillante y efímera. Las «costumbres moderadas» y costumbres disolutas van de la mano; testigo de ello es el siglo XVIII, la Regencia, el periodo más agradable y lúcido, y, por tanto, el más corrupto de la historia moderna. El vértigo de ser libre comenzaba a pesar sobre los espíritus. Ya la señora Du Deffand, más representativa del siglo que el propio Voltaire, observaba que la libertad no era «un bien para todo el mundo», que pocos eran los que podían soportar «el vacío y la oscuridad». Y fue —nos parece—, para huir de ese «vacío» y de esa «oscuridad» por lo que Francia emprendió las guerras de la Revolución y el Imperio, en las que sacrificó de buen grado los hábitos de independencia, desafío y análisis que le habían procurado cien años de conversación y de escepticismo. En riesgo de desintegración por su derroche de inteligencia y de ironía, tenía que recuperarse mediante la aventura colectiva, mediante un deseo de sumisión a escala nacional. «Los hombres», nos informa De Maistre, «no pueden unirse para un fin cualquiera sin una ley o una regla que les prive de su voluntad: hay que ser religioso o soldado».

Este vicio de nuestra naturaleza, lejos de entristecerle, le regocija y presume de él para poner por las nubes a la monarquía, al papado, a los tribunales españoles y a todos los símbolos de la autoridad. En cuanto a su relación con los jesuitas, esos cómplices de las autocracias, De Maistre fue primero alumno y acabó siendo el portavoz; y eran tales su admiración y su agradecimiento que admite estar en deuda con ellos por «no haber sido orador de la Asamblea constituyente». Los juicios que emite sobre sí mismo contienen casi siempre observaciones sobre la Revolución, y sus relaciones con ella; y es precisamente esta relación la que emplea cuando defiende o denigra a Francia. Aquel saboyano que se denominaba a sí mismo «el extranjero más francés» es uno de los que mejor ha desentrañado el genio del «pueblo iniciador» destinado, por su cualidad dominante: el espíritu de proselitismo, a ejercer sobre Europa una «verdadera magistratura». La Providencia había decretado —nos dice— «la era de los franceses», y cita a este propósito las palabras de Isaías: «Cada fórmula de este pueblo es una conjuración». Aplicadas a la Francia de entonces, estas palabras eran ciertas; lo serán menos más adelante, para dejar de tener sentido tras la guerra de 1914.

Aunque la Revolución estuvo presente en todas las sacudidas del siglo XIX, ninguna de ellas pudo igualarla. Atormentados por las figuras de 1789 y paralizados por el miedo a traicionar a sus modelos, los sublevados de 1848 fueron epígonos, prisioneros de un estilo de revuelta que no habían creado y que les fue, por así decirlo, infligido. Una nación nunca produce dos grandes ideas revolucionarias ni dos formas de mesianismo radicalmente diferentes. Muestra de lo que es capaz una sola vez, en una época circunscrita, definida, en un momento supremo de su expansión en el que triunfa con todas sus verdades y todas sus mentiras; luego se agota, como se agota la misión de la que había sido investida.

Desde la Revolución de Octubre, Rusia ejerce el mismo tipo de influencia, de terror y de fascinación que la que ejerció Francia a partir de 1789. A su vez impone sus ideas al mundo, que las acoge sumiso, tembloroso o solícito. La fuerza de proselitismo de la que dispone es mayor aún que la que había tenido Francia; De Maistre sostendría hoy, con mayor razón, que en esta ocasión la Providencia ha decretado la *era de los rusos*; les aplicaría incluso las palabras de Isaías y quizá también dijera de ellos que son un «pueblo iniciador». Por lo demás, durante el tiempo en que vivió entre ellos, estaba lejos de subestimar sus capacidades: «No hay hombre que *desee* con tanta pasión como el ruso». «[...] si pudiéramos encerrar un deseo ruso en una ciudadela, la haría saltar en pedazos». La nación que, en aquella época, tenía la reputación de ser indolente y apática a él le parecía «la más viva, más impetuosa y más emprendedora del universo». El mundo no comenzó a darse cuenta de ello, sino tras la insurrección de los decembristas (1825), un acontecimiento capital a partir del cual reaccionarios y liberales, unos por aprensión y otros por deseo, se dedicaron a vaticinar cambios radicales en Rusia: era la prueba del futuro que, para ser proclamada, no requería ninguna facultad profética. Nunca se ha visto una revolución tan segura, tan *esperada* como la Revolución rusa: nada, ni las reformas con mayor impulso, ni la humanización del régimen, ni la mejor voluntad, ni las concesiones más generosas habrían podido detenerla. Su estallido no tuvo ningún mérito, puesto que su existencia era, por así decirlo, anterior a su aparición y se pudo describir hasta el menor detalle (piénsese en *Los poseídos*) antes de que se manifestase.

Como, a los ojos de De Maistre, las únicas garantías del «buen orden» eran la esclavitud o la religión, para la consolidación del poder de los zares, él deseaba el mantenimiento de la servidumbre; la Iglesia ortodoxa, a la que despreciaba, le parecía adulterada, falseada, contaminada por el protestantismo e incapaz, de todas maneras, de obstaculizar las ideas subversivas. ¿Pero había logrado la Iglesia católica, en nombre de la verdadera religión, impedir la revolución en Francia? Esta cuestión ni siquiera se la plantea; lo que le interesa es el gobierno absoluto y, a su juicio, todo gobierno lo es, pues, como afirma De Maistre, «desde el momento en que se le puede resistir, con el pretexto del error o de la injusticia, deja de existir».

Que de vez en cuando se encuentran en De Maistre arrebatos de liberalismo, ecos de su primera formación o expresiones de un remordimiento más o menos consciente, bien, no seremos nosotros quienes lo neguemos. Sin embargo, el lado «humano» de sus doctrinas solo suscita un interés mediocre. Dado que sus dotes no se desarrollaron plenamente y no se hacían valer más que en sus excesos antimodernos y en sus ultrajes al sentido común, es natural que sea el reaccionario que hay en él el que nos atraiga y apasione. Cada vez que insulta nuestros principios o que arrolla nuestras supersticiones en nombre de las suyas, tenemos razón para alegrarnos: el escritor sobresale entonces y se supera a sí mismo. Cuanto más sombría sea su visión, mejor la disimulará tras una apariencia ligera, transparente. Era tan impulsivo por afición que se interesaba, incluso cuando estaba sumido en grandes cóleras, por los minúsculos problemas del lenguaje; fulminaba como un literato, incluso como un gramático, y sus frenesíes no solo no menoscababan su pasión por la expresión correcta y elegante, sino que conseguían acrecentarla. Un temperamento epiléptico encaprichado con las futilidades del verbo. Inquietudes y ocurrencias, convulsiones y bagatelas, baba y gracia: todo se fusionaba en él para componer ese universo del panfleto desde cuyo seno perseguía «el error» a golpe de invectivas, esos ultimátums de la impotencia. No poder erigir en leyes sus prejuicios y sus manías fue una humillación para él. Se vengó mediante la palabra, cuya virulencia alimentaba en él la ilusión de la eficacia. Sin ir jamás en pos de una verdad por ella misma, sino para convertirla en un instrumento de combate; al no sentirse en condiciones de inclinarse ante el absoluto de los demás o de ser indiferente a él; definiéndose por sus rechazos y, aún más, por sus aversiones, tenía la necesidad, para el ejercicio de su inteligencia, de reprobar constantemente algo o a alguien y de planear su eliminación. Era un imperativo, una condición indispensable para la fecundidad de su desequilibrio, sin el cual habría caído en la esterilidad, maldición de los pensadores que no se dignan a cultivar sus discrepancias con los demás o consigo mismos. De haber cedido al espíritu de tolerancia, este habría asfixiado su genio. Apuntemos de igual modo que, para alguien tan sinceramente apasionado por la paradoja como él, la única manera de ser original, después de todo un siglo de declamaciones sobre la libertad y la justicia, era adoptar opiniones opuestas, precipitarse sobre otras ficciones, sobre las de la autoridad; cambiar, en suma, de extravíos.

Cuando en 1797 Napoleón leyó en Milán las *Consideraciones sobre Francia*, tal vez viera ahí la justificación de sus ambiciones y el itinerario de sus sueños: no tenía más que interpretar en su beneficio el alegato en favor del rey que hacía De Maistre. Por el contrario, los discursos y los escritos de los liberales (los de Necker, la señora de Staël y Benjamin Constant) debieron de irritarle, porque encontraba en ellos, de acuerdo con la expresión de Albert Sorel, «la teoría de los obstáculos a su imperio». Si repudiase el concepto de destino, el pensamiento liberal no sabría seducir a un conquistador que, no contento con meditar sobre el destino, aspiraba, además, a encarnarlo, a ser su imagen concreta, su traducción histórica, adaptado como estaba por naturaleza a confiar en la Providencia y a creerse su intérprete. A Bonaparte las *Consideraciones* le revelaron su propio yo.

Se insiste demasiado sobre la relación amor-odio y se olvida que hay un sentimiento aún más turbio y complejo: la admiración-odio, esa misma que De Maistre alimentaba para Napoleón. ¡Qué suerte tener por contemporáneo a un tirano digno de ser aborrecido, al que poder profesar un culto a contracorriente y al que, secretamente, desear parecerse! Al obligar a sus enemigos a ponerse a su altura, al forzar la envidia, Napoleón fue para ellos una verdadera bendición. Sin él, ni Chateaubriand, ni Constant, ni De Maistre habrían podido resistir tan fácilmente a la tentación de la moderación: la afectación de uno, la versatilidad del otro y las cóleras del último participaban de su propia afectación, versatilidad y cólera. El horror que les inspiraba contenía una buena dosis de fascinación. Combatir a un «monstruo» implica compartir necesariamente algunas afinidades misteriosas con él, y también tomar prestados de él ciertos rasgos de carácter. De Maistre recuerda a Lutero, al que tanto insultó, o, mejor aún, a Voltaire, el hombre al que más atacó, como también al Pascal de las *Provinciales*, enemigo de los jesuitas, es decir, al Pascal que detestaba. Como buen panfletario, la tomaba con los panfletarios del *otro extremo*, a quienes comprendía bien, pues, al igual que ellos, se inclinaba hacia la inexactitud y el prejuicio. Cuando hace que la filosofía resida en el arte de despreciar las objeciones, lo que está haciendo es definir su propio método, su propio «arte». Sin embargo, por muy exagerada que parezca, su aserción no deja de ser cierta o casi: ¿quién defendería una posición?, ¿quién sostendría una idea, si para ello tuviera que multiplicar sus escrúpulos, contrapesar sin pausa los pros y los contras, guiar con precaución un razonamiento? El pensador original arremete en lugar de profundizar, es un *Draufgänger*, un exaltado, un imprudente, en todo caso, un espíritu decidido, batallador, un irreverente en el plano de la abstracción, y cuya agresividad, no por hallarse en ocasiones velada, es menos real y eficaz. Bajo sus preocupaciones de apariencia neutra, disfrazadas de problemas, se agita una voluntad, se activa un instinto, tan imprescindibles como la inteligencia para la creación de un sistema: sin el concurso de ese instinto y de esa voluntad, ¿cómo triunfar sobre las objeciones y sobre la parálisis a la que estas condenan al espíritu? No hay afirmación que no pueda anular una afirmación contraria. Para emitir la mínima opinión sobre cualquier cosa, son necesarios un acto de bravura y cierta capacidad de irreflexión, así como una propensión a dejarse arrastrar por razones más allá de lo racional. «Todo el género humano —dice De Maistre— procede de una pareja. Se ha negado esta verdad como todas las demás: y bien, ¿qué nos importa eso?». Esta forma de librarse de la objeción la practica todo aquel que se identifica con una doctrina o adopta únicamente un punto de vista bien definido acerca de cualquier tema; pero raros son quienes se atreven a reconocerlo, quienes tienen la suficiente probidad para divulgar el procedimiento que emplean y que deben emplear, so pena de paralizarse en la imprecisión o en el silencio. Por una de esas torpezas que le honran, De Maistre, enorgulleciéndose del empleo abusivo del «¿qué nos importa eso?», nos brinda de manera implícita el secreto de sus excesos.

No exento en absoluto de esa ingenuidad propia del dogmatismo, se convertirá en el intérprete de todos los detentadores de una certidumbre y proclamará su propia felicidad y la de ellos: «Nosotros, dichosos poseedores de la verdad», lenguaje triunfal que, para el resto de nosotros, sigue siendo inconcebible, pero que alegra y fortalece al creyente. Una fe que admita otra, que no crea disponer del monopolio de la verdad, está abocada a la ruina; abandona lo absoluto que la legitima para resignarse a no ser más que un fenómeno de civilización, un episodio, un accidente. El grado de inhumanidad de una religión garantiza su fuerza y su duración: una religión *liberal* es una mofa o un milagro. Realidad, constatación terrible y exacta, verdadera en todo punto para el mundo judeocristiano; establecer un Dios único es hacer profesión de intolerancia y apoyar, se quiera o no, al ideal teocrático. Desde un punto de vista más general, las doctrinas de la Unidad competen a un mismo espíritu: incluso cuando se valen de ideas antirreligiosas, siguen el esquema formal de la teocracia; se reducen incluso a una teocracia secularizada. El positivismo les sacó el mayor partido posible a los sistemas «retrógrados», de los que no rechazó el contenido y las creencias más que para adoptar mejor su armazón lógico, su contorno abstracto. Auguste Comte utilizó las ideas de De Maistre, como hizo Marx con las de Hegel.

Positivistas y católicos, con distintas curiosidades por el destino de la religión, pero igualmente sometidos a sus respectivos sistemas, explotaron a fondo para sus propios intereses el pensamiento del autor de *Del Papa*; con mucha libertad, un Baudelaire tomó de él, por simple necesidad interior, algunos temas, como los del mal y el pecado o algunos de sus «prejuicios» contra las ideas democráticas y el «progreso». Cuando hace constar que la «verdadera civilización» en la «disminución de las huellas del pecado original», ¿no se inspira en ese pasaje de *Las veladas* en que «el estado de la civilización» perfecta se nos presenta como una realidad situada fuera del imperio de la Caída? «De Maistre y Edgar Poe me han enseñado a razonar». Quizás hubiera sido más exacto por su parte admitir que el pensador ultramontano le había surtido de obsesiones. Cuando invoca una «providencia diabólica» o profesa el «satanismo», Baudelaire regresa e invierte los temas de De Maistre, agravándolos y prestándoles un carácter de negatividad vivida. La filosofía de la Restauración tuvo prolongaciones literarias bastante inesperadas: la influencia de Bonald sobre Balzac fue tan poderosa como la de De Maistre sobre Baudelaire. Explore el pasado de un escritor y, sobre todo, el de un poeta, examine en detalle los elementos de su biografía intelectual y siempre sacará de entre la maraña algunos antecedentes reaccionarios... La memoria es la condición de la poesía; lo pasado, su sustancia. ¿Y qué afirma la Reacción, sino el valor supremo de lo pasado?

«Aquello que se cree como verdadero debe decirse y decirse con arrojo; quisiera, aunque ello me costase bastante, descubrir una verdad hecha para escandalizar a todo el género humano: la diría a quemarropa». El Baudelaire de la «franqueza absoluta», el de los *Cohetes* y de *Mi corazón al desnudo* se muestra contenido y, como anuncia en estas observaciones de *Las veladas*, nos da la fórmula de ese incomparable arte de la provocación en el que Baudelaire se distinguió casi tanto como De Maistre. Por lo demás, se distinguen en él todos aquellos que, ya sea por clarividencia o por amargura, rechazan las maravillas hábiles del progreso. ¿Por qué manejan tan bien la invectiva los conservadores y, en general, escriben con mayor esmero que los fanáticos del porvenir? Pues porque, furiosos porque los acontecimientos les contradicen, se precipitan, en su desasosiego, sobre el verbo; a falta de otro recurso más sustancial, obtienen su venganza y su consuelo. Los otros recurren a él con despreocupación y hasta con desprecio: cómplices del futuro, seguros de que «la historia» está de su parte, escriben sin arte e incluso sin pasión, conscientes como son de que el estilo es la prerrogativa y algo así como el lujo del fracaso. Cuando hablamos de fracaso, no pensamos únicamente en De Maistre, sino también en Saint-Simon. En uno y en otro se observan un mismo apego exclusivo, restringido a la causa de la aristocracia, una multitud de prejuicios defendidos con una rabia constante, el orgullo de casta llevado hasta la ostentación y una incapacidad análoga para actuar, que explica por qué fueron escritores tan atrevidos. Cuando el primero examina problemas, cuando el segundo describe acontecimientos, la menor idea, el menor hecho explota bajo la pasión que ponen en ello. Querer disecar su prosa es como querer analizar una tempestad. Lejos de nuestra intención, sin embargo, colocar al duque y al conde en un mismo plano: el primero restituyó y recreó una época, trabajaba con *la vida misma*, mientras que el segundo se contentó con animar ideas; ahora bien, ¿cómo lograr con conceptos la plenitud del ingenio? No hay verdadera creación en filosofía; por mucha profundidad y originalidad que alcance su pensamiento, se mantiene siempre en un plano derivado, por debajo del movimiento y de la actividad del ser; solo el arte se eleva hasta allí, solo él imita a Dios o lo sustituye. El pensador agota la definición del hombre incompleto.

Saint-Simon, por creer a Sainte-Beuve, haría pensar en una mezcla de Shakespeare y de Tácito; De Maistre nos evocará, mediante una combinación menos afortunada, a un Bellarmin y a un Voltaire, un teólogo y un literato. Si citamos el nombre del gran polemista, de aquel profesional de la querella que, en el siglo XVI, castigó duramente al protestantismo, es porque De Maistre, con más furor y elocuencia, debía dirigir la misma campaña: ¿no fue él, en cierto modo, el último representante de la Contrarreforma?

Cuando se observan sus arrebatos contra las nuevas «sectas», llegamos a preguntarnos si no hay una dosis de humor en todo ese despliegue de rabia: ¿es concebible que al redactar ciertas diatribas no haya sido consciente de los excesos en que incurría? Y, sin embargo, y nunca nos cansaremos de repetirlo, son estos excesos los que realzan sus obras y nos hacen querer seguir leyéndolas. Cuando, a propósito de una afirmación de Bacon, exclama: «No, ¡desde que se dijo *Fiat lux*! el oído humano no ha escuchado nunca nada igual», semejante extravagancia nos fascina, al igual que esta otra: «Los sacerdotes lo han conservado todo, lo han resucitado todo, nos lo han enseñado todo». Palabras insensatas a las que no se les podrá negar sabor: al emitirlas, ¿no se convierte el autor en cómplice de nuestra sonrisa? Y cuando nos asegura que el papa es el «demiurgo de la civilización», ¿pretende divertirnos o lo piensa verdaderamente? Lo más simple sería admitir que era sincero, pues en su vida no se percibe la menor huella de charlatanería: la lucidez no llegó nunca en él hasta la impostura o la farsa... Ese fue el único fallo en su sentido de la desmesura.

Había en aquel demoledor *en nombre de la tradición*, en aquel fanático por disciplina y método, un deseo de adueñarse de convicciones inquebrantables, la necesidad de ser de una sola pieza. «Caigo sobre una idea como por un precipicio», se quejaba un enfermo; De Maistre habría podido decir lo mismo, no obstante, con la diferencia de que él *quería* caer en él, deseaba ardientemente enterrarse en ellos y, al igual que otros pensadores agresivos, estaba impaciente por arrastrarnos a ellos junto a él: el proselitismo abismal que es la marca del fanatismo innato o adquirido. El suyo, aunque por adquisición, resultado del esfuerzo y de la deliberación, lo asimiló a la perfección e hizo de él su realidad orgánica. Aferrado a lo absoluto por su odio a un siglo que lo había cuestionado todo, tenía que llegar demasiado lejos en el sentido opuesto y, *por miedo a la duda*, erigió la ceguera en sistema. Su sueño fue no encontrarse nunca escaso de ilusiones, no obnubilarse. Tuvo la fortuna de lograrlo.

Clarividente en momentos de inspiración, se equivocó, no obstante, en muchas de sus previsiones. Se figuraba que Francia tenía como misión la regeneración religiosa de la humanidad. Francia cayó en el laicismo... Confiaba en el final de los cismas, en el retorno al catolicismo de las Iglesias que se habían separado, en la reconquista de sus antiguos privilegios por parte del sumo pontífice. Roma, abandonada a sí misma, es más modesta, más tímida que nunca. Si bien presintió alguna de las convulsiones que más tarde agitarían a Europa, no presagió, en cambio, aquellas de las que hoy somos víctimas. Pero la caducidad de sus profecías no debe hacer que perdamos de vista los méritos ni la actualidad del teórico del orden y de la autoridad que fue, el cual, de haber tenido la oportunidad de ser más conocido, habría sido el inspirador de todas las formas de ortodoxia política; el genio y la providencia de todos los despotismos de nuestro siglo. Su pensamiento, sin duda alguna, está vivo, pero únicamente en la medida en que repele o desconcierta: cuanto más lo visitamos, más pensamos en las delicias del escepticismo o en la urgencia de una defensa de la herejía.

E. M. CIORAN (*)

---

* *(Nota del antólogo, E. M. Cioran, para la antología de 1957.)* Para elaborar esta selección, nos hemos servido de las *Obras completas* de Joseph de Maistre, publicadas en las ediciones Vitte, en Lyon. El volumen no se ha mencionado, salvo cuando se trataba de textos poco conocidos. Hemos creído conveniente suprimir algunas notas de De Maistre, importantes para el erudito, aunque inútiles para el lector común. Una elección, dudosa empresa, no se justifica más que cuando preside el capricho.

El mayor enemigo de Europa

y otros textos escogidos

Retrato del verdugo

EL CONDE.– Les creo, señores, demasiado acostumbrados a reflexionar como para que nunca hayan llegado a meditar más de una vez sobre el verdugo. ¿Quién es este inexplicable ser que ha preferido atormentar y conducir a la muerte a sus semejantes ante todos los oficios agradables, lucrativos, honestos e incluso honorables que se le presentan de golpe a la fuerza o a la destreza humana? Esa cabeza, ese corazón ¿están hechos como los nuestros? ¿No contienen nada particular y extraño a nuestra naturaleza? A mí no me cabe duda. Por fuera son como nosotros, nacen como nosotros, pero se trata de seres extraordinarios, y para que formen parte de la familia humana, es necesario un decreto particular, un *fiat* de la fuerza creadora. El verdugo es como un mundo en sí mismo. Vean lo que representa para la opinión de los hombres y comprendan, si son capaces, ¡cómo puede ignorar esta opinión o afrontarla! En cuanto la autoridad diseña su morada, en cuanto toma posesión de ella, el resto de las casas retroceden hasta que dejan de divisar la suya. Conoce la voz del hombre únicamente en medio de esta soledad y de esta especie de vida que se forma en torno a él, en la que habita solo con su mujer y sus pequeños: sin ellos no conocería más que gemidos… Aparece una señal funesta:

un ministro abyecto de la justicia acaba de llamar a su puerta y de advertirle que se le necesita: él sale, llega a una plaza pública cubierta por una masa apiñada y palpitante. Se le lanza a un envenenador, un parricida, un sacrílego: él lo agarra, lo ejecuta, luego lo amarra a una cruz horizontal, le levanta el brazo; y entonces se produce un horrible silencio, y ya no se oye más que el crujido de los huesos que se rompen bajo la barra y los gritos de la víctima. La separa, la pone sobre una rueda: sus miembros destrozados se enredan en sus radios, pende la cabeza, los cabellos se erizan y la boca, abierta como un horno, ya no emite más que un pequeño número de palabras sangrantes que a intervalos convocan a la muerte. Él ha terminado: le palpita el corazón, pero es de alegría; se aplaude, se dice para sus adentros: *nadie machaca mejor que yo*. Baja: extiende la mano teñida de sangre y la justicia le lanza desde la distancia algunas monedas de oro que él lleva consigo mientras atraviesa una doble fila de hombres que se aparta ante el horror. Se sienta a la mesa y come; luego se va a la cama y duerme. Y al día siguiente, cuando se despierta, piensa en cualquier otra cosa que haya hecho en la víspera. ¿Es esto un hombre? Sí: Dios lo recibe en sus templos y le permite rezar. No es un criminal; y, sin embargo, ninguna lengua se permite decir, por ejemplo, *que es virtuoso, que es un hombre honesto, que es valioso*, etc. Ningún elogio moral le vale, pues todos ellos implican una relación con los hombres, y él no tiene ninguna.

Y, sin embargo, toda grandeza, todo poder, toda subordinación reposa sobre el ejecutor: él es el terror y el vínculo de la asociación humana. Eliminen del mundo a este agente incomprensible; en ese mismo instante el orden dará paso al caos, caerán los tronos y la sociedad desaparecerá.

Las veladas de San Petersburgo (1821).

La guerra es divina

El caballero.– Por esta vez, señor senador, espero que conceda su palabra y nos diga algo sobre la guerra.

El senador.– Estoy más que dispuesto, pues es un tema sobre el que he meditado mucho. Desde que tengo uso de razón, he pensado en la guerra; este terrible tema se ha apoderado de mi atención por completo y nunca he profundizado en él lo suficiente.

El primer mal que quiero señalar le dejará, sin duda, bastante sorprendido; pero para mí es una verdad incontestable: «habida cuenta de su razón, sus sentimientos y sus afectos, el hombre no tiene manera de explicar cómo, humanamente, es posible la guerra». Este es mi parecer tras mucha reflexión. La Bruyère describe en alguna parte esta gran extravagancia humana con la energía que ya conocemos en él. Ya hace mucho tiempo que leí ese fragmento, no obstante, me acuerdo de él perfectamente: insiste mucho sobre la locura de la guerra; aunque cuanta mayor locura hay en ella, menos explicable resulta.

El caballero.– Me parece, no obstante, que se podría decir, antes de llegar más lejos, *que los reyes ordenan y que debemos marcharnos.*

El senador.– ¡Oh, en absoluto, querido caballero! Se lo

aseguro. Siempre que un hombre que no sea un completo imbécil le presente como problemática una cuestión después de haber pensado en ella lo suficiente, desconfíe de las soluciones repentinas que se ofrezcan por parte de aquellos de poca o ninguna ocupación: suelen ser simples ideas sin consistencia, que no explican nada ni se sostienen ante la reflexión. Los soberanos no ordenan de manera eficaz ni perdurable, sino ante el círculo de cosas que admite la opinión; y este círculo no lo trazan ellos. En todos los países hay cosas mucho menos indignantes que la guerra y que un soberano no se permite nunca prescribir. Acuérdese de aquella broma que me hizo en su día sobre una nación que tiene una academia de ciencias, un observatorio astronómico y un calendario todos ellos falsos. Y, adoptando un porte serio, añadió aquello que le había oído decir a un hombre de Estado de aquel país: *que él no estaría del todo seguro de querer innovar en este punto; y que bajo el último gobierno, tan distinguido por sus ideales liberales* (como decimos hoy en día), *jamás se habían atrevido a emprender dicho cambio*. Usted me preguntó incluso qué pensaba yo al respecto. Sea lo que fuere, verá que hay temas mucho menos esenciales que la guerra sobre los que la autoridad siente que no debe comprometerse en absoluto; y tenga cuidado, se lo ruego, de que no se trate de explicar la *posibilidad*, sino la *facilidad* de la guerra. Para cortar las barbas, para reducir los ropajes, Pedro I necesitó toda la fuerza de su invencible carácter; para llevar a innumerables legiones al campo de batalla, incluso en la época en la que *fue derrotado para aprender a derrotar*, no necesitó, como el resto de los soberanos, otra cosa que no fuera hablar. A pesar de su inmensa degradación, reside en el hombre un elemento de amor que le conduce a sus semejantes: la compasión le resulta tan natural como la respiración. ¿Qué inconcebible magia le hace estar siempre dispuesto, al primer golpe de tambor, a desembarazarse de ese carácter sagrado para partir sin resistencia, a menudo incluso con cierta alegría, que también tiene su carácter particular, a partir en pedazos, en el campo de batalla, a su hermano, que nunca le ha ofendido y que se acerca a su lado para, si tiene la ocasión, hacerle padecer su misma suerte? Podría aún concebir una guerra nacional: ¿pero cuántas guerras hay de este tipo? Quizás, una cada mil años. En cuanto a las otras, sobre todo las que tienen lugar entre naciones civilizadas, que razonan y saben lo que hacen, debo decir que no comprendo nada. Se podría decir que *la gloria lo explica todo*; pero, para empezar, la gloria no es sino para los dirigentes; en segundo lugar, significa echarse atrás ante las dificultades: pues lo que yo pregunto es precisamente de dónde proviene esa gloria extraordinaria que se le adscribe a la guerra. He tenido con frecuencia una visión de la que me gustaría hacerle partícipe. Me imagino una inteligencia, ajena a nuestro planeta, que viene por alguna razón *suficiente* y se pone a conversar con alguno de nosotros sobre el orden que reina en este mundo. Entre las cosas curiosas que se le cuentan, se le dice que la corrupción y los vicios, sobre los que le hemos instruido a la perfección, exigen que el hombre, en ciertas circunstancias, muera a manos del hombre; que este derecho de matar sin cometer crimen no se le confía, entre nosotros, más que al verdugo y al soldado. «El uno, se añadirá, les da muerte a los culpables, convencidos y condenados, y sus ejecuciones felizmente son tan escasas que uno solo de estos ministros de la muerte resulta suficiente para toda una provincia. En cuanto a los soldados, nunca hay bastantes, porque deben matar sin medida y siempre a gente honrada. De estos dos *asesinos* de profesión, el soldado y el ejecutor, el uno está muy ensalzado y lo ha estado siempre en todas las naciones que han habitado en el globo al que ha llegado; al otro, por el contrario, se le suele declarar infame: ¿adivina sobre quién recae el anatema?».

Ciertamente, el genio del viajero no vacilaría ni un solo instante; le ofrecería al verdugo todos los elogios que usted, a pesar de nuestros prejuicios, señor conde, no pudo rehusarle el otro día, cuando nos habla de ese *gentilhombre*, como diría Voltaire: es «un ser sublime —nos diría—; es la piedra angular de la sociedad, pues el crimen ha venido a habitar vuestra tierra y no se le puede detener más que con el castigo; quitad del mundo al ejecutor y todo el orden desaparecerá con él. Y, además, ¡qué grandeza de alma!, ¡qué noble desinterés no debe de suponerse necesariamente en un hombre que se dedica a funciones, sin duda, tan respetables, pero tan penosas y tan contrarias a su naturaleza!, pues, desde que estoy entre ustedes, he advertido que cuando es a sangre fría, le cuesta a usted trabajo hasta matar una gallina. Estoy convencido, por tanto, de que la opinión le aporta todo aquello que necesita y que se le debe por tan justo título. En cuanto al soldado, es, en conjunto, un ministro de crueldades y de injusticias. ¿Cuántas guerras hay que sean evidentemente justas? ¡Cuántas no hay que sean evidentemente injustas! ¡Qué de injusticias particulares, qué de horrores y atrocidades inútiles! Así que me imagino que la opinión entre ustedes ha vertido justísimamente tanta infamia sobre la cabeza del soldado como gloria ha arrojado sobre la del impasible ejecutor de los autos de la Justicia soberana».

Ya saben lo que hay, señores, ¡y cuánto se habría equivocado el genio! En efecto, el militar y el verdugo ocupan los dos extremos de la escala social, aunque sucede en el sentido inverso de esta bella teoría. Nada hay tan noble como el primero; nada tan abyecto como el segundo: y no hago en absoluto ningún juego de palabras cuando digo que sus funciones no se acercan más que cuando se alejan; se tocan como en el círculo lo hacen el primer grado y el 360°, precisamente porque no hay nada que esté más lejos. El militar es tan noble que ennoblece incluso hasta lo más innoble que haya en la opinión general, pues puede ejercer las funciones del verdugo sin envilecerse y siempre, no obstante, que no ejecute sino a sus semejantes, y que, para darles muerte, no se sirva de otra cosa que de sus propias armas.

El senador.– ... Aun cuando el militar sea en sí mismo peligroso para el bienestar y las libertades de toda nación, pues el lema de este Estado será siempre, poco más o menos, el de Aquiles —*Jura nego mihi nata*—, las naciones más celosas de sus libertades jamás han pensado, no obstante, de otro modo que el resto de los hombres acerca de la preeminencia de la profesión militar; y, sobre este punto, la Antigüedad no ha pensado de manera distinta a la nuestra: es una de esas cosas sobre las cuales los hombres han estado y estarán siempre de acuerdo. Aquí reside, pues, el problema que le planteo: *explíqueme ¿por qué, a juicio de todo el género humano sin excepción, lo más honorable que hay en el mundo es el derecho a derramar inocentemente sangre inocente?* Obsérvelo de cerca, y verá que hay cierta cosa misteriosa e inexplicable en el extraordinario precio que los hombres han adscrito siempre a la gloria militar; de tal manera que, si no escuchamos otra cosa que la teoría y los razonamientos humanos, seremos conducidos a ideas directamente opuestas. No se trata, por tanto, de explicar la posibilidad de la guerra por la gloria que la rodea; se trata, ante todo, de explicar esta gloria en sí misma, algo que no es sencillo. Quiero, además, hacerle partícipe de otra idea sobre el mismo tema. Mil y una veces se nos ha dicho que las naciones, al estar bajo la consideración de las otras por el estado de su propia naturaleza, no podían resolver sus diferencias más que mediante la guerra. Pero dado que hoy estoy de un humor interrogante, preguntaré además: *¿por qué todas las naciones han permanecido respectivamente en su estado de naturaleza, sin haber hecho jamás un solo ensayo, una sola tentativa de salir de él?* Según las doctrinas irracionales en las que se ha mecido nuestra juventud, hubo un tiempo en que los hombres no vivían en sociedad, y a este estado imaginario se le ha llamado ridículamente *el estado de naturaleza*. Y se añade a esto que los hombres, una vez calculadas doctamente las ventajas de ambos estados, se decidieron por el que vemos...

El conde.– ¿Le importaría permitirme que le interrumpa un instante para hacerle partícipe de una reflexión que se presenta a mi espíritu contra esa doctrina que tan justamente califica de *irracional*? El salvaje le tiene tanto aprecio a sus hábitos más brutales que no hay nada que pueda asquearle. Habrá visto, sin duda, al comienzo del *Discurso sobre la desigualdad de condiciones*, la estampa grabada, de acuerdo con la historieta verdadera o falsa, del hotentote que regresa al hogar de sus semejantes. Poco dudaba Rousseau de que ese frontispicio fuese un poderoso argumento contra el libro. El salvaje observa nuestras artes, nuestras leyes, nuestras ciencias, nuestro lujo, nuestra delicadeza, nuestros goces de toda naturaleza, y, sobre todo, nuestra superioridad, de la que no se puede esconder, y que, sin embargo, podría estimular algunos deseos en los corazones que fuesen accesibles a ellos; pero todo esto no solo no le tienta, sino que constantemente regresa *al hogar de sus semejantes*. Así que, si el Salvaje de nuestros días, que tiene conocimiento de ambos estados, y que, pudiéndolos comparar diariamente en ciertos países, permanece inamovible en el suyo, ¿cómo se pretendía que el salvaje primitivo saliera, por deliberación propia, para pasar a otro estado del que no tenía conocimiento alguno? Al igual que la sociedad es tan antigua como el hombre, el salvaje desde luego no es, ni puede ser, más que un hombre degradado y castigado. En verdad, no veo que haya nada tan claro para el buen sentido que no se quiere sofisticar.

El senador.– Como dice el proverbio, usted *predica a un convencido*; no obstante, le doy las gracias por su reflexión: contra el error nunca se tienen suficientes armas. Pero para volver a lo que decía hace un instante, si el hombre ha pasado *del estado de naturaleza*, en el sentido vulgar del término, al estado de civilización, ya sea por deliberación o por casualidad (hablo todavía en la lengua de los insensatos), ¿por qué las naciones no han tenido tanto ingenio o tanta fortuna como los individuos?, ¿y cómo es posible que no hayan acordado nunca una sociedad general para terminar con las querellas de las naciones, como sí lo han hecho mediante una soberanía nacional para terminar con las de los particulares? Aunque la *impracticable paz del abate de Saint-Pierre* (porque convengo que es impracticable) se ponga en ridículo, me pregunto por qué; me pregunto por qué las naciones no han podido alzarse al estado social como lo han hecho los particulares. Sobre todo, ¿cómo es posible que la celebrada Europa no haya intentado jamás nada de este tipo? Dirijo esta misma pregunta aún con mayor confianza, y en particular, a los creyentes: ¿cómo es posible que Dios, que es el autor de la sociedad de los individuos, no haya permitido que el hombre, su amada criatura, que ha recibido el carácter divino de la perfectibilidad, no haya tratado siquiera de alzarse hasta la sociedad de las naciones? Todas las razones que puedan imaginarse para sostener que esta sociedad es imposible militarán igualmente contra la sociedad de los individuos. El argumento que se colegiría principalmente de la impracticable universalidad que sería necesario aportarle a la gran soberanía no tendría fuerza alguna, porque es falso que esta abarque el universo. Las naciones están lo suficientemente clasificadas y divididas por los ríos, por los mares, por las montañas, por las religiones y, sobre todo, por las lenguas, que tienen más o menos afinidad entre ellas. Y si cierto número de naciones convinieran por sí mismas pasar al *estado de civilización*, este sería ya, de hecho, un gran paso en favor de la humanidad. Podría decirse que las otras naciones caerían sobre ellas: ¡ah!, ¿qué importa? Siempre tendrían mayor tranquilidad entre sí y serían más fuertes bajo la mirada de las otras; y esto ya es suficiente. La perfección no es en absoluto necesaria en este punto: eso sería aproximarse mucho, y no puedo persuadirme de que jamás se haya intentado algo de este género sin una ley oculta y terrible que necesita de la sangre humana.

El conde.– Contempla como un hecho incontestable que jamás se haya intentado poner en práctica esta *civilización de naciones*: sin embargo, lo cierto es que se ha hecho muchas veces, e incluso con obstinación; en realidad, sin saber lo que se hacía. Todo ello propició una situación muy favorable al éxito y, en efecto, se estuvo muy cerca; al menos, tanto como lo permite la imperfección de nuestra naturaleza. Pero los hombres se equivocaron: tomaron una cosa por la otra y todo fracasó, según todas las apariencias, en virtud de esa ley oculta y terrible de la que nos habla.

El senador.– Le propondría algunas cuestiones si no temiese perder el hilo de mis ideas. Observe, pues, se lo ruego, un fenómeno digno de su atención: el oficio de la guerra, tal como lo podríamos pensar o temer si la experiencia nos lo enseñase, no tiende en absoluto a degradar, a volver feroz o duro, al menos a quien la ejerce; por el contrario, tiende a perfeccionarlo. El hombre más honrado es comúnmente el militar honrado y, por mi parte, siempre he sido, como le he dicho últimamente, un caso particular de buen sentido militar. Lo prefiero infinitamente a los largos rodeos de las gentes de negocios. En el comercio ordinario de la vida los militares son más amables, más sencillos e incluso muchas veces, a mi juicio, más complacientes que el resto de los hombres. En medio de las tormentas políticas se muestran, por lo general, como intrépidos defensores de las máximas antiguas; y los más deslumbrantes sofismas se estrellan casi siempre ante su rectitud: se ocupan con gusto de cosas y de conocimientos útiles, por ejemplo, de la economía política: quizás la única obra que nos haya dejado la Antigüedad sobre este tema es de un militar, Jenofonte; y la primera obra del mismo género que se ha destacado en Francia es también de un militar, el mariscal De Vauban. En ellos la religión se asocia al honor de una manera notable; y aun cuando les haga graves reproches sobre su conducta, si tiene necesidad, ellos no le rehusarán sus espadas. Se habla mucho de la *licencia de los campamentos*, y sin duda es grande, pero el soldado no encuentra comúnmente estos vicios en los campamentos; es él mismo quien los lleva. Un pueblo moral y austero aporta siempre excelentes soldados, temibles únicamente en el campo de batalla. La virtud y la propia piedad se alían muy bien con el coraje militar; lejos de debilitar al guerrero, ellas lo exaltan. El cilicio de san Luis no le molestaba en absoluto bajo la coraza. El propio Voltaire ha convenido de buena fe que un ejército dispuesto a morir por obedecer a Dios es invencible. Las cartas de Racine le habrán enseñado, sin duda, que cuando seguía al ejército de Luis XIV, en 1692, en calidad de historiador de Francia, nunca asistía a misa en el campo sin ver comulgar allí a algún mosquetero con la mayor edificación.

Busque en las obras espirituales de Fénelon la carta que le escribió a un oficial de entre sus amigos. Desesperado por no haber recibido el puesto en el ejército del que se había vanagloriado, este hombre había sido conducido, probablemente por el propio Fénelon, por los caminos de la más alta perfección; había llegado *al amor puro, a la muerte de los Místicos*. No obstante, ¿cree tal vez que el alma tierna y amante de *Cygne de Cambray* encontrará compensaciones para su amigo en las escenas de carnicería, en las que no deberá tomar ninguna parte, y al que le dirá: *después de todo, usted es feliz; ya no tendrá que ver los horrores de la guerra y el espantoso espectáculo de todos los crímenes que conlleva?* Se guarda mucho de extenderse en ese concepto de pusilanimidad; por el contrario, lo consuela y se aflige con él. Ve en esta privación una innegable desgracia, una amarga cruz, todo lo apropiado para apartarlo del mundo.

¿Y qué diremos de este otro oficial a quien la señora Guyon le escribía diciéndole que no debía inquietarse en absoluto si alguna vez llegaba a perderse la misa en días de trabajo, *sobre todo en el ejército*? Los escritores de quienes proceden estas anécdotas vivían, sin embargo, en un siglo que, a mi parecer, era bastante guerrero; pero esto significa que nada se compagina mejor en este mundo que el espíritu religioso y el espíritu militar.

El caballero.– Estoy muy lejos de contradecir esta verdad; no obstante, es necesario convenir en que, si la virtud no arruina el coraje militar, puede al menos prescindir de ella; pues se ha visto, en ciertas épocas, cómo legiones de ateos obtenían triunfos prodigiosos.

El senador.– ¿Por qué no —le suplico que me diga—, si estos ateos combatían a otros? Pero permítame que continúe. No solo se alía en general muy bien la profesión militar con la moralidad del hombre, sino que de ningún modo debilita, lo cual es, sin duda, extraordinario, sus dulces virtudes, que parecen las más opuestas a la profesión de las armas. Los caracteres más dulces aman la guerra, la desean y la ejercen con pasión. A la primera señal, ese amable joven, educado en el horror de la violencia y de la sangre, abandona el hogar paterno y se precipita, arma en mano, a buscar en el campo de batalla al que denomina *el enemigo*, sin saber aún lo que es un *enemigo*. Ayer se habría encontrado mal si por casualidad hubiera aplastado al canario de su hermana; mañana le verá subir por una montaña de cadáveres *para ver más lejos*, como decía Charron. La sangre que corre por todas partes no hace más que animarle a derramar la suya y la de otros: ardiente se enciende por grados y llegará hasta *el entusiasmo de la carnicería*.

El caballero.– No exagera en absoluto; antes de llegar a los veinticuatro años cumplidos, yo ya había visto tres veces el *entusiasmo de la carnicería*: yo mismo lo experimenté y me acuerdo, sobre todo, de un terrible momento en que habría pasado por el filo de la espada a todo un ejército si hubiera tenido el poder para ello.

El senador.– Pero si, en el momento en que hablamos, le propusiese agarrar la paloma blanca con la sangre fría de un cocinero, entonces…

El caballero.– ¡Qué vergüenza… me parte el corazón!

El senador.– Aquí reside precisamente el fenómeno del que le hablaba hace un instante. El espantoso espectáculo de la carnicería nada endurece al verdadero guerrero. En medio de la sangre que derrama, es humano como casta es la esposa en los arrebatos del amor. Desde el momento en que devuelve la espada a su vaina, la santa humanidad recupera sus derechos y quizás los sentimientos más exaltados y los más generosos solo se encuentren entre los militares. Recuerde, caballero, el gran siglo de Francia.

Entonces si la religión, el valor y la ciencia se ponen, por decirlo así, en equilibrio, de él procede este hermoso carácter que todos los pueblos saludan con una aclamación unánime como modelo del carácter europeo. Separe el primer elemento y el conjunto —es decir, toda la belleza— desaparecerá. No se resalta suficientemente lo necesario que es este elemento para todo y el papel que juega allí donde los observadores superficiales podrían juzgarlo como ajeno. El espíritu divino que se había asentado particularmente en Europa ablandaba hasta los castigos de la justicia eterna y la *guerra europea* dejará para siempre una marca en los anales del universo. Se mataba, sin duda, se quemaba, se saqueaba y, si se quiere, se cometían miles y miles de crímenes inútiles; pero, no obstante, la guerra comenzó en el mes de mayo; se terminó en el mes de diciembre; se dormía bajo la lona; el soldado solamente combatía contra el soldado. Las naciones jamás estuvieron en guerra y todo aquello que es débil era sagrado a través de las escenas lúgubres de esta devastadora catástrofe.

Resultaba, sin embargo, un espectáculo magnífico poder ver a todos los soberanos de Europa, contenidos por no sé qué moderación imperiosa, no pedir jamás a sus pueblos, incluso en momentos de gran peligro, todo lo que podrían obtener; se servían del hombre y todos, conducidos por una fuerza invisible, evitaban asestar sobre la soberanía enemiga alguno de esos golpes que *pueden tener repercusiones*: ¡gloria, honor, alabanza eterna a la ley de amor proclamada sin cesar en el centro de Europa! Ninguna nación triunfaba sobre la otra; la guerra antigua ya no existía más que en los libros o entre pueblos *sentados a la sombra de la muerte*; una provincia, una ciudad, a menudo incluso algunos pueblos, ponían fin, al cambiar de señor, a guerras encarnizadas. El respeto mutuo y la política más refinada sabían mostrarse en medio del estruendo de las armas. La bomba, en los aires, evitaba el palacio de los reyes; las danzas, los espectáculos, servían más de una vez de intermedios en los combates. El oficial enemigo invitado a estas fiestas acudía y hablaba entre risas sobre la batalla que debía darse a la mañana siguiente; y entre los propios horrores de la más sangrienta contienda, la oreja del moribundo podía oír el acento de la piedad y las fórmulas de la cortesanía. A la primera señal de combate se levantaban numerosos hospitales por todas partes: la medicina, la cirugía, la farmacia, llevaban a sus numerosos adeptos; en medio de ellos se elevaba el genio de *san Juan de Dios* y de *san Vicente de Paul*, más grande, más fuerte que el hombre, constante como la fe, activo como la esperanza, hábil como el amor. ¡Todas las víctimas aún vivas eran recogidas, asistidas y consoladas: toda herida era tocada por la mano de la ciencia y por la de la caridad!... Hablaba ahora mismo, señor caballero, de legiones de *ateos* que han obtenido triunfos prodigiosos; yo creo que, si se pudiesen regimentar a los tigres, veríamos aún mayores maravillas: el cristianismo, si lo observa de cerca, jamás os parecerá más sublime, más digno de Dios y más acorde al hombre que en la guerra. Cuando dice, por lo demás, *legiones de ateos*, no lo entiende al pie de la letra; pero suponga a estas legiones tan malvadas como sean capaces de serlo; ¿sabe cómo se las podría combatir con la mayor ventaja? Sería oponiéndoles el principio diametralmente opuesto al que las hubiera constituido. Esté bien seguro de que las *legiones de ateos* no combatirían contra *legiones fulminantes*.

En fin, señores, las funciones del soldado son terribles; pero es necesario que se adhieran a una gran ley del mundo espiritual, y no nos debe sorprender que todas las naciones del universo se pongan de acuerdo en ver en esa catástrofe algo particularmente más divino aún que en otras; piense que el hecho de que el título Dios de los Ejércitos brille en todas las páginas de las Sagradas Escrituras no ocurre sin una razón grande y profunda. ¡Culpables mortales y desgraciados, pues somos culpables! Somos nosotros los que hacemos necesarios todos los males físicos, pero sobre todo la guerra: los hombres culpan por regla general a los soberanos, y no hay nada más natural. Horacio decía burlándose:

> Por los delirios de los reyes se castiga a los pueblos.

Pero J. B. Rousseau dijo con mayor gravedad y verdadera filosofía:

> Es la ira de los reyes la que arma la tierra,
> Es la ira del cielo la que arma a los reyes.

Observe, además, que esta ley tan terrible de la guerra no es, sin embargo, más que un capítulo de la ley general que pesa sobre el universo.

En el vasto dominio de la naturaleza viviente reina una violencia manifiesta, una especie de rabia prescrita que arma a todos los seres *in mutua funera*: desde el momento en que salga del reino insensible, se encontrará con el decreto de la muerte violenta, escrito sobre las propias fronteras de la vida. Ya en el reino vegetal se comienza a sentir la ley: desde la inmensa catalpa hasta la más humilde gramínea, ¡cuántas plantas *mueren* y cuántas son *asesinadas*! Pero, en cuanto entra en el reino animal, la ley recibe de golpe una espantosa prueba. Una fuerza, a un mismo tiempo oculta y palpable, se muestra continuamente ocupada en dejar al descubierto el principio de la vida por medios violentos. En cada gran división de la especie animal ha elegido cierto número de animales a los que ha encargado devorar a los otros; así, hay insectos rapaces, reptiles rapaces, pájaros rapaces, peces rapaces y cuadrúpedos rapaces. No pasa un solo instante de tiempo en que un ser vivo no sea devorado por otro. Por encima de estas numerosas razas de animales está situado el hombre, cuya destructiva mano no perdona a nada que tenga vida; mata para alimentarse, mata para vestirse, mata para resguardarse, mata para atacar, mata para defenderse, mata para instruirse, mata para divertirse, mata por matar: rey soberbio y terrible, necesita de todo y nada se le resiste. Sabe que la cabeza del tiburón o del cachalote le proporcionarán barricas de aceite; su esbelto alfiler pincha sobre el cartón de los museos la elegante mariposa que ha atrapado al vuelo en la cima del Mont-Blanc o del Chimborazo; diseca el cocodrilo; embalsama el colibrí; bajo su orden, la serpiente de cascabel va a morir con el licor conservador que debe mostrarla intacta a los ojos de una larga serie de observadores. El caballo que lleva a su dueño a la caza del tigre se pavonea bajo la piel de este mismo animal; el hombre lo pide todo a un mismo tiempo: al cordero, sus entrañas para hacer resonar un arpa; a la ballena, sus barbas para armar el corsé de la joven virgen; al lobo, su diente más mortífero para pulir las insustanciales obras de arte; al elefante, sus colmillos para adornar el juguete de un niño; sus mesas están cubiertas de cadáveres. El filósofo puede incluso descubrir cómo la carnicería permanente está prevista y ordenada dentro del todo. Pero esta ley, ¿se detendrá en el hombre? No, sin duda. Y, sin embargo, ¿qué ser exterminará a aquel que los extermina a todos? Él mismo. El hombre es el encargado de degollar al hombre. ¿Pero cómo podrá ejecutar la ley, él, que es un ser moral y misericordioso; él, que ha nacido para amar; él, que llora por los demás como por él mismo, que encuentra placer en llorar y que acaba por inventar ficciones para hacerse llorar; él, en fin, de quien se ha dicho que volverá a pedir *hasta la última gota de sangre que haya derramado injustamente*? La guerra es la que cumplirá con el *decreto*. ¿No oye a la *tierra*, que pide a gritos la sangre? La sangre de los animales no le resulta suficiente, ni siquiera la de los culpables, vertida por el gladio de las leyes. Si la justicia humana los golpease a todos, ya no habría guerra; pero no sabría alcanzar más que a un pequeño número, y muchas veces los perdona ella misma, sin dudar de que su feroz humanidad contribuye a hacer necesaria la guerra, si, sobre todo, al mismo tiempo otra ceguera no menos estúpida y no menos funesta trabaja para extender la expiación en el mundo. La *tierra* no ha gritado en vano; la guerra se enciende. El hombre, apoderado de repente de un furor *divino*, ajeno al odio y a la cólera, avanza por el campo de batalla sin saber ni lo que quiere ni siquiera lo que hace. ¿Qué significa, pues, ese terrible enigma? No hay nada más contrario a su naturaleza y nada le repugna menos: hace con entusiasmo aquello que le horroriza. ¿No se ha dado cuenta nunca de que, en el campo de la muerte, el hombre no desobedece jamás? Podrá muy bien masacrar a Nerva o a Enrique IV, pero el más abominable tirano, el más insolente carnicero de carne humana, jamás oirá allí: *Ya no queremos servirle*. Una rebelión en el campo de batalla, el acuerdo de abrazarse mientras se abjura de un tirano, son fenómenos que no se me presentan a la memoria. Nada se resiste, ni nada puede resistirse, a la fuerza que arrastra al hombre al combate; asesino inocente, instrumento pasivo de una mano temible, *se sumerge con la cabeza hundida en el abismo que él mismo ha abierto; da y recibe la muerte sin dudar de que es él mismo el que ha creado la muerte.*[*]

---

* Ps., IX, 16.

Así se cumple sin cesar, desde la cresa hasta el hombre, la gran ley de la destrucción violenta de los seres vivos. La tierra entera, continuamente empapada de sangre, no es más que un inmenso altar donde todo lo que vive debe ser inmolado sin fin, sin medida, sin descanso, hasta la consumación de las cosas, hasta la extinción del mal, hasta la muerte de la muerte.

Pero el anatema debe azotar de manera más directa y visible al hombre: el ángel exterminador gira, como el sol, alrededor de este desgraciado globo, y no deja respirar a una nación más que para herir a otras. Pero cuando los crímenes, y sobre todo los crímenes de cierto género, se han acumulado hasta un punto dado, el ángel emprende sin medida su infatigable vuelo. Al igual que la ardiente antorcha que se gira rápidamente, la inmensa velocidad de su movimiento hace posible que esté a un mismo tiempo en todos los puntos de su terrible órbita. Hiere en el mismo instante a todos los pueblos de la tierra; otras veces, ministro de una venganza precisa e infalible, se encarniza con ciertas naciones y las deja bañadas en sangre. No espere que hagan ningún esfuerzo por escapar a su juicio o por reducirlo. Creemos ver a estos grandes culpables, iluminados por su conciencia, que piden el suplicio y lo aceptan para encontrar en él la expiación. Siempre que les quede sangre, vendrán a ofrecérsela; y pronto una *rara juventud* hará que le narren estas guerras desoladoras producidas por los crímenes de sus padres.

La guerra es, por tanto, divina en sí misma, pues es una ley del mundo.

La guerra es divina por sus consecuencias, de un orden sobrenatural, tan generales como particulares; consecuencias poco conocidas porque están poco estudiadas, pero que no por ello resultan menos incontestables. ¿Quién podría dudar de que la muerte que se encuentra en los combates no goza de grandes privilegios? ¿Y quién podría creer que las víctimas de este espantoso juicio han vertido su sangre en vano? Pero no es tiempo de insistir sobre este tipo de temas; nuestro siglo no es lo bastante maduro para ocuparse de ello; dejémosle su física y mantengamos siempre, no obstante, los ojos fijos sobre este mundo invisible que lo explicará todo.

La guerra es divina en la gloria misteriosa que la rodea y en la inclinación no menos inexplicable a la que nos conduce.

La guerra es divina en la protección otorgada a los grandes capitanes, incluso a los más arriesgados, que rara vez resultan heridos en los combates, y únicamente cuando su fama no puede ya incrementarse más y su misión está cumplida.

La guerra es divina por la manera en que se declara. No quiero excusar a nadie inoportunamente; ¡cuántos de aquellos a quienes se considera autores inmediatos de las guerras se dejan arrastrar por las circunstancias! En ese momento preciso provocado por los hombres y prescrito por la justicia, Dios se adelanta para vengar la iniquidad que los habitantes del mundo han cometido contra él.

... La guerra es divina en sus resultados, que escapan por completo a las especulaciones de la razón humana: porque pueden ser totalmente distintas en dos naciones, aunque la acción de la guerra se muestre igual de una parte y de otra. Hay guerras que envilecen a las naciones, y las envilecen durante siglos; otras las ensalzan, las perfeccionan de todas las maneras posibles e incluso reemplazan pronto las pérdidas momentáneas, lo cual es más que extraordinario, mediante un incremento visible de población. A menudo la historia nos muestra el espectáculo de una población rica y floreciente en medio de los combates más sangrientos; pero hay guerras viciosas, guerras de maldición, que la conciencia reconoce mejor que la razón; las naciones son heridas de muerte en su poder y en su carácter; es entonces cuando se puede ver al propio vencedor degradado, empobrecido y gimiendo entre sus tristes laureles, mientras que en las tierras del vencido no encontrará, más allá de algunos monumentos, ni un taller ni un arado que necesite a un hombre.

La guerra es divina por la fuerza indefinible que determina los éxitos. Seguramente, mi estimado caballero, esta sea la razón por la que el otro día, sin reflexionar, repetía la célebre máxima de que *Dios está siempre a favor de los grandes batallones.* No llegaría jamás a creer que perteneciese en efecto al gran hombre a quien se le atribuye;* también puede ser que avanzase esta máxima como burla o con seriedad en un sentido limitado y muy verdadero; porque Dios, en el gobierno temporal de su providencia, no deroga (salvo en caso de milagro) las leyes generales que ha establecido para siempre. Así como dos hombres tienen más fuerza que uno, cien mil hombres deben tener más fuerza y acción que cincuenta mil. Cuando le pedimos a Dios la victoria, no le estamos pidiendo que derogue las leyes generales del universo; eso sería demasiado excéntrico; pero estas leyes se combinan de mil maneras y se dejan vencer hasta un punto que no es posible determinar. Tres hombres son más fuertes, sin duda, que uno solo: la proposición general es incontestable; pero un hombre hábil puede aprovecharse de ciertas circunstancias, y un solo Horacio puede matar a tres Curiacios. Si las velocidades son las mismas, *un cuerpo que tiene mayor masa que otro tiene mayor movimiento*;

* Turenne.

pero es lo mismo si tiene tres de masa y dos de velocidad o tres de velocidad y dos de masa. ¿Por lo mismo que un ejército de cuarenta mil hombres es físicamente inferior a otro ejército de sesenta mil? Si el primero tiene más coraje, experiencia y disciplina, podrá, no obstante, vencer al segundo, pues consigue más acción con menos masa, y es esto lo que vemos en cada página de la historia. Además, las guerras suponen siempre cierta igualdad; de otro modo, no hay guerra. Jamás he leído que la república de Ragusa les haya declarado la guerra a los sultanes ni que la de Ginebra se la haya declarado a los reyes de Francia. Siempre hay cierto equilibrio en el universo político, y no depende siquiera del hombre poder romperlo (si se exceptúan ciertos casos raros, concretos y limitados); de ahí que las coaliciones sean tan difíciles: si no existiesen, con la política tan poco gobernada por la justicia, todos los días se uniría para destruir un poder; pero estos proyectos tienen poco éxito e incluso el débil escapa de ellos con una facilidad que resulta asombrosa en la historia. Cuando un poder muy preponderante aterroriza al universo, uno se irrita por no poder encontrar ningún medio para detenerlo; se deshace en amargos reproches contra el egoísmo y la inmoralidad de los gabinetes que le impide reunirse para conjurar el peligro común: es el grito que se oyó en los hermosos días de Luis XIV; pero, en el fondo, estas quejas no son fundadas. Una coalición entre muchos soberanos, creada sobre los principios de una moral pura y desinteresada, sería un milagro. Dios, que no le debe nada a nadie y que no hace nada inútil, emplea, para restablecer el equilibrio, dos medios muy sencillos: unas veces el gigante se degüella a sí mismo, otras veces un poder muy inferior arroja sobre su camino un obstáculo imperceptible, pero que crece enseguida, sin que se sepa muy bien cómo, y llega a ser insuperable: al igual que una débil rama detenida en la corriente de un río produce al final una caída que lo desvía.

Partiendo, pues, de la hipótesis del equilibrio, al menos a nivel aproximativo, que siempre tiene lugar bien porque las potencias beligerantes son iguales, bien porque los más débiles tienen aliados, cuántas circunstancias imprevistas pueden alterar el equilibrio y hacer que los más grandes proyectos queden abortados o alcancen el éxito, a pesar de todos los cálculos de la prudencia humana. Cuatro siglos antes de nuestra era, las ocas salvaron el Capitolio; nueve siglos después de esa misma época, bajo el emperador Arnoulf, Roma fue tomada por una liebre. Dudo que ni en una parte ni en la otra se contase con semejantes aliados o que se temiese a tales enemigos. La historia está llena de acontecimientos tan inconcebibles que desbaratan las más bellas especulaciones. Además, si observa de manera más general el papel que juega en la guerra el poder moral, convendrá en que no hay parte alguna en que la mano divina se deje sentir al hombre con mayor intensidad; se diría que es un *departamento* —permítame el término— cuya dirección se la ha reservado la Providencia, y en el cual no deja actuar al hombre más que de una manera poco menos que mecánica, pues los logros dependen casi enteramente de aquello que menos depende de él. Jamás se ha avisado tantas veces ni con tanta intensidad como a la guerra su propia nulidad y el inevitable poder que lo controla todo. Es la opinión la que pierde las batallas y es la opinión la que las gana. *El intrépido Esparciata le ofrecía sacrificios al miedo* (Rousseau se sorprende en esta parte, no sé por qué); Alejandro ofreció también un sacrificio al miedo antes de la batalla de Arbelas. En efecto, aquellas gentes tenían muchísima razón, y para rectificar esta devoción llena de sentimiento, basta con rezar: *que no se digne Dios a enviar-*

nos el miedo. ¡El miedo! Carlos V se burló alegremente de este epitafio que leyó de paso: *Aquí yace quien nunca tuvo miedo*. ¿Y qué hombre no ha tenido nunca miedo en toda su vida? ¿Quién no ha tenido la ocasión de admirar, tanto en sí mismo como a su alrededor, y en la historia, a la todopoderosa debilidad de esta pasión, que a menudo parece tener mayor dominio sobre nosotros a medida que tiene menos motivos razonables? *Recemos, pues*, señor caballero, *dado que es a usted a quien va dirigido este discurso, si me lo permite*, puesto que es quien ha convocado estas reflexiones; roguemos a Dios de todo corazón, para que aleje de nosotros y de nuestros amigos el miedo que está a sus órdenes, y que puede destruir en un instante las más bellas especulaciones militares.

Y no se atemorice ante la palabra *miedo*; porque si la toma en su sentido más estricto, podría decir que lo que expresa es raro, y que resulta vergonzoso temerla. Hay un miedo propio de las mujeres que desaparece gritando; y dicho tipo de miedo se permite, aunque se pide que no se considere como algo posible, incluso cuando no se trata en absoluto de un fenómeno desconocido. Pero hay otro tipo de miedo mucho más terrible, que se adentra en el corazón más masculino, lo hiela y lo persuade de que está vencido. He ahí la espantosa catástrofe que siempre sobrevuela a los ejércitos. Cierto día le hice esa pregunta a un militar de primera categoría, a quien uno y otro conocerá: *Dígame, señor general, ¿qué es una batalla perdida? Jamás lo he entendido bien*. Después de un momento de silencio, me respondió: *No tengo ni la más remota idea*. Y después de un segundo periodo de silencio, añadió: *Es una batalla que se cree haber perdido*. No hay nada más cierto. Un hombre que lucha contra otro es vencido cuando acaba muerto o abatido y el otro permanece en pie; pero no hay dos ejércitos así: uno no puede acabar muerto mientras el otro permanece en pie. Las fuerzas se equilibran al igual que los muertos, y, sobre todo, una vez que la invención de la pólvora ha introducido mayor igualdad en los medios de destrucción, una batalla ya no se pierde materialmente, es decir, porque haya más muertos en un lado que en otro. También Federico II, que algo de esto entendía, afirmaba: *Vencer es avanzar*. ¿Pero quién es el que avanza? Es aquel cuya conciencia y compostura hacen retroceder al otro. Recuerde, señor conde, a aquel joven militar de entre sus conocidos, que un día en una de sus cartas le describía *ese movimiento solemne por el cual, sin saber por qué, un ejército se siente impulsado hacia delante como si se deslizara por un plano inclinado*. Recuerdo que se quedó impresionado ante esta frase que, en efecto, expresa maravillosamente bien el momento decisivo, pero este momento escapa por completo a la reflexión; y preste atención, sobre todo, a que de ninguna manera se hable de números en este asunto. El soldado que se siente *empujado hacia delante*, ¿ha contado los muertos? En la guerra, la opinión es tan poderosa que de ella depende cambiar la naturaleza de un mismo acontecimiento y darle dos nombres diferentes, sin otra razón que su capricho. Un general se arroja entre dos cuerpos enemigos y le escribe a la corte: lo he atravesado, está perdido. Y el otro le escribe a la suya: está atrapado entre dos fuegos, está perdido. ¿Cuál de los dos se equivoca? El que se deje apresar por la *fría diosa*. Con todas estas circunstancias en mente —sobre todo la numérica, igual de una parte y de otra, al menos de una manera aproximada—, muéstreme entre las dos posiciones una diferencia que no sea puramente moral. El término *darse la vuelta* es también una de las expresiones con las que la opinión *da vueltas* a la guerra de la forma en que la entiende. Nada hay tan célebre como la respuesta de aquella mujer de Esparta a su hijo, que se quejaba por tener una espada demasiado corta: *da un paso adelante*; pero si el joven hubiera podido hacerse oír desde el campo de batalla y gritar a su madre: *me he dado la vuelta*, la noble lacedemonia no habría dejado de responderle: *Pues vuélvete*. Es la imaginación la que pierde las batallas.

Ni siquiera se sabe siempre a ciencia cierta si el día en que se libra una batalla esta se ha ganado o se ha perdido: es a la mañana siguiente, y a menudo dos o tres días después. En el mundo se habla mucho de batallas sin saber lo que son; sobre todo, hay bastante propensión a considerarlas como si fueran puntos, cuando a veces ocupan dos o tres leguas en una región; se le dirá con mucha gravedad: «¿Cómo puede ser que no sepa usted lo que ha ocurrido en ese combate, si ha estado en él?», mientras que muchas veces podría decirse justo lo contrario. El que está a la derecha, ¿sabe lo que pasa en la izquierda? ¿Sabe siquiera lo que pasa a dos pasos de él? Me resulta fácil imaginarme una de estas espantosas escenas: sobre un vasto terreno cubierto por todos los aprestos de la masacre y que parece estremecerse bajo los pasos de los hombres y de los caballos; en medio del fuego y de los torbellinos de humo; aturdido, transportado por el estruendo de las armas de fuego y de los instrumentos militares, por las voces de mando, que dan alaridos o se extinguen; rodeado de muertos, de moribundos, de cadáveres mutilados; poseído por sucesivos estados de temor, esperanza, rabia; después de cinco o seis momentos de enajenación diferentes, ¿en qué se convierte el hombre?, ¿qué ve?, ¿qué sabe al cabo de algunas horas?, ¿qué puede saber de sí mismo o de los otros? Entre esta multitud de guerreros que han combatido durante todo el día, muchas veces no hay uno solo, ni siquiera el propio general, que sepa quién es el vencedor. No tendría más que citaros batallas modernas, batallas famosas, cuya memoria no perecerá jamás; batallas que han cambiado las cosas en Europa y que no se han perdido, sino porque tal o cuál hombre había creído que lo estaban; de modo que suponiendo todas estas mismas circunstancias, y sin que se vertiera ni una gota de sangre más de una parte y de la otra, otro general habría hecho que se cantase el *Te Deum* en su campo, y habría forzado a la historia a que contase todo lo contrario de lo que dirá. Pero, por favor, ¿en qué época se ha visto al poder moral desempeñar en la guerra un papel tan asombroso como en nuestros días? ¿No es verdaderamente mágico todo lo que hemos visto desde hace veinte años? Sin duda, corresponde a los hombres de esta época exclamar:

> ¿Y qué tiempo fue alguna vez tan fecundo en milagros?

Pero sin salir del asunto que nos ocupa en estos momentos, ¿hay en este género un solo acontecimiento que sea contrario a los más evidentes cálculos de la probabilidad y que no hayamos visto consumarse a pesar de todos los esfuerzos de la prudencia humana? ¿No hemos acabado por ver incluso perder batallas ganadas? Por lo demás, señores, no quiero exagerar nada, pues ya saben que le tengo una aversión particular a la exageración, que es la mentira de la gente de bien. Por poco que encuentren en lo que acabo de decirles, asumo mi error sin disputa y de buen grado, sobre todo, porque no siento necesidad alguna de tener razón en todo el rigor de la palabra. En general, creo que las batallas no se ganan ni se pierden físicamente. Dado que esta proposición no tiene nada de rígida, se presta a todas las restricciones que estimen oportunas, siempre que me concedan a cambio (algo que ningún hombre sensato puede rebatir) que el poder moral tiene una acción inmensa en la guerra, lo cual me basta. Por tanto, no hablemos ya más de importantes batallones, señor caballero, porque no hay idea más falsa ni más grosera si no se ciñe al sentido que creo haber explicado con bastante claridad.

Las veladas de San Petersburgo (1821),
«Velada séptima».

El mal y el pecado

El conde.– … Nunca he comprendido ese argumento eterno contra la Providencia, extraído de la desgracia de los justos y de la prosperidad de los malvados. Si el hombre de bien sufriera por ser hombre de bien, y si el malvado prosperase igualmente por ser malvado, el argumento sería irresoluble; se echa por tierra si se supone únicamente que el bien y el mal se distribuyen sin distinción entre los hombres. Pero las falsas opiniones se parecen a la falsa moneda, que en su origen acuñan los grandes culpables y la gastan en adelante los hombres de bien, que perpetúan el delito sin saber lo que hacen. Es la impiedad la que ha comenzado a tener gran repercusión sobre esta objeción en un principio; la ligereza y la bonhomía la han repetido; pero, en realidad, no es nada. Volvamos a mi primera comparación: matan a un hombre de bien en la guerra, ¿es una injusticia? No, es una desgracia. Si sufre de gota o arenilla, si lo ha traicionado un amigo, si resulta aplastado por la caída de un edificio, etc., sigue siendo una desgracia, pero nada más, pues todos los hombres sin distinción están sujetos a este tipo de desgracias. Nunca pierda de vista esta gran verdad: *que una ley general, si no es injusta para todos, no podría serlo para el individuo*. Usted no tiene semejante enfermedad, pero podría padecerla. La tiene, pero podría librarse de ella. El que ha perecido en la batalla podía escapar; el que vuelve pudo haberse quedado allí. Todos no están muertos; pero todos estaban allí para morir. Desde ese punto, no hay injusticia: la ley justa no es la que obra su efecto sobre todos, sino aquella que está hecha para todos. El efecto en tal o cual individuo no es más que un accidente. Para encontrar las dificultades en este orden de cosas, es necesario amarlas; por desgracia, se aman y se buscan. El corazón humano, que se subleva continuamente contra la autoridad que lo molesta, narra historias para el espíritu que se las crea; acusamos a la Providencia para así eludir la ocasión de acusarnos a nosotros mismos: le planteamos dificultades que nos avergonzaría plantear a un soberano o a un simple administrador cuya sensatez apreciáramos. ¡Cosa extraña! Nos resulta más fácil ser justos con los hombres que con Dios.

... Ahora me dirijo a usted, señor caballero. Antes convino en que se le disputaba con mala fe a la Providencia la distribución de los bienes y de los males, aunque el escándalo giraba, sobre todo, en torno a la impunidad de los facinerosos. Dudo, no obstante, que usted pueda abandonar la primera objeción sin renunciar a la segunda; pues si no hay injusticia en la distribución de los males, ¿sobre qué apoyará usted las protestas de la virtud? Dado que el mundo está gobernado por leyes generales, no creo que albergue usted la pretensión de que, si los cimientos de la terraza en que nos encontramos se quedasen súbitamente en el aire debido a algún deslizamiento subterráneo, Dios se vería obligado a suspender las leyes de la gravedad a nuestro favor, solo porque en ese momento y sobre dicha terraza hay tres hombres que nunca han asesinado ni robado; caeríamos, desde luego, y quedaríamos aplastados. Sucedería lo mismo si hubiéramos sido miembros de la logia de los iluminados de Baviera o del comité de salud pública. ¿Acaso querría que cuando granizara los campos del justo se librasen? Vea ahí, pues, un milagro. Pero si, por casualidad, este justo llegase a cometer un crimen después de la cosecha, sería necesario que se pudriese en sus graneros: ese sería otro milagro. De modo que, si cada instante requiriese un milagro, el milagro se convertiría en el estado ordinario del mundo, es decir, que ya no podría haber milagros, que la excepción sería la regla, y el desorden, orden. Exponer semejantes ideas implica refutarlas ya de sobra.

Lo que aún nos confunde con bastante frecuencia en este punto es que no podemos evitar achacarle a Dios, sin que nos demos cuenta, las ideas que tenemos acerca de la dignidad e importancia de las personas. Respecto a nosotros, estas ideas nos parecen muy justas, porque estamos sometidos al orden establecido en la sociedad; pero si las transferimos al orden general, nos parecemos a aquella reina que decía: *Cuando se trata de condenar a las gentes de nuestra especie, creed que Dios se lo piensa más de una vez.* Isabel de Francia subió al cadalso, Robespierre subió algunos instantes después. El ángel y el monstruo se sometieron a su entrada en el mundo a todas las leyes generales que lo rigen. Ninguna expresión podría caracterizar el crimen de los facinerosos que hacen que se derrame la sangre más pura como la más augusta del universo; sin embargo, respecto al orden general, no hay injusticia; se trata siempre de una desgracia ligada a la condición del hombre, y nada más. *Todo hombre, en calidad de hombre, está sujeto a todas las desgracias de la humanidad*; la ley es general, luego no es injusta. Pretender que la dignidad o las virtudes de un hombre deben sustraerle de la acción de un tribunal, inicuo o equivocado, implica precisamente el deseo de que se exima de la apoplejía, por ejemplo, o incluso de la misma muerte.

... Comience en primer lugar por no considerar jamás al individuo: la ley general, la ley visible, y visiblemente justa, es que *la mayor parte de la felicidad, incluso la transitoria, no pertenece al hombre virtuoso, sino a la virtud*. De otro modo, no habría ya ni vicio, ni virtud, ni mérito, ni demérito y, consecuentemente, tampoco un orden moral. Suponga que cada acción virtuosa se *pagara*, por así decirlo, con alguna ventaja temporal; el acto, que ya no tendría nada de sobrenatural, no podría merecer ya una recompensa de este tipo. Suponga que, por otra parte, en virtud de una ley divina, al ladrón se le cayera la mano en el momento en que comete un robo; nos abstendríamos de robar como nos abstenemos de poner la mano bajo el hacha de un carnicero; el orden moral desaparecería por completo. Para concordar, pues, este orden (el único posible para los seres inteligentes, y el que, por otra parte, prueban los hechos) con las leyes de la justicia, sería necesario que la virtud fuera recompensada y el vicio castigado, incluso temporalmente, aunque no siempre ni en el acto; sería necesario que la parte incomparablemente mayor de felicidad se le atribuyera a la virtud, y que la parte proporcionada de infortunio se le confiriese al vicio; pero que el individuo no estuviera nunca seguro de nada: y esto es en efecto lo que está establecido. Imagine cualquier otra hipótesis; le conducirá directamente a la destrucción del orden moral o a la creación de otro mundo.

Las veladas de San Petersburgo (1821),
«Velada primera».

§

El conde.– … Al ser todo mal un castigo, se deduce que ningún mal podría considerarse necesario y, si ningún mal es necesario, se deduce que todo mal se puede prevenir, o por la supresión del crimen que lo había convertido en necesario, o por la oración que tiene la fuerza de prevenir o mitigar el castigo. El imperio del mal físico aún puede, pues, restringirse indefinidamente por este medio sobrenatural, ya ve…

El caballero.– Permítame que le interrumpa y sea algo maleducado, si es necesario, por forzarle a ser más claro. Usted toca un tema que me ha perturbado gravemente más de una vez; pero, por el momento, voy a aplazar mis preguntas sobre dicho tema. Solo quisiera hacerle notar que confunde, si no me equivoco, los males que son consecuencia inmediata de las faltas de aquellos que los sufren con los que nos transmiten un desafortunado legado. Decía usted *que quizás suframos hoy por los excesos cometidos hace más de un siglo*; ahora bien, me parece que no debemos responder por estos crímenes, como aquel que cometieron nuestros primeros padres. No creo que la fe se extienda hasta allí; y si no me equivoco, se trata de un pecado original, ya que este único pecado nos ha sometido a todas las miserias de esta vida. Me parece, pues, que los males físicos que nos llegan por herencia no tienen nada en común con el gobierno temporal de la Providencia.

El conde.– Ponga cuidado, se lo ruego, pues no he insistido en absoluto acerca de esta triste herencia, y tampoco se la he ofrecido como prueba directa de la justicia que la Providencia ejerce en este mundo. He hablado de ella de paso, como una observación que estaba en el camino; pero le agradezco de todo corazón, querido caballero, que la haya puesto sobre la mesa, pues merece mucho que nos ocupemos de ella. Si no he hecho ninguna distinción entre las enfermedades es porque todas son un castigo. El pecado original, que todo lo explica, y sin el cual no se explica nada, se repite por desgracia en cada momento del tiempo, aunque de manera secundaria. No creo que cuando, en calidad de cristiano, le sea revelada con exactitud esta idea le resulte en absoluto un insulto a su inteligencia. El pecado original es un misterio, sin duda. No obstante, si el hombre llega a examinarlo de cerca, resulta que este misterio tiene, al igual que los otros, elementos plausibles, incluso para nuestra limitada inteligencia. Dejemos de lado la cuestión teológica de la *atribución*, que permanece intacta, y sigamos con esta vulgar observación que tan bien armoniza con nuestras ideas más naturales, la de *que todo ser que tiene la facultad de propagarse no sabría crear un ser semejante a él.* La regla no tolera excepciones; está escrito en todos los lugares del universo. Así que, si un ser se degrada, su posteridad ya no se asemejará al estado primitivo de dicho ser, sino al estado en que quedó rebajado por una causa cualquiera. Esto es algo que se entiende con mucha claridad, y la regla se cumple tanto en el plano físico como en el orden moral. Pero hay que señalar que entre el hombre *impedido* y el hombre *enfermo* se produce la misma diferencia que entre el hombre *vicioso* y el hombre *culpable.* La enfermedad aguda no se transmite, pero la que vicia los humores se convierte en *enfermedad original* y puede arruinar a toda una raza. Se trata de las mismas enfermedades morales. Algunas pertenecen al estado ordinario de la imperfección humana; pero hay semejante prevaricación o semejante serie de prevaricaciones que pueden degradar por completo al hombre. Es un *pecado original* de segundo orden, pero que nos describe, aunque de manera imperfecta, al primero. De ahí proceden los salvajes que han hecho decir tantas extravagancias y que, sobre todo, han servido de base al eterno texto de J.J. Rousseau, uno de los sofistas más peligrosos de su siglo, y, sin embargo, el más carente de verdadera ciencia, de sagacidad y, sobre todo, de profundidad; de una profundidad aparente que se queda toda en palabras. Tomó constantemente al salvaje por hombre primitivo, mientras que no es ni puede ser más que el descendiente de un hombre separado del gran árbol de la civilización por una prevaricación cualquiera, aunque de una clase que, por lo se me permite juzgar, ya no puede repetirse, pues dudo que aparezcan nuevos salvajes.

Por una serie de errores similares, las lenguas de estos salvajes se tomaron por lenguas nacientes, cuando no son ni pueden ser otra cosa que los restos de lenguas antiguas, *extinguidas*, si se me permite expresarlo así, y degradadas como los hombres que las hablan. De hecho, toda degradación física o nacional se anuncia en el acto por una degradación rigurosamente proporcional en el lenguaje. ¿Cómo podría perder el hombre una idea sin perder la palabra o la precisión de la palabra que expresa? ¿Y cómo, por el contrario, podría pensar mejor o peor sin manifestarlo en el acto mediante su lenguaje?

Hay, por tanto, una *enfermedad original*, como hay un pecado original, es decir, que, en virtud de esta degradación primitiva, estamos sujetos a toda suerte de sufrimiento físico *en general*; como también en virtud de esta misma degradación estamos sujetos a toda clase de vicios *en general*. Por tanto, esta enfermedad original no tiene otro nombre. No es más que la capacidad de sufrir todos los males, como el pecado original (abstracción surgida de la atribución) no es más que la capacidad de cometer todos los crímenes, lo cual consigue establecer el paralelo.

… La esencia de toda inteligencia es conocer y amar. Los límites de su ciencia son aquellos de su naturaleza. El ser inmortal no aprende nada: sabe por esencia todo lo que debe saber. Por otra parte, ningún ser inteligente puede amar el mal de forma natural o en virtud de su esencia; esto requeriría que Dios lo hubiera creado ya malo, lo cual es imposible. Así que, si el hombre está sujeto a la ignorancia y al mal, solo puede ser en virtud de una degradación accidental que no podría ser sino la consecuencia de un crimen. Esta necesidad, esta hambre de ciencia que agita al hombre no es más que la tendencia natural de su ser, que lo lleva a su estado primitivo y le advierte lo que es.

Gravita, si se me permite decirlo, hacia las regiones de la luz. Ningún castor, ninguna golondrina, ninguna abeja desea saber más que sus predecesores. Todos los seres están tranquilos en el lugar que ocupan. Todos son degradados, pero lo ignoran; solo el hombre tiene esa sensación, y dicha sensación es, a un mismo tiempo, la prueba de su grandeza y de su miseria, de sus derechos sublimes y de su increíble degradación. En el estado al que se reduce, no tiene ni siquiera la triste fortuna de ignorar: debe contemplarse sin cesar, y no puede hacerlo sin ruborizarse; su propia grandeza lo humilla, ya que las luces que lo elevan hasta el ángel no sirven sino para hacerle ver en sí sus abominables inclinaciones que lo degradan hasta a un animal. Busca en las profundidades de su ser una parte sana sin que pueda encontrarla: el mal ha contaminado todo y *todo hombre no es más que una enfermedad.*[*] Conjunto inconcebible de dos potencias diferentes e incompatibles, centauro monstruoso, que siente que es el resultado de algún crimen desconocido, de cualquier combinación detestable que ha viciado al hombre incluso en su esencia más íntima. Por su propia naturaleza, toda inteligencia es el resultado, a la vez ternario y único, de una *percepción* que aprehen-

* Hipócrates.

de, de una *razón* que afirma y de una *voluntad* que actúa. Los dos primeros poderes no son sino debilitadores para el hombre; pero el tercero, quebrado y similar a la serpiente del Taso, *se arrastra tras de sí,** avergonzado de su dolorosa impotencia. En este tercer poder el hombre se siente herido de muerte. Sabe lo que quiere; quiere lo que no quiere; no quiere lo que quiere; *querría querer*. Ve en sí algo que no es él mismo y que es más fuerte que él. El sabio resiste y exclama: ¿Quién me liberará? El insensato obedece y llama a su cobardía *felicidad*; pero no se puede deshacer de esta otra voluntad incorruptible en su esencia, a pesar de que haya perdido su imperio; y el remordimiento, que perfora su corazón, no deja de gritarle: *Haciendo lo que no quieres, aceptas la ley*. ¿Quién podría creer que un ser así haya podido salir en ese estado de las manos del Creador? Esta idea es tan repugnante que la filosofía misma, me refiero a la filosofía pagana, intuyó el pecado original.

… Dado que toda degradación no puede ser más que un castigo, y que todo castigo supone un crimen, la propia razón se halla dirigida, por fuerza, al pecado original: teniendo en cuenta nuestra funesta inclinación al mal, que es una verdad del sentimiento, y la experiencia proclamada por todos los siglos, y que dicha inclinación, siempre con mayor o menor victoria sobre la conciencia y las leyes, no ha dejado nunca de producir en la tierra transgresiones de todo tipo, ningún hombre ha podido nunca reconocer y deplorar este triste estado sin confesar al mismo tiempo el lamentable dogma del que les hablo; pues no puede ser *malvado* sin ser *malo*, ni malo sin ser degradado, ni degradado sin ser castigado, ni castigado sin ser culpable.

Por concluir, señores, no hay nada tan demostrado, nada

* Cicerón.

que se crea tan universalmente de una forma u otra, en fin, nada tan intrínsecamente plausible como la teoría del pecado original.

Permítame decirles una vez más lo siguiente: no advertirán, espero, ninguna dificultad a la hora de concebir que una inteligencia originalmente degradada es y sigue siendo incapaz (a menos que experimente una regeneración sustancial) de esta contemplación inefable que nuestros viejos maestros llaman con mucho acierto *visión beatífica*, ya que es generadora e incluso ella misma es la felicidad eterna; como podrán entender, un ojo material, sustancialmente viciado, puede ser incapaz, en este estado, de soportar la luz del sol. Ahora bien, esta incapacidad para disfrutar del Sol es, si no me equivoco, la única consecuencia del pecado original que se nos exige contemplar como natural e independiente de toda transgresión actual. Me parece que hasta ahí puede elevarse la razón; y creo que tiene el derecho de congratularse sin dejar de ser dócil.

Las veladas de San Petersburgo (1821),
«Velada segunda».

§

El conde.– … Si al universo se le despojara de la intemperancia en todos sus géneros, se eliminaría también un gran número de enfermedades; podría decirse incluso que todas. Esto lo ve todo el mundo en general y de manera confusa, pero es útil examinar el asunto de cerca. Si no hubiese un mal moral sobre la tierra, no habría un mal físico; y visto que una infinidad de enfermedades son el producto inmediato de ciertos desórdenes, ¿no es verdad que la analogía nos conduce a generalizar la observación? ¿Tiene por casualidad presente el discurso de Séneca, vigoroso y alguna que otra vez indecente, sobre las enfermedades de su siglo? Es interesante observar que la época de Nerón estuvo marcada por una afluencia de males desconocidos en épocas anteriores.

... Sin duda, hay enfermedades que, como no se habrá dicho nunca lo suficiente, no son sino los resultados accidentales de una ley general: el hombre de mayor moralidad debe morir, y dos que hagan una carrera forzada, el uno para salvar a su semejante y el otro para asesinarle, pueden ambos morir de pleuresía; ¡pero qué número tan espantoso de enfermedades en general, y de accidentes particulares, no se deben a otra cosa que a nuestros vicios! Me acuerdo de cuando Bossuet, predicando ante Luis XIV y toda su corte, llamó a la medicina como testigo de las secuelas funestas de la voluptuosidad. Tenía grandes razones para citar lo que consideraba más evidente y más chocante; pero también tenía derecho para generalizar la observación. En cuanto a mí, no puedo resistirme a la opinión de un nuevo apologista que ha sostenido que todas las enfermedades tienen su origen en algún vicio proscrito por el Evangelio; que esta ley santa contiene la verdadera medicina, tanto del cuerpo como del alma; de modo que, en una sociedad de justos que hicieran uso de él, la muerte no sería más que el fin inevitable de una vida sana y robusta: opinión que, según creo, fue la de Orígenes. Lo que nos confunde en este punto es que, cuando el efecto no es inmediato, dejamos de percibirlo, aunque no por ello sea menos real. Las enfermedades, una vez que se producen, se propagan, se cruzan y se amalgaman por una funesta afinidad, de modo que podemos sufrir en nuestros días la pena física de los excesos cometidos hace un siglo. Sin embargo, a pesar de la confusión que resulta de estas horrorosas combinaciones, la analogía entre los crímenes y las enfermedades es visible para todo observador que esté atento. Hay males como hay crímenes, *actuales* y *originales*, *accidentales* y *habituales*, y *mortales* y *veniales*. Hay enfermedades de pereza, de ira, de gula, de incontinencia, etc. Observe, además, que hay crímenes que tienen carácter, y, por consiguiente, nombres distintivos en todos los idiomas, como el asesinato, el sacrilegio, el incesto, etc.; y otros que no se podrían designar más que con términos generales, como el fraude, la injusticia, la violencia, la malversación, etc.; del mismo modo, hay enfermedades especificadas, como la hidropesía, la tisis, la apoplejía, etc.; y otras que no pueden designarse más que con nombres generales de indisposiciones, incomodidades, dolores y fiebres *innominadas*, etc. Ahora bien, cuanto más virtuoso es el hombre, más protegido está de las enfermedades *que tienen nombre*.

Bacon, aunque protestante, no ha sido capaz de eludir que su mirada observadora se detuviese ante el gran número de santos (sobre todo monjes y ermitaños) que Dios ha favorecido con una larga vida; y la observación contraria no es menos llamativa, pues no hay vicio, crimen ni pasión desordenada que no produzca en el orden físico un efecto más o menos funesto, más o menos lejano. Puede extraerse una hermosa analogía entre las enfermedades y los crímenes a la vista de lo que el divino Autor de nuestra Religión, que era también su Señor, obró para autorizar su misión a los ojos de los hombres; encendió volcanes e hizo caer el rayo, pero no contravino jamás las leyes de la naturaleza, salvo para hacer el bien a los hombres. Como decía, este divino Señor, antes de curar a los enfermos que se le presentaban, no dejaba nunca de perdonarles los pecados o se dignaba a dar testimonio público y a la vez vivo de que los había reconciliado. ¡Y qué cosa más memorable que lo que le dice al leproso!: «Ya ve que le he curado, ahora guárdese de volver a pecar, no le suceda algo peor».

Si se reflexiona acerca de una verdad cuya sola enunciación es ya una demostración para todo hombre que sepa algo de filosofía, parece incluso que se nos conduce a desentrañar de algún modo este gran secreto; a saber, «que ninguna enfermedad podría tener una causa material». Sin embargo, aunque la razón, la revelación y la experiencia se reúnan para convencernos de la funesta relación que hay entre el mal moral y el mal físico, nos negamos a apreciar las consecuencias materiales de estas pasiones que no residen más que en el alma; y no solo eso, sino que ni de lejos examinamos lo suficiente los estragos de aquellas que tienen sus raíces en los órganos físicos, y cuyas consecuencias visibles nos deberían horrorizar más. Mil veces hemos repetido, por ejemplo, el viejo adagio de *que la mesa mata más que la guerra*; pero son pocos los hombres que reflexionan lo suficiente sobre la inmensa verdad de este axioma. Cuando cada cual se examine con dureza, comprobará que quizás come una mitad más de lo que debe. Del exceso en la cantidad pase entonces al abuso de la calidad: examine en todo detalle ese pérfido arte de excitar un apetito engañoso que nos mata; piense en los innumerables caprichos de la intemperancia, en sus seductoras *composiciones*, que son precisamente para nuestros cuerpos aquello que los malos libros son para nuestro espíritu, el cual se encuentra a un mismo tiempo abrumado y corrompido; y verá con claridad cómo la naturaleza, continuamente atacada por estos viles excesos, se debate en vano y a todas horas contra nuestros ataques, y cuánto resulta necesario, a pesar de todos sus maravillosos recursos, que sucumba al fin y que reciba en nuestro germen innumerables males. Hace ya mucho tiempo, la filosofía vislumbró que toda la ciencia del hombre se encerraba en dos palabras: *sustine et abstine*. Y aunque esta fábula legisladora se preste al ridículo, incluso en sus mejores leyes, pues carece de poder para hacerse obedecer, es necesario, no obstante, que seamos equitativos y tengamos en cuenta las verdades que ha publicado. Ha comprendido muy bien que las más fuertes inclinaciones del hombre eran viciosas hasta el punto de tender a la evidente destrucción de la sociedad, que el hombre no tenía mayor enemigo que él mismo y que, cuando había aprendido a vencerse, lo sabía todo.

Las veladas de San Petersburgo (1821),
«Velada primera».

§

El conde.– Los hombres no han dudado nunca de que la inocencia no pudiese satisfacer el crimen, pero han creído, por otra parte, que en la sangre había cierta fuerza expiatoria hasta el punto de que la sangre, que es la vida, podía redimir otra *vida*.

Examine atentamente esta creencia, y descubrirá que, si el propio Dios no la hubiera infundido en el espíritu del hombre, no habría podido ser concebida. Las grandes palabras *superstición* y *prejuicio* no explican nada, pues no ha podido haber un error universal y constante. Si alguna opinión falsa reina sobre un pueblo, no podrá encontrarse en el pueblo vecino; y si alguna vez parece propagarse, no digo por todo el globo, sino en un gran número de pueblos, el tiempo la borrará a su paso.

Pero la creencia de la que le hablo no está sujeta a excepciones ni de tiempo ni de lugar. Naciones antiguas y modernas, naciones civilizadas o bárbaras, épocas de ciencia o de simplicidad, de religiones verdaderas y falsas... no hay disonancia alguna en todo el universo.

En suma, la idea del *pecado* y la del *sacrificio por el pecado* estaban tan unidas en el espíritu de los hombres de la Antigüedad que la lengua santa las expresaba con la misma palabra. De ahí ese hebraísmo tan conocido, empleado por san Pablo, que dice *que el Salvador se ha visto sacrificado a pecar por nosotros.*

A esta teoría de los sacrificios se añade, además, el inexplicable uso de la circuncisión, practicada entre tantas naciones de la Antigüedad, que los descendientes de Isaac e Ismael perpetúan ante nuestros ojos con una constancia no menos inexplicable; y que los navegantes de estos últimos siglos han encontrado en el archipiélago del mar Pacífico (particularmente en Tahití), en México, en la Dominica y en la América septentrional, hasta los 30 grados de latitud. Algunas naciones han podido variar en el modo, pero siempre se encuentra entre todas una operación dolorosa y sangrienta practicada en los órganos de la reproducción; es decir, *Anatema sobre las generaciones humanas*, y SALUD POR LA SANGRE.

El género humano profesó estos dogmas después de su caída, mientras que la gran víctima, *elevada para atraer todo para sí*, gritaba en el Calvario:

> ¡Todo está ya consumado!

Entonces, al rasgar el velo del templo se reveló el gran secreto del santuario, en el orden de cosas de que nosotros somos parte. Comprendemos entonces por qué el hombre había creído siempre que un alma podía ser salvada por otra y por qué había buscado siempre su regeneración por medio de la sangre.

Sin el cristianismo el hombre no sabe lo que es, porque se halla aislado en el universo y no puede compararse con nada; el primer favor que le hace la religión es enseñarle lo que vale.

Las veladas de San Petersburgo (1821),
«Velada novena».

§

El conde.– ... Ellos hablan de *desorden* en el universo; pero ¿qué es el desorden? En apariencia, es una derogación del *orden*; por tanto, no se puede objetar el *desorden* sin confesar un *orden* anterior, y, por consiguiente, la inteligencia. No es posible formarse una idea perfectamente justa del universo si se observa como si este fuese un inmenso gabinete de historia natural sacudido por un temblor de tierra. La puerta está abierta y rota; ya no quedan ventanas; todos los armarios están en el suelo; otros penden aún de sus bisagras, a las que les falta poco para separarse. Las conchas han rodado por la sala de los minerales y el nido de un colibrí descansa sobre la cabeza de un cocodrilo. Sin embargo, ¿qué insensato podría dudar de la intención primitiva o pensar que el edificio se construyó en semejante estado? Todas las grandes masas están juntas: con el mínimo resplandor de una vidriera, se ve todo; el espacio vacío de una mesa retráctil la recoloca: el orden es tan visible como el desorden, y la mirada, al pasearse por este vasto templo de la naturaleza, restablece sin esfuerzo todo aquello que un funesto agente ha dañado, alterado, ensuciado o dejado fuera de lugar. Hay más: mire de cerca y reconocerá una mano reparadora. Se han apuntalado algunas vigas, se han abierto algunas sendas entre los escombros; y entre la confusión general, una multitud de *análogos* ya han recobrado su lugar y se tocan. Hay, por tanto, dos intenciones visibles en lugar de una: el orden y la restauración; pero si nos ceñimos a la primera noción, que el *desorden* supone necesariamente el *orden*, quien argumente el desorden contra la existencia de Dios, la implica para combatirla.

Ya ve a qué se reduce ese famoso argumento: *allí donde Dios ha podido impedir el mal que vemos, le ha faltado bondad; o queriendo impedirlo, no ha podido hacerlo, y le ha faltado poder*... ¡Dios mío! ¿Qué significa esto? No se trata ni de omnipotencia ni de infinita bondad; se trata simplemente de *existencia* y de *poder*. Bien sé que Dios no puede cambiar la esencia de las cosas, pero no conozco más que una parte infinitamente pequeña de esas esencias, de modo que ignoro una cantidad infinitamente grande de cosas que Dios no puede hacer, sin dejar por ello de ser omnipotente. No sé lo que es posible ni imposible: en mi vida no he estudiado otra cosa que los números; no creo más que en los números: son el signo, la voz, la palabra de la inteligencia; y como están en todas partes, los veo por todas partes.

Pero dejemos a los ateos, que son, felizmente, muy poco numerosos en el mundo, y regresemos a la cuestión del teísmo. Quiero mostrarme tan complaciente con él como lo he sido con el ateo; sin embargo, ¿no se tomará a mal que comience por preguntar qué es una injusticia? Si no me concede que es *un acto que viola una ley*, la palabra no dejará de tener sentido, y si me concede que *la ley es la voluntad del legislador, manifestada a sus ciudadanos para que sea la regla de su conducta*, no comprenderé mejor la palabra *ley* que la de *injusticia*. No obstante, comprendo muy bien cómo puede llegar a ser *injusta* una ley humana cuando viola una ley divina, revelada o natural; pero el legislador del universo es Dios. ¿Qué es, pues, una injusticia de Dios para con el hombre? ¿Habrá por casualidad algún legislador común, por encima de Dios, que le haya prescrito el modo en que debe actuar con el hombre? ¿Y quién será el juez entre él y nosotros? Si el teísta cree que la noción de Dios no lleva consigo la de una justicia semejante a la nuestra, ¿de qué se queja? No sabe lo que dice. Por el contrario: si cree que Dios es justo, según nuestras ideas, y se queja de las injusticias que observa en el estado en que nos encontramos, admite por ello, sin darse cuenta, una contradicción monstruosa, es decir, la *injusticia de un Dios justo. Semejante orden de cosas es injusto; pues no puede tener lugar bajo el dominio de un Dios justo.* Este argumento no es más que un error en la boca de un ateo, pero en la del teísta es un absurdo: una vez admitido Dios, y siendo su justicia un atributo necesario de la divinidad, el teísta ya no puede volver sobre sus pasos sin caer en el delirio, y debe, por el contrario, decir: *semejante orden de cosas tiene lugar bajo el dominio de un Dios esencialmente justo; pues este orden de cosas es justo por razones que ignoramos*, explicando así el orden de las cosas por medio de los atributos, en lugar de acusar alocadamente a los atributos por el orden de las cosas.

... No volveré a los argumentos con los que, en nuestras anteriores veladas, hemos refutado las quejas que se atreven a elevar contra la Providencia, pero creo que debo añadir que en esas quejas hay algo intrínsecamente falso e incluso ingenuo o, como dicen los ingleses, cierto sinsentido que salta a la vista. ¿Qué significan, en efecto, esas quejas, bien estériles, bien culpables, que no le proporcionan al hombre ninguna consecuencia práctica, ninguna idea con la que ilustrarle o perfeccionarle? ¿Qué son esas quejas que, por el contrario, no pueden hacer otra cosa que perjudicarle, que son inútiles para el propio ateo, pues no llegan ni a tratar superficialmente la primera de las verdades e incluso la prueban contra él; qué son, en fin, ridículas y funestas a un mismo tiempo en la boca del teísta, pues no sabrían conducirlo más que a dejarlo desprovisto de amor, dejándole el miedo? No conozco nada tan contrario a las más simples lecciones de sentido común. ¿Pero saben, señores, de dónde procede esa oleada de doctrinas insolentes que juzgan a Dios con tanta desfachatez y pidiéndole que rinda cuentas de sus decretos? Proceden de esa numerosa falange a la que se denomina *sabios*, y que en este siglo no hemos sabido mantener en su sitio, que es un segundo lugar. En el pasado había muy pocos sabios, y entre un pequeñísimo número de este pequeñísimo número hubo impíos; hoy no se ven más que *sabios*; es un oficio, una muchedumbre, un pueblo; y entre ellos la excepción, ya de por sí infame, se ha convertido en regla. Se han apropiado de una influencia sin límites por todas partes; y, sin embargo, si hay algo seguro en este mundo, es, desde mi punto de vista, que no es a la ciencia a la que le toca dirigir a los hombres. Nada de cuanto es necesario se le confía: tendríamos que haber perdido el juicio para creer que Dios le ha encargado a las academias la tarea de enseñarnos lo que es él y lo que le debemos. Les corresponde a los prelados, a los nobles, a los grandes dignatarios del Estado ser los depositarios y los guardianes de las verdades conservadoras; enseñar a las naciones lo que está bien y lo que está mal; lo que es verdadero y lo que es falso en el orden moral y espiritual: los demás no tienen derecho a reflexionar sobre este tipo de temas. Tienen las ciencias naturales para divertirse: ¿de qué se quejan? En cuanto al que habla o escribe para despojarle al pueblo de un dogma nacional, debe ser ahorcado como el ladrón doméstico.

Las veladas de San Petersburgo (1821),
«Velada octava».

Descripción del salvaje

El conde.– … Todo el género humano procede de una sola pareja. Se ha negado esta verdad, como todas las demás; bien, ¿y eso en qué resulta?

Muy poco sabemos de las épocas que precedieron al diluvio, y aunque respetáramos algunas conjeturas plausibles, no nos convendría saber mucho más. Una sola consideración nos interesa, y no conviene perderla nunca de vista: que los castigos son siempre proporcionales a los conocimientos del culpable; de manera que el diluvio supone crímenes inauditos, y estos crímenes suponen conocimientos infinitamente superiores a los que tenemos nosotros; he aquí algo cierto y en lo que conviene profundizar. Estos conocimientos, liberados del mal que los había hecho tan funestos, sobrevivieron a la destrucción del género humano en la familia justa. Estamos cegados en cuanto a la naturaleza y el funcionamiento de la ciencia debido a un burdo sofisma que ha fascinado a todas las miradas: el de juzgar el tiempo en que los hombres veían los efectos en sus causas, en el que, a duras penas, elevan los efectos a las causas, en que incluso no se ocupan sino de los efectos, en que dicen que es inútil ocuparse de las causas, en que no saben siquiera lo que es una causa. No se deja de repetir: *¡Juzguen* *el tiempo que ha sido necesario para saber tal o cual cosa!* ¡Qué inconcebible ceguera! No ha hecho falta más que un instante. Si el hombre pudiera conocer la causa de un solo fenómeno físico, probablemente comprendería todos los demás. No queremos ver que las verdades más difíciles de descubrir son muy fáciles de comprender.

... Escuche a la sabia Antigüedad hablar de los primeros hombres; le dirá que fueron hombres maravillosos, y que otros seres de un orden superior se dignaban a impulsar las más valiosas comunicaciones. En este punto no hay disonancia; los iniciados, los filósofos, los poetas, la historia, la fábula, Asia y Europa no tienen más que una voz. Un acuerdo semejante de la razón, de la revelación y de todas las tradiciones humanas conforma una demostración que solo la boca puede contradecir. No solamente, pues, comenzaron los hombres por la ciencia, sino por una ciencia diferente y superior a la nuestra; porque comenzaba más alto, lo que la convertía también en muy peligrosa; y esto le explicará por qué la ciencia en su principio fue siempre misteriosa y estuvo encerrada en los templos, donde se extinguió al fin, cuando esa llama ya no podía servir sino para arder.

Por lo demás, dado que Asia fue el escenario de las mayores maravillas, no es de extrañar que sus pueblos hayan conservado una inclinación más fuerte por lo maravilloso que la que resulta natural al hombre en general, y que cada cual puede reconocer en sí mismo. De ahí que hayan mostrado siempre tan poca inclinación y talento por nuestras ciencias de *conclusiones*. Se diría que aún recuerdan la ciencia primitiva y la era de la *intuición*. ¿Pide el águila encadenada un globo aerostático para elevarse por los aires? No: lo único que pide es que rompan sus ataduras. ¿Y quién sabe si estos pueblos están destinados todavía a contemplar espectáculos que se le negarán al genio ergotista de Europa? Sea lo que fuere, le pido que considere que es imposible pensar en la ciencia moderna sin verla constantemente rodeada de todos los aparatos del espíritu y de todos los métodos del arte. Bajo el hábito ceñido del norte, con la cabeza perdida en las volutas de una cabellera mentirosa, los brazos cargados de libros y de instrumentos de todo tipo, pálida por las vigilias y los trabajos, se arrastra manchada de tinta y toda jadeante por el sendero de la verdad, inclinando siempre hacia la tierra su frente surcada de álgebra. No hubo nada semejante en nuestra remota Antigüedad. Al igual que nos resulta posible vislumbrar la ciencia de los tiempos primitivos a una distancia tan grande, la vemos siempre libre y aislada, más al vuelo que al paso, y con la presencia en sí misma de cierta cosa aérea y sobrenatural. Libera al viento los cabellos que se escapan de una *mitra* oriental; el *efod* cubre su pecho, elevado por la inspiración; no mira más que al cielo, y su desdeñoso pie parece no tocar la tierra sino para abandonarla. Sin embargo, aunque nada haya pedido nunca a nadie, y tampoco se le conozca ningún apoyo humano, no por ello queda menos probado que posee los más raros conocimientos: es una gran prueba, si lo piensa bien, de que la ciencia antigua estaba dispensada del trabajo impuesto a la nuestra, y que todos los cálculos que establecemos sobre la experiencia moderna son lo más falso que se pueda imaginar.

... *El pobre en la cabaña que el bálago recubre* es menos sabio que nosotros, sin duda alguna, pero más verdaderamente social si acude al catecismo y se beneficia de él. Los más vergonzosos errores, las crueldades más detestables han manchado los anales de Memphis, de Atenas y de Roma; pero todas las virtudes reunidas honran las cabañas de Paraguay. Ahora bien, si la religión de la familia de Noé tuvo que ser necesariamente la más esclarecida y la más real que pueda imaginarse, y si es en esta misma realidad en la que hay que buscar las causas de su corrupción, esta es una segunda demostración, añadida a la primera, de la que podría prescindirse. Debemos reconocer, pues, que el estado de civilización y de ciencia es, en cierto sentido, el estado natural y primitivo del hombre. Asimismo, todas las tradiciones orientales comienzan también por un estado de perfección y de luces, y digo de nuevo, de *luces sobrenaturales*; y Grecia, la embustera Grecia, *que a todo se ha atrevido en la historia*, rinde homenaje a esta verdad, colocando su edad de oro en el origen de las cosas. No es menos notable que no le atribuya a las edades siguientes, incluso a la del hierro, el estado salvaje; de modo que todo lo que nos ha contado de aquellos primeros hombres que vivían en los bosques, alimentándose de bellotas y pasando luego al estado social, entra en contradicción consigo misma o no puede referirse sino a casos particulares, es decir, a algunas tribus degradadas que a duras penas regresan después al *estado de naturaleza*, que es la civilización. A decir verdad, ¿no ha admitido Voltaire que la divisa de todas las naciones fue siempre LA EDAD DE ORO, LA PRIMERA QUE APARECIÓ SOBRE LA TIERRA? Y bien, todas las naciones han protestado, pues, de común acuerdo contra la hipótesis de un estado primitivo de barbarie, y seguramente algo vale esta protesta.

Hoy en día, ¿qué me importa la época en que tal o cuál rama se separó del árbol? Está separada y eso me basta: no queda duda alguna sobre la degradación, y me atrevo a decir que tampoco sobre la causa de dicha degradación, que no puede ser más que un crimen. El dirigente de un pueblo que haya alterado en su territorio el principio moral por algunas de esas prevaricaciones que, según las apariencias, ya no son posibles en el estado actual de las cosas, porque felizmente ya no sabemos lo suficiente como para convertirnos en culpables hasta ese punto; como digo, este dirigente del pueblo transmite el anatema a su posteridad; y al ser toda fuerza constante, por su propia naturaleza, aceleradora, pues se suma constantemente a sí misma, y debido a que esta degradación afecta sin tregua a sus descendientes, al final los ha convertido en lo que denominamos *salvajes*. Es el último grado de embrutecimiento al que Rousseau y sus semejantes llaman el *estado de naturaleza*.

... No se podría fijar la mirada por un momento en el *salvaje* sin leer, escrito en él, el anatema, no digo ya en su alma, sino hasta en el contorno de su cuerpo. Es un niño deforme, robusto y feroz, en el que la llama de la inteligencia no arroja sino una luz tenue, pálida e intermitente. Una mano terrible que aprisiona a esas razas descarriadas borra en ellas los dos caracteres distintivos de nuestra grandeza: la previsión y la perfectibilidad. El salvaje corta el árbol para coger el fruto, desunce el buey que los misioneros acaban de confiarle y lo pone a guisar con la madera que obtiene del arado. Desde hace más de tres siglos nos contempla sin haber querido recibir nada de nosotros, excepto la pólvora para matar a sus semejantes y el aguardiente para matarse a sí mismo; no se ha imaginado jamás la posibilidad de fabricar estas cosas; descansa sobre nuestra avaricia, que no le faltará jamás. Al igual que las sustancias más abyectas y violentas son, sin embargo, aún susceptibles de cierta degeneración, también los vicios naturales de la humanidad están viciados en el salvaje. Es ladrón, es cruel, es disoluto, pero lo es de una manera distinta a la nuestra. Para ser criminales, nos sobreponemos a nuestra naturaleza: el salvaje la sigue, tiene hambre de crimen, carece de los remordimientos. Mientras que el hijo mata a su padre para eximirle de los problemas de la senectud, la mujer destruye en su seno el fruto de sus brutales amores para libertarse de las fatigas de la lactancia. Él arranca los sangrientos cabellos de su enemigo vivo; lo desgarra, lo asa y lo devora cantando; si se topa con nuestros licores fuertes, bebe hasta la embriaguez, hasta la fiebre, hasta la muerte, desprovisto igualmente de la razón que impone al hombre mediante el temor, y del instinto que previene al animal mediante el asco. Está visiblemente descarriado; está herido en las profundidades más remotas de su ciencia moral; hace temblar al observador que sabe ver: ¿pero queremos temblar en nosotros mismos y de una manera saludable? Pensemos que, con nuestra inteligencia, nuestra moral, nuestras ciencias y nuestras artes somos al hombre primitivo precisamente lo que el salvaje es a nosotros.

Las veladas de San Petersburgo (1821),
«Velada segunda».

El mayor enemigo de Europa

... El gran enemigo de Europa al que hay que reprimir por todos los medios que no constituyan un crimen, la úlcera funesta que se incorpora a todas las soberanías y las corroe sin descanso, el hijo del orgullo, el padre de la anarquía, la sedición universal es el protestantismo.

¿Qué es el protestantismo? Es la insurrección de la razón individual contra la razón general y, en consecuencia, todo lo peor que podamos imaginar. Cuando el cardenal de Polignac le decía al demasiado célebre Bayle: «Dice usted que es protestante; esa es una palabra muy vaga: ¿es usted anglicano, luterano, calvinista, etc.?». Bayle le respondía: «Soy protestante en todos los sentidos del término: protesto contra todas las verdades». Este célebre escéptico ofrecía, así, la verdadera definición del protestantismo, que es el enemigo esencial de toda creencia común a varios hombres; lo cual lo erige como enemigo del género humano, pues la felicidad de las sociedades humanas no descansa sino sobre este tipo de creencias.

El cristianismo es la religión de Europa: esta patria le conviene incluso más que su país natal; ha echado raíces profundas; se ha mezclado con todas nuestras instituciones. Para todas las naciones del norte de Europa y para todas aquellas que, en el Mediodía de esta parte del mundo, han sustituido a los romanos, el cristianismo es tan antiguo como la civilización; es la mano de esta religión la que moldea estas nuevas naciones; la cruz está sobre todas las coronas; todos los códigos comienzan por el símbolo: los reyes son los *ungidos*, los sacerdotes son los *magistrados*, el sacerdocio es un *orden*; el imperio es *sagrado*, la religión es civil: los dos poderes se confunden; cada uno toma una parte de la fuerza del otro y, a pesar de las disputas que han dividido a estas dos hermanas, no pueden vivir separadas.

El hombre más heterodoxo no sería capaz de imaginar nada que pudiera sustituir este sistema religioso. Todos nuestros Eróstrato han causado destrucción; ninguno ha efectuado sustitución alguna, ninguno ha llegado siquiera a proponer algo que ocupase el lugar de aquello que quería hacer desaparecer; de modo que es necesario ser cristiano o nada.

Pero el principio fundamental de esta religión, el axioma primitivo sobre el que descansaba en todo el universo antes de los innovadores del siglo XVI, era la infalibilidad de la enseñanza de la cual resulta el respeto ciego por la autoridad, la abnegación de todo razonamiento individual y, en consecuencia, la universalización de la creencia.

Ahora bien, estos innovadores socavaron estos cimientos: sustituyeron el juicio particular por el juicio *católico*; sustituyeron insensatamente la autoridad exclusiva de un libro por la del ministerio docente, más antiguo que el libro y con la responsabilidad de enseñárnoslo.

De ahí proviene el carácter particular de la herejía del siglo XVI. Ya no se trata únicamente de una herejía religiosa, sino de una herejía civil, puesto que al liberar al pueblo con el yugo de la obediencia y al concederle la soberanía religiosa, desata el orgullo general contra la autoridad y coloca la discusión en el lugar que le correspondía a la obediencia.

De ahí ese carácter terrible que el protestantismo despliega desde su cuna: nació rebelde, y la insurrección es su estado habitual.

Los soberanos cristianos han podido abusar de su poder para extender el cristianismo; pero el cristianismo jamás ha combatido a los soberanos para establecerse en sus dominios; jamás ha empleado otra cosa que no fuera la persuasión, y ese ha sido su carácter distintivo a lo largo de los tiempos. Constantino convertido al cristianismo pudo, sin duda, golpear con su cetro a los infieles; pero el catolicismo, para reinar en el imperio, nunca tomó las armas contra Constantino. En estos últimos tiempos, hemos visto cómo se establecía esta religión en los confines de Asia: ¿de qué arma se servía para vencer todos los prejuicios humanos? De un religioso, armado con un crucifijo de madera y que por fuerza no habla la lengua del país cuando toca esa tierra. Pero cuando el soberano le ha querido dar caza, ¿se ha resistido? En absoluto. Ha conseguido mártires a miles y no se ha encontrado con un solo rebelde. Cuando Tertuliano les decía a los gentiles del tercer siglo: «Estamos por todas partes, en los ejércitos, en los tribunales, en los palacios, etc.; no os dejamos más que los templos», ciertamente, los cristianos estaban en situación de hacerse creer; pero jamás se permitieron nada contra la soberanía. La inexplicable firmeza que desplegaban en el seno de los tormentos más atroces solo conseguía probar aquello que habrían optado por creer si hubieran tenido otros principios.

Cuando el cristianismo finalmente ascendió al trono, las cosas cambiaron de cara. Desde que la religión y la soberanía se abrazaran en el Estado, sus intereses debieron confundirse necesariamente. Por tanto, es difícil pensar que no apoyara la primera de sus conquistas, e imposible, en el caso de un ataque contra la religión, que la soberanía no tomara partido en la lucha.

Es una distinción que no hacemos lo suficiente, a pesar de que resulta esencial. Alguna que otra vez el cristianismo tiene el aire de un conquistador vulgar, porque se abalanza bajo la bandera de un príncipe conquistador; alguna vez, por fin, parece haber obrado temporalmente contra sus individuos rebeldes, puesto que las dos potencias se defienden juntas; pero el cristianismo católico jamás se ha establecido en ningún país mediante la insurrección contra la autoridad civil y jamás ha utilizado contra ella otra cosa que no fueran apologías, razonamientos y milagros.

Este carácter asombroso de la verdad es precisamente el opuesto a aquel que ha empleado el protestantismo desde sus comienzos; nació rebelde; su propio nombre es un crimen, dado que *protesta* contra todo. No se suma a nada, no cree en nada; y si pretende parecer que cree en un libro, un libro no molesta a nadie.

Esto es lo que lo constituye como enemigo mortal de toda soberanía, incluso de aquellas que reinan con él, pues al establecer la independencia de los juicios, las discusiones libres de los principios y el menosprecio de las tradiciones, corta de raíz todos los dogmas nacionales que son, como ya hemos visto, el paladio de todas las grandes instituciones civiles y religiosas.

... Resulta muy notable que la razón humana jamás realizara un esfuerzo mayor ni sufriera una derrota más pesada que con el establecimiento del protestantismo.

Acepto no hablar más que en términos políticos; no quiero contemplar el cristianismo más que como una institución política: esta institución era el sistema nacional de un gran número de naciones, y jamás hubo una institución que fuera al mismo tiempo más antigua, más vasta y más augusta.

Los reformadores observaron defectos en este antiguo edificio que ellos mismos tenían por divino. Se propusieron transformarlo, y esta reforma consistía en retirar los cimientos y levantarlos para sustituir los nuevos. Jamás ha hecho un mayor esfuerzo la razón humana y jamás hará uno más absurdo que aquel por el que colocó la discusión en el lugar destinado a la autoridad, y el juicio particular del individuo en el lugar destinado a la infalibilidad de los jefes. Ningún sistema lacera tanto al sentido común, ni siquiera el ateísmo: pues resulta más absurdo suponer un Dios absurdo que negar su existencia. Ahora bien, si la religión está fundada sobre un libro, si debemos ser juzgados por ese libro y si todos los hombres son jueces de ese libro, el Dios de los cristianos es una quimera mil veces más monstruosa que el Júpiter de los paganos.

... La aversión de Luis XIV por el calvinismo era, de nuevo, un *instinto real.* Puede que errara en los medios, que forzara ciertas medidas, etc.; pero en su instinto había una razón, trabajaba por la conservación del imperio. Nada puede reconciliar el protestantismo con la autoridad, las pruebas que aportó, sobre todo en Francia; por naturaleza no serán jamás olvidadas. El Edicto de Nantes fue arrebatado a la fuerza, y quizás también los protestantes se lo deban al afecto que aún quedaba escondido en los recovecos del corazón del grande y bueno de Henri, pero esta concesión no consiguió convertirlos en individuos fieles. El protestantismo no cesó un solo instante en su conjura contra Francia: la dividió *en círculos* a la espera de poder dividirla *en departamentos.* La tumba que el duque de Rohan tiene en Ginebra no puede eclipsar el cadalso que merece en Francia. No hizo falta sino el ingenio invencible de Richelieu para ir a las murallas destruidas de la Rochelle, *dar el último golpe al último frente de la rebelión*. Luis XIII no se atrevió a ser otra cosa que un vencedor. Apareció Luis XIV; todo se doblegaba ante él; podía ser lo que quisiera, y su ascendente podía menospreciar impunemente las medidas comedidas. Un día le dijo a un protestante de renombre: «Mi padre os temía, mi abuelo os amaba; yo, ni os temo ni os amo»: tenía razón. Revocó el Edicto de Nantes y volvió a tener razón.

... Lo que no observamos lo suficiente es que este golpe no fue asestado en vano por el despotismo de un príncipe impetuoso. Fue la obra de su consejo y él, la continuación de un sistema ya maduro y concebido por las mentes poderosas que hicieron de su gabinete algo terrible en Europa. Bien es cierto que Luis XIV, entregado a todos los placeres, a todas las ilusiones, a todo género imaginable de disipación, tenía otras cosas en la cabeza más allá de un plan de legislación controlado contra el protestantismo. Como ya he dicho, albergaba respecto a este gran asunto el *instinto real*; su consejo hizo el resto. Los ignorantes que lo acusaban de irreflexivo, y que se imaginaban que la revocación del Edicto de Nantes fue acordada a instancias de un confesor fanático que no estaba en absoluto al corriente de las cosas, poco se acuerdan de que, en un siglo superior, todo es superior. Los ministros, los magistrados de Luis XIV, fueron grandes en su género, al igual que sus generales, sus pintores o sus jardineros lo fueron en los suyos. Conocían perfectamente Francia, estaban animados por el espíritu infalible de los grandes siglos, y sabían lo que hacían un poco mejor que sus pequeños sucesores. Esto que nuestro miserable siglo llama *superstición*, *fanatismo*, *intolerancia*, etc., era un ingrediente necesario en la grandeza francesa. Estos ministros, estos magistrados, consideraban el calvinismo francés como el mayor enemigo del Estado; buscaban constantemente contenerlos; y cada uno de los años de este príncipe, que dio su nombre a este siglo, estuvo marcado por una ley que suprimía algún privilegio de los protestantes: de modo que el edificio que había amenazado durante tanto tiempo a la soberanía, minado gradualmente con una constancia imperturbable y desposeído de todos sus estados, se vino abajo finalmente sin el menor riesgo por la revocación del Edicto de Nantes.

Supongamos que esta ley le hubiera costado a Francia 400 000 hombres: es aproximadamente como si se hubiera despojado a París de 1000 hombres. Todo esto no llama la atención en vano. A la vista de los productos que llevaban consigo los refugiados a los países extranjeros, y del perjuicio que ha resultado para Francia, las personas para las cuales estas objeciones *de tendero* significan algo pueden ir a buscar las respuestas a otro lugar que no sea mi libro.

Luis XIV pisoteó el protestantismo, y murió en su lecho, resplandeciente de gloria y cargado de años. Luis XVI le acariciaba y murió en el patíbulo.

... Creo haber determinado con bastante solidez que ninguna institución es sólida y durable si no se sustenta en otra cosa que no sea la fuerza humana; la historia y el razonamiento se reúnen para demostrar que las raíces de toda gran institución se encuentran fuera de este mundo. No tengo nada más que decir sobre este punto. Las soberanías, sobre todo, no tienen fuerza, unidad y estabilidad más que en la proporción en que son divinizadas por la religión. No obstante, el cristianismo, es decir, el catolicismo, al ser el cimiento de todas las soberanías europeas; el protestantismo, al aliviar el catolicismo sin darle otra fe; ha minado la base de todas aquellas que han tenido la desgracia de abrazar la reforma, de modo que, más tarde o más temprano, deberán quedarse en el aire.

El mahometismo, incluso el paganismo, habría causado políticamente un mal menor si se hubiera sustituido por el cristianismo con su especie de dogmas y de fe; porque estas son religiones, y el protestantismo no lo es en absoluto.

... Ciertos indios dicen que la tierra descansa sobre un gran elefante; y si les preguntamos sobre qué se apoya dicho elefante, responden: *Sobre una gran tortuga.* Hasta aquí todo va bien, la tierra no corre el menor de los riesgos; pero si los presionamos y les preguntamos una vez más cuál es el apoyo de la gran tortuga, se callan y la dejan en el aire.

La teología protestante se parece por completo a esta física india: apoya la salvación en la fe, y la fe en el libro; en cuanto al libro, es *la gran tortuga.*

Así, el protestantismo es positivamente, al pie de la letra, el *sans-culottismo* de la religión. Uno invoca la *palabra* de Dios; el otro, los derechos del hombre; pero en el hecho está la misma teoría, la misma evolución y el mismo resultado. Estos dos hermanos han roto en pedazos la soberanía para distribuirla entre la multitud.

Reflexiones sobre el protestantismo
en relación con la soberanía,
OBRAS (1884-1886), tomo VIII.

§

... Para saber que la religión anglicana es falsa no son necesarias ni investigaciones ni argumentaciones. Se la juzga por intuición; es tan falsa como el sol es luminoso. Basta con observar. *La jerarquía anglicana está aislada del cristianismo: es, por tanto, nula.* No tiene ningún sentido rebatir esta simple observación. Su episcopado lo rechazan tanto la Iglesia católica como los protestantes: pero si no es católica ni protestante, ¿qué es entonces? Nada. Es una institución civil y local, diametralmente opuesta a la universalidad, símbolo exclusivo de la verdad. O esta religión es falsa o Dios se ha encarnado para los ingleses: entre estas dos proposiciones, no hay puntos medio. Con frecuencia sus teólogos aspiran a la INSTITUCIÓN, sin darse cuenta de que esta sola palabra anula su religión, puesto que supone la novedad y la acción humana, dos grandes anatemas igualmente visibles, decisivos e imborrables. Otros teólogos de esta escuela y los propios, al querer escapar de estos anatemas en los que involuntariamente confían, han tomado la extraña decisión de sostener que *ellos no eran protestantes*; a lo que hay que preguntarles entonces: *¿Y qué sois pues? Apostólicos*, responden. Pero esto es algo que, sin duda, nos haría reír, si pudiéramos reírnos de cosas tan serias y de hombres tan estimables.

La Iglesia anglicana es, además, la única asociación del mundo que se ha declarado nula y ridícula en las propias escrituras que la constituyen. En el acta denominada los XXXIX artículos, absolutamente necesarios ni más ni menos que para la salvación, ha proclamado con solemnidad que es obligatorio hacer un juramento para pertenecer a esta Iglesia. Pero uno de sus artículos declara con la misma solemnidad que Dios, al constituir su Iglesia, no ha abandonado la *infalibilidad* en la tierra; que todas las Iglesias se han equivocado, empezando por la de Roma; que se han equivocado burdamente, tanto en los asuntos del dogma como en los asuntos de la moral; de modo que ninguna de ellas tiene el derecho de prescribir la creencia, y que las Santas Escrituras son la única regla del cristiano. La Iglesia anglicana declara, así, a sus hijos que a ella le pertenece el derecho de controlarlos, pero que ellos tienen derecho a no obedecerle. En ese mismo momento, con esa misma pluma, con la misma tinta, sobre el mismo papel, declara su dogma y declara que no tiene el derecho de declararlo. Espero que, en el interminable catálogo de locuras humanas, esta ocupe siempre uno de los primeros puestos.

... Para restituir una religión y una moral en Europa; para otorgarle a la verdad las fuerzas que exigen las conquistas que ella prepara; para fortalecer sobre todo el trono de los soberanos y calmar apaciblemente esta fermentación general de espíritus que nos amenaza con las mayores desgracias resulta indispensable, en primer lugar, borrar del diccionario europeo esta palabra fatal: PROTESTANTISMO.

... Ninguna institución humana ha durado dieciocho siglos. Este prodigio, que será asombroso allí por donde se mire, se halla particularmente en el seno de la Europa móvil. El reposo es el suplicio del europeo y este carácter contrasta maravillosamente bien con la inmovilidad oriental. Es necesario que se agilice, es necesario que emprenda, es necesario que innove y que cambie todo lo que pueda. La política, sobre todo, no ha parado de ejercer el genio innovador de los *hijos audaces de Japhet*. En la desconfianza que los inquieta y los mantiene en guardia constante contra la soberanía, hay, sin duda, mucho orgullo, pero también una justa conciencia de su dignidad: solo Dios conoce las cantidades respectivas de estos dos elementos. Baste aquí con poner el acento en el carácter, que es un hecho incontestable, y preguntarse qué fuerza escondida ha podido entonces conservar el trono pontifical en medio de tantas ruinas y contra todas las reglas de la probabilidad. Apenas se había establecido el cristianismo en el mundo y ya contaba con tiranos despiadados que le declaraban una guerra feroz. Bañaban a la nueva religión en la sangre de sus hijos. Por su parte, los herejes lo atacaron sucesivamente con todos sus dogmas. A la cabeza destacaba Arius, que aterrorizó al mundo y sembró dudas sobre si era o no cristiano. Julian, con su empuje, su astucia, su ciencia y sus filósofos cómplices, le asestó al cristianismo golpes mortales en todo aquello en lo que era mortal. El norte pronto derramó a sus pueblos bárbaros sobre el Imperio romano; vinieron a vengar a los mártires, y se podría creer que venían a ahogar a la religión por la cual morían sus víctimas; pero sucedió lo contrario. Ellos mismos fueron domesticados por este culto divino que preside su civilización y, mezclándose en todas sus instituciones, engendraron a la gran familia europea y sus monarquías, algo de lo que universo no tenía idea alguna. Tras la invasión de los bárbaros llegaron las tinieblas de la ignorancia; pero la llama de la fe resplandecía de una manera más visible sobre este fondo oscuro y la propia ciencia concentrada en la Iglesia no cesó de producir hombres eminentes para su siglo. La noble simplicidad de estos tiempos ilustrados por sus altas personalidades valía mucho más que sus sucesores inmediatos. De esta época surgió el funesto cisma que redujo a la Iglesia a buscar su cabeza visible durante cuarenta años. Esta plaga de contemporáneos es un tesoro de la historia para nosotros. Sirve para demostrar que el trono de san Pedro es inquebrantable. ¿Qué institución humana resistiría esta prueba, que por otra parte no era nada si se compara con esa otra que haría sufrir a la Iglesia?

Aparece Lutero, le sigue Calvino. En un arrebato de frenesí del que el género humano no había visto jamás ejemplo alguno, y cuyo siguiente paso inmediato fue una carnicería que duró treinta años, estos dos hombres vacíos, con el orgullo de los sectarios, la acrimonia plebeya y el fanatismo de los cabarés, publicaron *la reforma de la Iglesia*; y en efecto, la reformaron, pero sin saber lo que decían ni lo que hacían. Cuando los hombres sin misión osaban emprender para *reformar* la Iglesia, ellos *deformaban* por su parte y no *reformaban* realmente otra cosa que la verdadera Iglesia, que está obligada a defenderse y a velar por sí misma.

... Todo ataque al catolicismo conlleva necesariamente otro sobre el propio cristianismo; aquellos a los que nuestro siglo ha denominado *filósofos* no hacían otra cosa que tomar las armas que les había preparado el protestantismo y dirigirlas contra la Iglesia burlándose de su aliado, que ni siquiera valía la pena ser atacado o que quizás lo esperaba. Cómo nos acordamos de todos esos libros impíos escritos durante el siglo XVIII. Todos se dirigen contra Roma, como si no hubiera verdaderos cristianos fuera del perímetro romano; algo muy cierto si queremos expresarnos con rigor. Nunca se repetirá lo suficiente, no hay nada tan infalible como el instinto de la impiedad. Obsérvese aquello que odia, aquello que desata su cólera y aquello que siempre ataca, en todo lugar y con furor; es la verdad. En la sesión infernal de la Convención nacional (que asombrará a la posteridad mucho más de lo que ha asombrado a nuestros superficiales contemporáneos) donde se *celebró*, si se nos permite expresarlo así, la abnegación del culto, Robespierre, después de su discurso *inmortal*, ¿pidió acaso que le llevaran libros, hábitos, copas del culto protestante para profanarlos? ¿Apeló al estrado, buscó seducir o amedrentar a algún ministro de este culto para obtener así un juramento de apostasía? ¿Se sirvió al menos para esta horrible escena de facinerosos de este orden, como lo había hecho con los del orden católico? No solo no pensaba hacerlo. Nada le molestaba, nada le irritaba, nada le hacía sombra en este aspecto, ningún enemigo de Roma podía ser detestable con otro, cualesquiera que fuesen sus diferencias en relación con otros vínculos. Es por este principio por el que explico la afinidad, inexplicable de otro modo, entre las Iglesias protestantes y las Iglesias focianas, nestorianas, etc., separadas desde hace mucho más tiempo. Allá donde se encontraran, se abrazaban y se ensalzaban con una ternura que sorprende a primera vista, pues sus dogmas capitales son directamente opuestos; pero pronto adivinamos su secreto. Todos los enemigos de Roma son amigos, y como no se puede tener una *fe* propiamente dicha fuera de la Iglesia católica, una vez pasado este arrebato de ardor febril que acompaña al nacimiento de todas las sectas, se termina de confundir con los dogmas a los que no se puede controlar más que externamente, y que cada cual ve escapar uno tras otro del símbolo nacional, a medida que complace a ese juez caprichoso al que denominamos razón particular, que los cita a su tribunal para declararlos nulos.

... La persecución del siglo XVIII sobrepasa infinitamente a todas las otras, porque ha aportado mucho a ello, y se parece a las persecuciones antiguas más que en los torrentes de sangre que ha derramado al terminar. ¡Pero cuánto más peligrosos fueron estos comienzos! El arca santa se ha sometido en nuestros días a dos ataques desconocidos hasta ahora; soportó a un mismo tiempo los golpes de la ciencia y los del ridículo. La cronología, la historia natural, la astronomía, la física, *se sublevaron*, por así decirlo, contra la religión. Una vergonzosa coalición reunió contra ella todos los talentos, todos los conocimientos, todas las fuerzas del espíritu humano. La impiedad subió a los escenarios. Hizo que se vieran a los pontífices, a los sacerdotes, a las santas vírgenes, todos ellos ataviados con sus ropajes distintivos, e hizo que hablaran como esta pensaba. Las mujeres, que todo lo pueden tanto por el mal como por el bien, le prestaron su influencia; y mientras que los talentos y las pasiones se reunían para realizar a su favor el mayor esfuerzo que pueda imaginarse, una potencia de un nuevo orden se armaba contra la fe antigua: era el ridículo. Un hombre único, al que el infierno le había restablecido sus poderes, se presentó en este nuevo escenario y colmó sus deseos de impiedad. Jamás el arma de la burla se había manipulado de una manera tan temible, y jamás se había empleado contra la verdad con tanto descaro y tanto éxito. Hasta entonces, la blasfemia, circunscrita por el desprecio, no mataba sino al blasfemador; en la boca del más culpable de los hombres se volvió contagiosa al volverse *encantador*. Incluso en nuestros días, el hombre sabio que ojea los escritos de este bufón sacrílego se lamenta a menudo de haber reído. La vida de un siglo le fue entregada, para que la Iglesia saliera victoriosa de tres pruebas que ninguna institución falsa podría haber resistido jamás: el silogismo, el cadalso y el epigrama.

Del Papa (1819),
«Conclusión».

Port-Royal

Dudo que la historia pueda presentar en este género algo tan extraordinario como la institución y la influencia de Port-Royal. Algunos sectarios melancólicos, amargados por las persecuciones de la autoridad, imaginaron encerrarse en una sociedad en la que poder enfurruñarse y trabajar con facilidad. Semejantes a las láminas de un imán artificial, cuya potencia es fruto de la congregación, estos hombres, unidos y al resguardo de un fanatismo común, produjeron una fuerza total capaz de levantar montañas. El orgullo, el resentimiento, el encono religioso, todas las pasiones amargas y odiosas se desataron a un mismo tiempo. El espíritu de partido concentrado se transformó en una ira incurable. Los ministros, los magistrados, los sabios, los pusilánimes de primer rango, los religiosos fanáticos, todos los enemigos de la Santa Sede, todos aquellos enemigos de la unidad, de un orden célebre, su antagonista natural, todos los padres, todos los amigos, todos los clientes de los primeros personajes de la asociación se aliaron en el origen común de la revuelta. Gritaban, insinuaban, calumniaban, lanzaban intrigas; tenían impresores, corresponsales, carteros, *una caja pública invisible*. Pronto Port-Royal pudo devastar a la Iglesia galicana, enfrentarse al soberano pontífice, impacientar a Luis XIV, influir en sus consejos, prohibir las imprentas a sus adversarios, imponiéndose finalmente a la supremacía.

... *Te vomitaré*, dicen las Escrituras, cuando hablan de la tibieza; yo diría lo mismo en cuanto a la mediocridad. No sé en qué medida un malvado ofende menos que un continuo mediocre. Abra un libro de Port-Royal, dirá al instante y al leer la primera página: *No es ni lo suficientemente bueno ni lo suficientemente malo para ser foráneo.* Es imposible encontrar algo tan absurdo o cualquier solecismo del mismo modo que resulta imposible hallar una visión profunda o una manifestación de elocuencia; muestra el pulimento, la dureza y el frío propios del hielo. ¿Es, pues, tan difícil hacer un libro de Port-Royal? Seleccione a sus sujetos según un orden de conocimientos que todo orgullo pueda jactarse de comprender; traduzca a los antiguos o incorpórelos siempre que sea necesario sin advertirlo; haga que todos hablen francés; láncelos al gentío, incluso a aquellos que han querido evitarlo. Sobre todo, no olvide utilizar el impersonal SE en lugar de YO; anuncie en su prefacio que *no SE proponía en un principio publicar este libro, pero que ciertas personas de gran consideración habían estimado que la obra podía tener una fuerza maravillosa para traer de vuelta a los espíritus obstinados, y que finalmente SE tomó la determinación de hacerlo,* etc. Dibuje en un recuadro, al comienzo del libro, a una gran mujer cubierta con un velo apoyada sobre un ancla (son la ceguera y la obstinación), firme su libro con un nombre falso y añada el magnífico lema: *ARDET AMANS SPE NIXA FIDES*: habrá creado un libro de Port-Royal.

Cuando decimos que Port-Royal *ha dado* grandes talentos, no se comprende bien. Port-Royal no fue en absoluto una institución. Era una especie de club teológico, un lugar de encuentro, en definitiva, *cuatro murallas*, y nada más.

Si algunos sabios franceses hubieran impulsado la fantasía de reunirse en este o aquel otro café para disertar cómodamente, ¿habría podido decirse que ese café *había dado* grandes genios? Cuando, por el contrario, digo que la orden de los benedictinos, de los jesuitas, de los oratorianos, etc., ha dado grandes talentos o grandes virtudes, estoy hablando con exactitud, pues veo aquí a un profesor, a una institución, en definitiva, una orden, un espíritu vital que ha producido el tema; pero el talento de Pascal, de Nicole, de Arnauld, etc., no les pertenecía y de ninguna manera procede de Port-Royal, que no los preparó en absoluto; son ellos quienes aportaron sus conocimientos y sus talentos en esta soledad. Antes de entrar ya eran los que eran. Se tocaban sin comprenderse, no formaban ningún tipo de unidad moral: distingo bien a las *abejas*, pero no veo colmena alguna. Si queremos considerar Port-Royal como un cuerpo propiamente dicho, su elogio será breve. Hijo de *Baïus*, hermano de *Calvino*, cómplice de *Hobbes* y padre de los convulsionarios, no vencido sino en aquel instante que empleó por completo para fatigar, desafiar y herir a la Iglesia y al Estado.

... Para juzgar a Port-Royal no basta, por tanto, citar el carácter moral de algunos de sus miembros ni algunos de los libros más o menos útiles que surgieron de aquella escuela; aún es necesario poner en la balanza los males que ha generado, y estos males son incalculables. Port-Royal se adueñó del tiempo y de las facultades de un número bastante grande de escritores que podían resultar útiles, siguiendo sus fuerzas, la religión, la filosofía, y que los consumió casi por completo en disputas ridículas o funestas.

... Entre ellos no encontramos más que a gramáticos, biógrafos, traductores, eternos polemistas, etc.; entre el resto, ni a un hebraísta, ni a un helenista, ni a un latinista, ni a un anticuario, ni a un lexicógrafo, ni a un crítico, ni a un célebre editor y, con mayor razón, ni a un matemático, ni a un astrónomo, ni a un físico, ni a un poeta, ni a un orador; no han sido capaces de legar a la posteridad (excluyendo siempre a Pascal) ni una sola obra. Ajenos a todo aquello que tiene algo de noble, de tierno, de sublime en la creación del ingenio, lo que consiguen en sus mejores momentos y les aporta mayor felicidad es tener razón.

… Los escritores de Port-Royal comenzaron a escribir en una época en la que la prosa francesa no había desplegado en absoluto sus verdaderas fuerzas. Boileau, en 1667, decía aún en su retractación de chanza:

Pelletier escribe mejor que Ablancourt y Patru, tomando como se observa estas dos literaturas, olvidadas por completo en nuestros días, por dos modelos de elocuencia. Los escritores de Port-Royal, al escribir en estos inicios de la prosa, se adueñaron desde un principio de una gran reputación, pues resulta muy sencillo ser los primeros en mérito cuando lo eran cronológicamente. Hoy en día ya no se les lee, a excepción de Ablancourt y Patru, e incluso resulta imposible leer a estos últimos. No obstante, tuvieron mucha repercusión y han sobrevivido sus libros, pues pertenecían a una secta, a una secta poderosa cuyos ojos no se cerraban ni un solo instante ante sus peligrosos intereses. Todo escrito de Port-Royal se anunciaba desde un principio como un prodigio, como un meteoro literario. Lo distribuían los hermanos, por lo general, de manera clandestina, con su carácter presumido, exaltado, puesto por las nubes por parte de todas las camarillas del partido, desde el palacete de la duquesa de Longueville hasta la casucha del vendedor ambulante.

… El famoso libro de la *Gramática general* es objeto, además, del anatema habitual pronunciado contra las producciones de Port-Royal. *Todo o casi todo lo que han hecho está mal, incluso lo que han hecho bien.* Esta frase no es, en absoluto, un juego de palabras. Por ejemplo, aunque la *Gramática general* contiene cosas muy buenas, es, sin embargo, el primer libro que ha desviado el espíritu de los franceses hacia la metafísica del lenguaje, y esto ha matado al gran estilo. Este tipo de análisis es a la elocuencia lo que la anatomía es al cuerpo disecado; una y otra suponen la muerte del *sujeto analizado*, y, para colmo de exactitud en la comparación, la una y la otra se divierten comúnmente matando por el placer de disecar.

... Pascal pasó cuatro o cinco años de su vida entre los muros de Port-Royal, donde alcanzó la gloria sin deberle nada; pero dado que no quiero en absoluto contravenir su mérito real, que es muy grande, es necesario reconocer también que estuvo demasiado elogiado, como sucede, y no se puede repetir lo suficiente, a todo hombre cuya reputación pertenezca a una facción.

... Es una observación incontestable y que les rinde un gran honor a los jesuitas, quienes, en su calidad de *jenízaros de la Iglesia católica*, han sido siempre el objeto del odio de todos los enemigos de esta Iglesia. Infieles de todos los colores, protestantes de todas las clases, sobre todo jansenistas, nunca han querido nada mejor que humillar a esta famosa Sociedad; debían entonces poner por las nubes un libro destinado a hacerles tanto mal. Si bien las *Cartas provinciales*, con el mismo mérito literario, habían sido escritas contra los capuchinos, hace ya mucho tiempo que no hemos vuelto a hablar de ellas.

... La Iglesia no le debe nada a Pascal por sus obras, sin las cuales se las arreglaría con bastante facilidad. Ninguna potencia tiene necesidad de rebeldes; cuanto mayor es su nombre, más peligrosos son.

... En torno al resto se ha hecho bastante ruido por aquella famosa *persecución* ejercida contra los jansenistas en los últimos años de Luis XIV, y que en el fondo se reduce a algunos aprisionamientos pasajeros, a algunas *lettres de cachet*, cartas estampilladas con sello real, probablemente muy agradables para aquellos hombres que, sin ser nadie en el Estado y sin tener nada que perder, basan toda su existencia en la atención que el gobierno quiere concederles cuando los envía a divagar a otra parte.

Se ha puesto el grito en el cielo respecto al tema de este arado que se ha pasado sobre la tierra de Port-Royal. Desde mi punto de vista, no veo nada atroz. Todo castigo que no exija la presencia del paciente es tolerable. Por otra parte, me había formado unas dudas bastante violentas sobre una solemnidad que me parecía bastante poco francesa, mientras que en un panfleto jansenista recientemente publicado, he leído que «Luis XIV había hecho pasar el arado *de alguna manera* sobre el terreno de Port-Royal». Esto atenuaría notablemente la *espantosa* severidad del rey de Francia, pues en absoluto es lo mismo, por ejemplo, una cabeza cortada *de alguna manera* que una realmente cortada; pero empeoro las cosas, y admito el arado *en su manera ordinaria*. Cuando hizo creer que había trigo en un terreno que no producía otra cosa que malos libros, Luis xiv siempre llevó a cabo un acto de sabio agricultor y de buen padre de familia.

Resulta también muy importante hacer una observación sobre el famoso usurpador, que, guiado por ese único instinto que mueve a los hombres extraordinarios, tanto mal ha perpetrado al mundo en nuestros días: no podía sufrir el jansenismo y, entre los términos insultantes que distribuía a su alrededor de manera bastante liberal, el título de *jansenista* ocupaba a su juicio el primer puesto. Ni el rey ni el usurpador se equivocaban en este aspecto; a pesar de ser tan diferentes, a ambos los conducía el mismo espíritu; olían a su enemigo y, por una antipatía espontánea, lo denunciaban a todas las autoridades del universo.

... Todo francés que sea amigo de los jansenistas, o es tonto, o es jansenista. Incluso si pudiera perdonarle a la secta sus dogmas atroces, su carácter odioso, su filiación y su paternidad igualmente deshonradora, sus componendas, sus intrigas, sus proyectos y su insolente obstinación, jamás le perdonaría su último crimen, el de haber expuesto los remordimientos en el corazón celeste del REY MÁRTIR. Que sea por siempre maldita la facción indigna que vive, beneficiándose sin pudor, sin delicadeza, sin respeto a las desgracias de la soberanía, esclava y profanada, que con brutalidad agarra una mano sagrada y la fuerza a firmar aquello que aborrece. Si esa mano, preparada para encerrarse en la tumba, ha querido señalar el testimonio solemne de un PROFUNDO ARREPENTIMIENTO, que esta confesión sublime, consignada en el testamento inmortal, retumbe como un peso abrumador, como un anatema eterno, sobre esta decisión culpable que la hacía necesaria a los ojos de la inocencia augusta, inexorable para ella misma en medio de la deferencia del universo.

De la Iglesia galicana (1821),
Libro I.

Contra Grecia y sus Iglesias separadas

Muchos católicos, que deploran nuestra funesta separación de las Iglesias focianas, les hacen, sin embargo, el honor de creer que, salvo en el pequeño número de puntos rebatidos, han conservado el depósito de la fe en toda su integridad. Esas mismas se vanaglorian, y hablan con énfasis, de su invariable *ortodoxia*.

Esta opinión merece un examen, pues si se esclarece, estaremos en el camino a las grandes verdades.

Todas estas Iglesias separadas de la Santa Sede al comienzo del siglo XII pueden compararse con los cadáveres congelados, cuyo frío ha conservado sus formas. Este frío es la ignorancia, que debería perdurar más en ellas que en nosotros; ha agradado a Dios, por razones que merecen profundizarse, que concentren, hasta nueva orden, toda la ciencia humana en nuestras regiones occidentales.

Pero cuando el viento de la ciencia, que es cálido, venga a soplar sobre estas Iglesias, llegará aquello que debe llegar según las leyes de la naturaleza; se disolverán las formas antiguas y no quedará otra cosa que polvo.

Yo no he vivido jamás en Grecia ni en ninguna otra comarca de Asia, pero llevo un largo tiempo en el mundo y tengo la felicidad de conocer algunos lugares. Al matemático al que se le obligase a calcular uno tras otro todos los términos de una larga serie sería muy desgraciado; para este caso y para otros tantos, hay fórmulas que aligeran el trabajo. Yo no tengo, por tanto, necesidad alguna de saber (aunque tampoco reconozca que no lo sé) lo que se hace y lo que se cree aquí o allá. Sé, y eso me basta, que si la fe antigua reina aún en tal o cual país separado, es que la ciencia no ha llegado allí en absoluto; y si la ciencia ha hecho ya su entrada, entonces la fe ha desaparecido, lo cual no se comprende, como ya se ha constatado, cuando el cambio es súbito, aunque gradual, según otra ley de la naturaleza que no admite en absoluto los *saltos*, como los denomina la doctrina. He aquí, pues, una ley tan segura e invariable como su autor:

> Ninguna religión, excepto una,
> puede resistir la prueba de la ciencia

Este oráculo es más seguro que el de Calchas.

La ciencia es una especie de ácido que disuelve todos los metales, *excepto el oro*.

¿Dónde están las profesiones de fe del siglo XVI? En los libros. No hemos parado de decirles a los protestantes: *no podéis pararos al borde de un rápido precipicio; caeréis rodando hasta el fondo*. Las predicciones católicas se encuentran hoy en día perfectamente justificadas. Aquellos que no han dado todavía más que tres o cuatro pasos sobre esta misma pendiente no vienen a enaltecer su pretendida inmovilidad: pronto verán lo que es el movimiento acelerado.

Yo juro por la verdad eterna, y ninguna consciencia europea me contradirá: *la ciencia y la fe no se aliarán nunca fuera de la unidad*.

Ya se sabe lo que dijo un día el bueno de La Fontaine

mientras leía el Nuevo Testamento a un amigo que le había recomendado que lo leyera: *He leído tu Nuevo Testamento; es un libro bastante bueno.* Si hemos prestado la debida atención, es a esta confesión a lo que se reduce, poco más o menos, la fe protestante, a no sé qué sentimiento vago y confuso, que se experimenta bastante bien en estas pocas palabras:

> Bien podría haber algo de divino en el cristianismo.

Del Papa (1819),
Libro IV, cap. II.

§

Es justo que todas las Iglesias separadas, por tanto, *protestantes*, se confinen bajo la misma denominación. Además, como las Iglesias protestantes se distinguen entre ellas por el nombre de sus fundadores, por el de las naciones que acogen la pretendida reforma, en mayor o menor medida, o por algún síntoma particular de la manía general, de manera que decimos: *él es calvinista, es luterano, es anglicano, es metodista, es baptista*, etc.; también es necesario que una denominación particular distinga a las Iglesias que han protestado en el siglo XI, y ciertamente no encontraremos un nombre más justo que aquel que se obtiene del propio autor del cisma cualquiera que sea anterior al último acto de la ruptura. Es de toda justicia que este personaje funesto le dé su nombre a las Iglesias que ha corrompido. Son, por tanto, *focianas*, al igual que la de Ginebra es *calvinista* y la de Wittenberg es *luterana*. Yo sé que estas denominaciones particulares les desagradan, porque la conciencia les dice *que toda religión que lleve el nombre de un hombre o de un pueblo es necesariamente falsa.* Sin embargo, cada Iglesia separada se otorga a sí misma los nombres más hermosos posibles; es el privilegio del orgullo nacional o particular: ¿quién podría disputárselo?

... Orbis me sibilat, at mihi plaudo
Ipse domi...

Pero todas estas delicadezas del orgullo en su sufrimiento nos resultan ajenas, y no debemos respetarlas en absoluto: al contrario, es el deber de todos los escritores católicos el de nunca dejar constancia en sus escritos de otros nombres que no sean el de *focianas* para las Iglesias separadas por *Focio*; no como fruto de un espíritu de odio o de resentimiento (¡Dios nos libre de semejantes bajezas!), sino todo lo contrario, por un espíritu de justicia, de amor, de bondad universal; el fin es que estas Iglesias, que vuelven continuamente a sus orígenes, lean constantemente sobre su nulidad.

Del Papa (1819),
Libro IV, cap. IV.

§

... Desde el origen del cristianismo, la Iglesia ha llevado el nombre que sigue llevando hoy en día, y jamás lo ha cambiado; ninguna esencia puede desaparecer o simplemente alterarse sin dejar escapar su nombre. Si el protestantismo siempre ha llevado el mismo, aunque su fe haya variado inmensamente, es porque su nombre era puramente negativo y no significaba más que una renuncia al catolicismo; cuanto menos crea y más *proteste*, más será él mismo. Su nombre, que cada día se vuelve más verdadero, debe subsistir hasta el momento en que perezca, como perece una úlcera con el último átomo de carne viva que ha devorado.

La palabra *católico* expresa, por el contrario, una esencia, una realidad que debe tener un nombre; y como fuera de su círculo divino no puede haber unidad religiosa, fuera de este círculo se podrán encontrar *Iglesias*, pero en modo alguno a la IGLESIA.

Las Iglesias separadas no podrán otorgarse jamás un nombre común que exprese la unidad; ninguna potencia puede, espero, nombrar la nada. Se conceden entonces nombres nacionales o nombres con la pretensión de que no fallarán nunca en la tarea de explicar con precisión la cualidad de la que carecen estas Iglesias. Se llamarán reformista, evangélica, apostólica, anglicana, escocesa, ortodoxa, etc., todos ellos nombres evidentemente falsos, y además acusadores, porque son respectivamente nuevos, particulares e incluso ridículos para todo oído extranjero en la decisión que se les atribuye, lo cual descarta toda idea de unidad y, en consecuencia, de verdad.

Regla general: todas las sectas tienen dos nombres. Uno es el que se ponen ellas mismas y el otro el que se les da. Así, a las Iglesias focianas que se denominan a sí mismas *ortodoxas*, se las llama, fuera de su círculo, *cismáticas*, *griegas* u *orientales*, palabras sinónimas, sin que se dude de ello. Los primeros reformadores se denominaron, con no menor audacia, *evangélicos*, y los segundos *reformistas*; pero todo aquel que no esté entre ellos les llama *luteranos* y *calvinistas*. Los anglicanos, como hemos visto, intentaron llamarse *apostólicos*; pero toda Europa, e incluso una parte de Inglaterra, se rio de ello. El rascólnico ruso se otorga el nombre de *viejo creyente*; pero para todo aquel que no sea rascólnico, el nombre es *rascólnico*; el católico es el único al que se le llama como este se llama a sí mismo, y no tiene más que un nombre para todos.

Aquellos que no le otorguen ningún valor a esta observación habrán meditado poco sobre el primer capítulo de la metafísica primera, la que corresponde a los NOMBRES.

Resulta algo muy destacable que todo cristiano que esté obligado a confesar en el símbolo *crea en la Iglesia católica*; sin embargo, ninguna Iglesia disidente se ha atrevido jamás a disponer de este título para denominarse a sí misma *católica*, aunque no haya algo más fácil que decir: *Somos nosotros los que somos católicos*; pero, por otra parte, la verdad se debe a esta cualidad de *católico*. Aunque en esta ocasión, como en mil otras, todos los cálculos de la ambición y de la política ceden a la consciencia invencible. Ningún innovador se atrevió jamás a usurparle el nombre de la IGLESIA; ya fuese porque cada uno de ellos consideró que se condenaba al cambiar de nombre, ya fuera porque todos habían percibido, aunque de una manera oscura, la absoluta imposibilidad de una usurpación semejante. De manera similar a ese libro único del cual es la única depositaria y la única intérprete legítima, la Iglesia católica está revestida de un carácter tan *grande*, tan *asombroso*, tan *perfectamente inimitable*, que nadie podrá jamás soñar con disputarle el nombre, contra la consciencia del universo.

Así pues, un hombre que pertenezca a una de estas Iglesias disidentes, y que alce la pluma contra la IGLESIA, debe detenerse en el título mismo de su obra. Habrá que decirle: *¿quién es usted? ¿Cómo se llama? ¿De dónde viene? ¿Por qué habla? Por la Iglesia*, responderá usted. *¿Qué Iglesia? ¿La de Constantinopla, la de Esmirna, la de Bucarest, la de Corfú,* etc.*? Ninguna Iglesia puede ser oída si va contra la* IGLESIA, *al igual que sucede con el representante de una provincia específica cuando va contra una asamblea nacional presidida por* *el soberano. Se ha condenado justamente antes de ser oído: está equivocado sin posibilidad de otro examen, porque está aislado.* («Yo hablo, dirá *él* quizás, por todas las Iglesias que ha nombrado, y por todas aquellas que siguen la misma fe».) *En ese caso, muéstreme sus mandatos.* Si no tiene otros que los especiales, subsiste la misma dificultad; sin duda, representa a varias Iglesias, pero no a la IGLESIA. Usted habla de provincias; el ESTADO no puede oírle. Si pretende actuar por todas ellas en virtud de un mandato de unidad, nombre esa unidad; haga que conozcamos el punto central que la constituye y diga su nombre, que debe ser aquel que el oído del género humano reconozca sin vacilar. Si no puede nombrar ese punto central, no le queda ni siquiera el amparo de llamarse cristiano republicano, pues no hay una sola república que no tenga un consejo común, un senado, jefes comunes y corrientes, que representen y gobiernen la asociación. Nada de eso se encuentra en su caso, y, en consecuencia, no posee ningún tipo de unidad, de jerarquía y de asociación común; ninguno de ustedes tiene el derecho de tomar la palabra en nombre de todos. Ustedes creen ser un edificio, pero no son más que piedras.

Estamos algo lejos, como puede verse, de debatir juntos las cuestiones del dogma o de la disciplina. Se trata, antes de todo, de la parte de nuestros adversarios más antiguos, de que se legitimen y nos digan lo que son. Dado que no nos han demostrado que son la IGLESIA, han errado al tomar la palabra; y, para demostrarnos que ellos son la IGLESIA, es necesario que manifiesten un centro de unidad que sea visible a todos los ojos, y un nombre, a un tiempo positivo y exclusivo, admitido por todos los oídos y por todas las partes.

Yo me resisto al movimiento que me arrastraría a la polémica: me sobra con los principios. Son los siguientes:

1. El soberano pontífice es la base necesaria, única y exclusiva del cristianismo. A él le pertenecen las promesas, con él desaparece la unidad, es decir, la Iglesia.

2. Toda Iglesia que no es católica es *protestante.* Al ser este principio el mismo desde todos los lados, es decir, *una insurrección contra la unidad soberana*, todas las Iglesias disidentes no pueden diferir, salvo en el número de dogmas que rechazan.

3. Dado que la supremacía del papa es el dogma capital sin el cual el cristianismo no puede subsistir, todas las Iglesias que rechazan este dogma, cuya importancia ocultan, están de acuerdo, incluso sin saberlo: todo el resto no es más que accesorio y de ahí procede su afinidad, aunque ellas ignoren la causa.

4. El primer síntoma de la nulidad que azota a estas Iglesias es el de perder súbitamente y a un mismo tiempo el poder y el deseo de convertir a los hombres y de avanzar en la obra divina. Ya no consiguen conquistas, y ellas mismas fingen despreciarlos. Son estériles, y nada es más justo: han rechazado al esposo.

5. Ninguna de ellas puede mantener en su integridad el símbolo que ostentaban en el momento de la escisión. La fe que ya no les pertenece. La costumbre, el orgullo, la obstinación pueden colocarse en su lugar y hacer que los ojos inexpertos se equivoquen; el despotismo de un poder heterogéneo que salvaguarda a estas Iglesias de todo contacto ajeno, la ignorancia y la barbarie que le siguen pueden aún, durante algún tiempo, mantenerlas en un estado de rigidez que representa al menos algunas formas de vida; pero, al final, nuestras lenguas y nuestras ciencias penetrarán en ellos, y los veremos recorrer, con un movimiento acelerado, todas las fases de la disolución que el protestantismo calvinista y luterano ya ha colocado ante nuestros ojos.

6. En todas estas Iglesias, los grandes cambios que anuncio comenzarán por el clero; y la primera en ofrecer este interesante y gran espectáculo será la Iglesia rusa, porque es la que está más expuesta a los *vientos europeos*.

No escribo en absoluto por buscar disputa; respeto todo lo que es respetable, a los soberanos y, sobre todo, a las naciones. No odio otra cosa que el odio. Pero digo lo que es, digo lo que será, digo lo que debe ser; y si los acontecimientos contradicen lo que anticipo, de todo corazón pido para mi memoria el desprecio y las risas de la posteridad.

Del Papa (1819),
Libro IV, cap. V.

§

… La palabra orgullo me recuerda dos verdades de un género bien distinto: una es triste y la otra consoladora.

El doctor Willis, uno de los médicos más capaces de Europa en el arte de tratar la más humillante de nuestras enfermedades, dijo (algo que, no obstante, repito únicamente por la fe que tengo en este respetable hombre) «que había encontrado dos géneros de locura que se rebelaban constantemente a todos los esfuerzos de su arte: la locura del orgullo y la de la religión».

Por desgracia, los prejuicios, que son también una especie de demencia, presentan precisamente el mismo fenómeno. Aquellos que se aferran a la religión son terribles; y todo observador que los haya estudiado se ha acongojado con razón. El teólogo inglés ha planteado, como verdad general, *que jamás un hombre ha sido expulsado de su religión por los argumentos*. Ciertamente, hay excepciones a esta regla fatal; pero no actúan sino en favor de la simplicidad, del sentido común, de la pureza, y de la oración, sobre todo. Dios no hace nada por el orgullo, ni siquiera por la ciencia, que es también el orgullo cuando funciona por su cuenta. Pero si la locura del orgullo acude a reunirse una vez más con la de la religión, si el error teológico se transplanta al orgullo furioso, antiguo, nacional, inmenso y siempre humillado, al unirse entonces los dos anatemas señalados por el médico inglés, toda fuerza humana es nula para restablecer al enfermo. ¿Qué digo? Un cambio semejante sería el mayor de los milagros; porque aquello a lo que llamamos *conversión* sobrepasa a todo lo demás cuando se trata de naciones. Dios ha ejecutado esta operación solemnemente desde hace dieciocho siglos, e incluso algunas veces lo ha hecho en favor de las naciones que no habían conocido jamás la verdad; pero aún no ha hecho nada en favor de aquellas que habían abjurado de él. ¿Quién sabe qué ha decretado? «*Creer* no es más que el juego, *convertir* es el esfuerzo de su fuerza». Porque el mal se le resiste más que la nada.

Del Papa (1819),
Libro IV, cap. VI.

§

Varios contactos nos han hecho conocer vagamente una preciada fermentación instigada en la Grecia moderna. Se nos habla de un nuevo espíritu, de un entusiasmo ardiente por la gloria nacional, de esfuerzos notables realizados por el perfeccionamiento de la lengua vulgar, que quisiéramos acercar a su brillante origen. El celo extranjero, aliado al celo patriótico, está a punto de mostrarle al mundo una academia ateniense, etc.

A tenor de estas relaciones, se podría creer en la generación próxima de una nación tan célebre en otro tiempo, aunque la institución y la regeneración de las naciones, mediante las academias y, en general, incluso mediante las ciencias, sean incontestablemente lo más opuesto a todas las leyes divinas que se pueda imaginar. No obstante, acepto el augurio con arrebato, y todos mis compromisos convocan el éxito de tan nobles esfuerzos; aunque debo admitir que me alarman aún varias consideraciones y, muy a mi pesar, me hacen dudar. A menudo he charlado con hombres que habían vivido durante mucho tiempo en Grecia y que habían estudiado en detalle a sus habitantes. Y todos estaban de acuerdo en este punto: no será nunca posible establecer una soberanía griega. Hay, en el carácter griego, algo inexplicable que se opone a toda gran asociación, a toda organización independiente, y es lo primero que ve un extranjero que tenga ojos. Deseo de todo corazón haberme equivocado, pero hay bastantes razones que apoyan la veracidad de esta opinión. Para empezar, Grecia se sustenta sobre el carácter eterno de una nación que ha *nacido dividida*, si se me permite expresarlo así. Cicerón, al que no le separaban sino tres o cuatro siglos de los bellos días de Grecia, no le concedía, sin embargo, más que los talentos y el espíritu. ¿Qué podríamos esperar de ella hoy en día, ahora que han pasado veinte siglos sobre este pueblo desdichado, sin que se le haya dejado atisbar siquiera el día de la libertad? La extrema servidumbre que pesa sobre ella desde hace cuatro siglos, ¿no ha sido extinguida, en el alma de los griegos, hasta alcanzar la propia idea de la independencia y de la soberanía? ¿Quién no conoce la acción deplorable del despotismo sobre el carácter de una nación sometida? ¡Y qué despotismo además! Quizás no haya ningún pueblo que la haya padecido de manera semejante. No hay, en Grecia, ningún punto de contacto, ninguna amalgama posible entre el amo y el esclavo. Los turcos son hoy en día lo que eran a mitad del siglo xv, tártaros acampados en Europa. Nada puede acercarlos al pueblo subyugado, nada puede acercarse a ellos. Allí se contemplan dos leyes enemigas con sus rugidos; podrían tocarse durante toda la eternidad sin poderse jamás amar. Entre ambas no hay en absoluto trato, ni acomodamiento ni transacción posible. La una no puede concederle nada a la otra, y este sentimiento mismo que todo lo acerca no puede hacer nada por ellas. De una y otra parte, los dos sexos no consienten en mirarse o lo hacen temblando, como los seres de una naturaleza enemiga que el Creador ha separado para siempre. Entre ellos está el sacrilegio y el último suplicio. Se diría que ayer entró en Grecia un segundo Mahoma, y que el derecho de conquista continúa causando estragos en su rigor primitivo. Colocado entre la cimitarra y el bastón de bajá, el griego apenas se atreve a respirar: no está seguro de nada, ni siquiera de la mujer a la que acaba de desposar. Esconde su tesoro, esconde a sus hijos, esconde incluso la fachada de su casa, en caso de que pueda revelar el secreto de su riqueza. Se endurece con el insulto y los tormentos. Sabe los golpes que puede soportar antes de revelar el oro que ha escondido. ¿Cuál debe de haber sido el resultado de este trato sobre el carácter de un pueblo machacado, en el que un niño pronuncia el nombre de su madre poco antes de llegar al insulto? Los verdaderos observadores manifiestan que, si el cetro de hierro que les da órdenes acabara por retirarse súbitamente, sería la mayor desgracia para Grecia, que justo después experimentaría un arrebato de revuelta universal sin que fuera posible encontrar un remedio ni prever su fin. ¿Dónde estaría el punto de unión y el centro de unidad política para este pueblo al que suponemos liberado, un pueblo que no sabría concebirlo mejor de lo que lo ha hecho en el caso de la unidad religiosa durante estos últimos ocho siglos? ¿Qué provincia querría ceder ante la otra? ¿Qué raza los dominaría? Por cierto, nada parece presagiar esta liberación. Antaño, nuestra debilidad puso a salvo el cetro de los sultanes; hoy, es nuestra fuerza la que lo protege. Las grandes envidias se observan y cambian drásticamente. Si todas estas apariencias no nos engañan, seguirán apoyando, quizás por largo tiempo, el trono otomano, aunque esté socavado por todas las partes.

¡Y, con todo, este trono caería! Grecia cambiaría de amo; eso es todo lo que obtendría. Se podría pensar, sin duda, que ganaría, pero siempre estaría dominada. Egipto es indiscutiblemente, y según todos los informes, el país del universo más preparado para no depender más que de él mismo. No obstante, hace más de dos mil años, Ezequiel declaró *que Egipto nunca obedecería a un cetro egipcio*; y desde Cambises hasta los mamelucos la profecía no ha dejado de cumplirse. Sin duda, *Mizraim* está aún expiando ante nuestros ojos los crímenes que en otro tiempo surgieron de los templos de Memphis y de Dendera, cuyos profundos y misteriosos retiros derramarán el error sobre el género humano. Por este dilatado crimen, Egipto está condenado al suplicio último de las naciones: el ángel de la soberanía ha abandonado sus famosas comarcas, y quizás para no volver nunca. ¿Quién sabe si Grecia no está sometida al mismo anatema? Ningún profeta la ha maldecido, al menos en nuestros libros; pero resultaría tentador creer que la similitud de la pena implica aquella de las transgresiones. ¿No fue Grecia la *hechicera de las naciones*? ¿No era ella la encargada de transmitir a Europa las supersticiones de Egipto y de Oriente? ¿No somos por culpa de ella aún paganos? ¿Hay alguna fábula, locura, vicio que no tenga un nombre, un emblema, una máscara griega? Y, por acabar de decirlo todo, ¿no es Grecia la que en otro tiempo tuvo el horrible honor de ser la primera en negar a Dios y la que prestó una voz temeraria al ateísmo, que no se había atrevido aún a tomar la palabra ante los hombres?

Del Papa (1819),
Libro IV, cap. XI.

§

Un rasgo particular de Grecia, que la distingue, creo, de todas las naciones del mundo, es su incapacidad para crear una gran asociación política o moral. Los griegos no tuvieron jamás el honor de ser un *pueblo*. En su caso, la historia no nos ofrece otra cosa que soberanos de aldeas que se degollaban y a los que nada fue capaz de unir. Destacarán bajo esta forma, porque es su estado natural, y las naciones jamás se hacen célebres más que por la forma de gobierno que le es propia. La diferencia de dialectos anuncia la de caracteres, como también la oposición de sus soberanos; y este mismo espíritu de división lo trasladaron hasta la filosofía, que se dividía en *sectas*, al igual que la soberanía estaba dividida en pequeñas repúblicas independientes y enemigas. La palabra *secta*, representada en la lengua griega por el término *herejía*, la trasladaron los griegos a la religión. Decían *herejía de los arios*, como ya habían dicho en otro tiempo *herejía de los estoicos*. Así fue cómo corrompieron la inocente naturaleza de esta palabra. Fueron *herejes*, es decir, divisionarios en la religión, como ya lo habían sido en la política y en la filosofía. Sería superficial recordar hasta qué punto fatigaron a la Iglesia en sus primeros siglos. Poseídos por el demonio del orgullo y el de la disputa, no dejaban respirar al sentido común; cada día surgían nuevas sutilezas: mezclaban todos nuestros dogmas con no sé qué metafísica temeraria que ahoga la simplicidad evangélica. Al querer ser a un mismo tiempo filósofos y cristianos, no son ni lo uno ni lo otro: mezclan en el Evangelio la espiritualidad de los platónicos y los sueños de Oriente. Armados de una dialéctica insensata, quieren dividir lo indivisible, penetrar lo impenetrable; no saben suponer lo vago divino de ciertas expresiones que una docta humildad toma tal como son, y que evita incluso circunscribir, por miedo a engendrar la idea de *dentro* y *fuera*. En lugar de creer, disputan; en lugar de rezar, argumentan. Las grandes rutas se llenan de obispos que corren al concilio; las postas del imperio apenas resultan suficientes: toda Grecia es una especie de Peloponeso teológico en el que los átomos luchan por los átomos. La historia eclesiástica se convierte, gracias a estos inconcebibles sofistas, en un libro peligroso. A la vista de tanta locura, de tanto ridículo y furor, la fe se tambalea, el lector exclama lleno de disgusto e indignación: *¡Pene moti sunt pedes mei!*

Para colmo de la desgracia, Constantino transfiere el imperio a Bizancio. Allí se encuentra con la lengua griega, sin duda admirable y quizás la más bella que hayan hablado jamás los hombres, pero, por desgracia, extremadamente favorable a los sofistas; arma penetrante que tendría que haber utilizado únicamente la cordura y que, por una deplorable fatalidad, se encuentra casi siempre en manos de los insensatos.

Bizancio impulsaría a creer en el sistema de los climas o en el de las emanaciones específicas de distintas tierras, que influyen de una manera invariable sobre el carácter de los habitantes. Al sentarse en este trono, atrapada de golpe por no sé qué influencia mágica, la soberanía romana perdió la razón para no volver ya a recuperarla. Dondequiera que se hojee la historia universal, no se encontrara jamás una dinastía tan miserable. O débiles o furiosos o bien una cosa y la otra a un mismo tiempo, estos príncipes insoportables trasladaron ante todo su demencia hacia el lado de la teología, cuyo despotismo se apoderó de ella para trastornarla. Los resultados son conocidos. Se diría que la lengua francesa ha querido hacer justicia a este Imperio con la designación de *Bajo*.

Pereció como había vivido, en disputa. Mahoma rompió las puertas de la capital, mientras los sofistas mitrados argumentaban SOBRE LA GLORIA DEL MONTE TABOR.

Del Papa (1819),
Libro IV, cap. IX.

§

... De la batalla de Maratón a aquella de Léucade no hay más que ciento catorce años. ¿Qué es una nación semejante si se la compara con aquellos romanos que no cesaron de vencer durante mil años y que eran dueños del mundo conocido? ¿Qué es ella misma si la comparamos con las naciones modernas que han ganado las batallas de Soissons y de Fontenoy, de Crécy y de Waterloo, etc., y que aún conservan sus nombres y sus territorios primitivos sin haber dejado jamás de crecer en fuerza, en luz y en renombre?

Las artes y las letras fueron el triunfo de Grecia. En uno y otro género descubrió la belleza; ella fue la que fijó las personalidades; nos ha transmitido modelos que no nos legan otra cosa que el mérito de imitarlos: es necesario hacerlo siempre como ella, aunque sea para mal.

En la filosofía, los griegos han desplegado grandes talentos; no obstante, ya no son los mismos hombres y tampoco se nos consiente que los tomemos prestados sin medida. Su verdadero mérito en este género reside en haber sido, si se me permite expresarlo así, los *agentes* de la ciencia entre Asia y Europa. No digo que este no sea un gran mérito, pero no hay nada colectivo en el genio de la invención, algo que les falta por completo a los griegos. Fueron incontestablemente el último pueblo instruido, y como muy bien dijo Clément de Alejandría, «la filosofía no llegó a los griegos más que después de haber dado la vuelta al universo». Nunca han sabido lo que tenían de predecesores, pero con su estilo, su gracia y el arte de hacerse valorar nos han *llenado los oídos*, por emplear un latinismo muy apropiado para el caso.

El doctor Long señaló que «la astronomía no le debe nada ni a los académicos ni a los peripatéticos». Estas dos sectas eran exclusivamente griegas, o más bien *áticas*, de modo que no se asemejan en absoluto a las fuentes orientales, donde esto ya se sabía sin necesidad de tener que disputar sobre nada, en lugar de disputar sin saber nada, como se hacía en Grecia.

La filosofía antigua se opone directamente a la de los griegos, que no era en el fondo sino una disputa eterna. Grecia era la patria del silogismo y de la insensatez. Se pasaba el tiempo elaborando razonamientos falsos, al mismo tiempo que enseñaba cómo había que razonar.

... Lea a Platón, en cada página se encontrará con una distinción sorprendente. Cada vez que es griego resulta molesto y, a menudo, impaciente. No resulta grande, sublime y penetrante más que cuando es teólogo, es decir, cuando enuncia los dogmas positivos y eternos, separados de todo obstáculo; aquellos que portan con tanta claridad el sello oriental, el cual, si se desea menospreciar, tiene como requisito no haber vislumbrado jamás Asia. Platón había leído y viajado mucho: hay en sus escritos mil pruebas de que se había dirigido a verdaderas fuentes de verdaderas tradiciones. Había en él un sofista y un teólogo o, si se quiere, un griego y un caldeo. No escucharemos al filósofo si no lo leemos con esta idea siempre presente en la cabeza.

... Con la excepción de Lacedemonio, que fue un hermoso punto en un punto del globo, nos encontramos con griegos que hicieron en la política lo mismo que en la filosofía: no estar nunca de acuerdo con los demás ni con ellos mismos. Atenas, que era, por así decirlo, el corazón de Grecia, y que ejercía sobre ella una verdadera magistratura, ofrece en este género un espectáculo único. No les concedemos nada a estos atenienses, ligeros como niños y feroces como hombres, una especie de corderos encolerizados, siempre llevados por la naturaleza y siempre, por naturaleza, devorando a sus pastores. De sobra se sabe que todo gobierno supone abusos; que en las democracias, sobre todo, y sobre todo en las democracias antiguas, hay que contar con ciertos excesos de la demencia popular; pero que una república no haya podido perdonar a uno solo de sus grandes hombres, que a fuerza de injusticias, de persecuciones, de asesinatos jurídicos, hayan sido conducidos *a no creerse seguros más que cuando estaban lejos de sus muros*; que se haya podido encarcelar, multar, acusar, despojar, desterrar, llevar o condenar a muerte a Milcíades, Themístocles, Arístides, Cimón, Timoteo, Focio y Sócrates: esto es algo que no hemos sido capaces de ver jamás en otro lugar que no sea Atenas.

Por más que Voltaire haya exclamado «que los atenienses eran un pueblo amable», Bacon no dejaría de decir que lo era «como un niño». ¿Pero qué podría ser entonces más terrible que un niño robusto, aunque fuera muy amable?

Hemos hablado tanto de los oradores de Atenas que seguir hablando de ello se ha convertido en algo casi ridículo. La tribuna de Atenas habría albergado la vergüenza de la especie humana si Focio y sus semejantes, al subir alguna vez antes de beber la cicuta o partir al exilio, no hubieran procurado algo de equilibrio a tanta locuacidad, extravagancia y crueldad.

Del Papa (1819),
Libro IV, cap. VII.

El poder absoluto

... Toda especie de soberanía es absoluta en su naturaleza; aunque la coloquemos sobre una o varias cabezas, la dividamos, organicemos los poderes como se quiera, siempre habrá, en un último análisis, un poder absoluto que podrá hacer el mal impunemente, que desde este punto de vista será, por tanto, *despótico*, con toda la fuerza que el término conlleva y contra el cual no habrá otra muralla que la insurrección.

En cualquier lugar donde se dividan los poderes, los combates de estos distintos poderes pueden ser considerados como las deliberaciones de un único soberano, para quien la razón báscula entre los pros y los contras. Pero desde el momento en que se toma partido, el efecto es el mismo de una parte y de la otra, y cualquiera que sea la voluntad del soberano siempre es invencible.

De cualquiera de las maneras en que se defina y se sitúe la soberanía, siempre es una, inviolable y absoluta. Tomemos, por ejemplo, el caso del gobierno inglés: la especie de trinidad política que lo constituye no evita que la soberanía sea una, allí como en cualquier otra parte; los poderes se equilibran; pero desde el momento en que están de acuerdo no hay más que una voluntad, a la que ninguna otra voluntad legal puede contrariar. Blackstone tenía razón cuando dijo que unidos, el rey y el Parlamento de Inglaterra lo podían todo.

El soberano no puede, pues, ser juzgado: si pudiera serlo, el poder que tendría este derecho sería soberano, y habría dos soberanos, lo que implica una contradicción.

... Aunque me vea obligado a estar de acuerdo en que se tiene el derecho de masacrar a Nerón, nunca estaré de acuerdo con el derecho a juzgarlo: porque la ley en virtud de la cual se le juzgaría sería creada por él o por otro, lo que supondría, bien una ley creada por un soberano contra sí mismo, bien un soberano bajo otro soberano: dos suposiciones igualmente inadmisibles.

... Siempre es necesario recordarles a los hombres que la historia es la dueña principal de la política o, por decirlo mejor, la única. Cuando se dice que el hombre ha nacido para la libertad, se está diciendo algo que carece de sentido.

Si un ser de un orden superior emprendiese la tarea de escribir la *historia natural* del hombre, sería en la historia de los hechos donde, sin duda, buscaría sus instrucciones. Cuando supiera lo que es el hombre y lo que siempre ha sido; lo que hace y lo que siempre ha hecho, escribiría. Y, sin duda, la noción de que el hombre no es lo que debería ser y que su estado es contrario a las leyes de la creación se rechazaría como una locura. Ya solo el enunciado de esta proposición la refuta suficientemente.

La historia es la política experimental, es decir, la única buena; y como, en la física, cien volúmenes de teorías especulativas desaparecen ante una sola experiencia, del mismo modo que en la ciencia política ni un solo sistema puede ser admitido si no es el corolario más o menos probable de hechos bien atestados.

Si se pregunta cuál es el gobierno más natural para el hombre, la historia está ahí para responder: *la monarquía.*

... El mejor gobierno para cada nación es aquel que, en el espacio de terreno ocupado por cada nación, es capaz de procurar la mayor suma de felicidad y de fuerza posible, al mayor número posible de hombres, durante en el mayor tiempo posible. Me atrevo a creer que no se puede negar la pertinencia de esta definición; y es en la siguiente en la que es posible comparar a las naciones bajo la relación de sus gobiernos. En efecto, sin que importe lo que se le pueda inquirir absolutamente: *cuál es el mejor gobierno*, nada impide preguntarle *cuál es el pueblo relativamente más numeroso, el más fuerte, el más feliz, después de mucho tiempo, por la influencia del gobierno que le conviene.*

¿Qué extravagancia impide que se emplee en el estudio de la política la misma manera de razonar y las mismas analogías generales que nos conducen al estudio de las otras ciencias?

Todas esas veces que se trata de las investigaciones físicas para estimar una fuerza variable, la llevamos a una cantidad media. En la astronomía, en particular, se habla siempre de *distancia media* y de *tiempo medio*. Para juzgar el mérito un gobierno es necesario obrar de la misma forma.

Un gobierno cualquiera es una fuerza variable que, de acuerdo con ciertos límites, produce efectos tan variables como ella misma; para juzgarlo, no es necesario tener en cuenta un momento dado; es necesario abarcarlo en su periodo completo. Así, para juzgar sanamente a la monarquía francesa, es necesaria una suma de virtudes y de vicios de todos los reyes de Francia, que se dividirá por 66: el resultado es un *rey medio*; y habrá que decir otro tanto del resto de las monarquías.

La democracia vive un momento brillante, pero es un

momento, y hay que pagarlo caro. Los bellos días de Atenas pueden, me parece, inspirar los deseos del ciudadano de una monarquía, que languidece en esta u otra época bajo el cetro de un rey inepto o malvado: sería, no obstante, una equivocación prodigiosa si, al comparar momento por momento, se pretendiese establecer la superioridad de la democracia sobre la monarquía, porque, en este juicio, se desatiende, entre otras cosas, la consideración de la duración, que es un elemento necesario en este tipo de estimaciones.

En general, todos los gobiernos democráticos no son más que meteoros pasajeros, cuyo brillo excluye la duración.

... Por hablar con propiedad, todos los gobiernos son monarquías que no difieren más que en si el monarca es de por vida o por un tiempo, hereditario o elegido, individual o un conjunto; o, si se quiere, pues es la misma idea expresada con otros términos, todo gobierno es aristocrático, compuesto por más o menos cabezas dominantes, desde la democracia, en la que esta aristocracia se compone de tantas cabezas como le permite la naturaleza de las cosas, hasta la monarquía, donde la aristocracia, inevitable en todo gobierno, está dominada por una única cabeza que corona la pirámide y forma indiscutiblemente el gobierno más natural para el hombre.

Pero de entre todos los monarcas, el más duro, el más déspota, el más intolerable, es el monarca *pueblo*.

Estudio sobre la soberanía (1794),
Obras, tomo i.

§

... La razón humana reducida a sus fuerzas individuales es completamente nula, *no solo por la creación, sino también por la conservación de toda asociación religiosa o política*, porque no produce más que disputas, y para comportarse, el hombre no tiene necesidad de problemas, sino de creencias. Su infancia debe estar rodeada de dogmas; y, mientras la razón se despierta, es necesario que el hombre encuentre todas sus opiniones ya formadas, al menos sobre todo aquello que tenga relación con su conducta. No hay nada tan importante para él como los *prejuicios*. No tomemos esta palabra por su lado negativo. No implica necesariamente ideas falsas, sino únicamente, siguiendo la fuerza de la palabra, opiniones comunes y corrientes adoptadas antes de todo examen. Ahora bien, este tipo de opiniones representan la mayor necesidad del hombre, los verdaderos elementos de su felicidad y el Paladio de sus imperios. Sin ellas, no puede tener ni culto, ni moral, ni gobierno. Es necesario que haya una religión de Estado como una política de Estado; o, más bien, es necesario que los dogmas religiosos y políticos, fusionados y confundidos, formen juntos una *razón universal* o *nacional* suficientemente fuerte para reprimir las aberraciones de la razón individual que es, por su propia naturaleza, el enemigo mortal de toda asociación ordinaria, porque no produce más que opiniones divergentes.

Todos los pueblos que se conocen han sido felices y poderosos a medida que han obedecido con mayor fidelidad a esta razón nacional, que no es otra cosa que la destrucción de los dogmas individuales y el reinado absoluto y general de los dogmas nacionales, es decir, los prejuicios útiles. Que cada hombre, en cuanto al culto, se apoye sobre su razón particular: enseguida se verá nacer la anarquía de la creencia o la destrucción de la soberanía religiosa. Paralelamente, si cada uno se erige en juez de los principios del gobierno, enseguida se presenciará el nacimiento de la anarquía civil o la destrucción de la soberanía política. El gobierno es una verdadera religión: tiene sus dogmas, sus misterios, sus ministros; aniquilarlo o someterlo a la discusión de cada individuo es lo mismo; no vive más que por la razón nacional, es decir, por la fe política, que es un *símbolo*. La primera necesidad del hombre es que su razón naciente sea doblegada bajo este doble yugo —lo que destruye, lo que se pierde en la razón nacional— para que transforme su existencia individual en otra existencia común, al igual que un río que se precipita en el océano siempre permanece en la masa de las aguas, aunque sin un nombre y sin una realidad específica.

Estudio sobre la soberanía (1794),
OBRAS, tomo I.

§

... Uno de los filósofos más profundos de la Antigüedad, Aristóteles, llegó a decir, como todo el mundo sabe, *que había hombres que nacían esclavos*; y no hay nada más cierto. Sé que en nuestro siglo se le ha reprobado por dicha afirmación; pero habría valido más la pena comprenderlo que criticarlo. Su proposición se funda sobre toda la historia, que es la política experimental, y sobre la propia naturaleza del hombre, que ha producido la historia.

El que haya estudiado suficientemente esta triste naturaleza sabe que *el hombre en general*, si se le abandona a sí mismo, *es demasiado malvado para ser libre*.

Que cada cual examine al hombre en su propio corazón, y advertirá que en donde quiera que la libertad civil pertenezca a todos, ya no habrá medio, *sin ciertos refuerzos extraordinarios*, de gobernar a los hombres como cuerpo de nación.

... Acabamos de ver el estado social sacudido hasta sus cimientos, porque en Europa había demasiada libertad y no la suficiente religión. Habrá aún otras sacudidas, y el buen orden no se afianzará sólidamente hasta que no se restablezca la esclavitud o la religión.

El gobierno solo no puede gobernar. Esta es una máxima que parecerá más incontestable cuanto más se medite sobre ella. Necesita, pues, de un ministro indispensable o de la esclavitud, que disminuye el número de las voluntades que intervienen en el Estado, o de la fuerza divina que, mediante una especie de *enmienda* espiritual, neutraliza la dureza natural de estas voluntades y las pone en situación para que actúen juntas sin perjudicarse.

... Siempre que se puedan mitigar las voluntades sin degradar a los ciudadanos, se le está haciendo un favor incalculable a la sociedad, descargando al gobierno de la labor de vigilar a esos hombres, de darles empleo y, sobre todo, de pagarles. No ha habido jamás una idea más feliz que la de reunir a ciudadanos pacíficos que trabajan, rezan, estudian, escriben, dan limosna, cultivan la tierra y no piden nada a la autoridad.

Del Papa (1819),
Libro III, cap. II.

§

... La ley que prescribe la obediencia a los soberanos es una ley general como todas las demás. Es buena, justa y necesaria *en general*; pero si Nerón estuviera en el trono, podría *parecer* un defecto.

... En primer lugar, si se quiere expresar con exactitud, no hay soberanía limitada, todas son absolutas e infalibles, pues en ninguna parte se permite que se diga que se han equivocado.

Cuando digo que *ninguna soberanía está limitada*, las interpreto *en su ejercicio legítimo*, y esto es algo que hay que subrayar con mucho cuidado. Porque se puede decir igualmente, desde dos puntos de vista diferentes, que *toda soberanía está limitada* y que *ninguna soberanía está limitada*; lo está, dado que ninguna soberanía lo puede todo, y no lo está, ya que, en su círculo de legitimidad, trazado por las leyes fundamentales de cada país, es siempre y en todas partes absoluta, sin que nadie tenga derecho a decirle que es injusta o que se ha equivocado. La legitimidad no consiste, pues, en comportarse de tal o cual manera dentro de su círculo, sino en no salirse de él.

Es a esto a lo que no se le presta siempre la suficiente atención. Se dirá, por ejemplo: en Inglaterra *la soberanía está limitada*: no hay nada más falso; es la *monarquía* la que está limitada en esta célebre comarca. Ahora bien, la monarquía no es toda la soberanía, al menos, en teoría. Pero cuando los tres poderes que constituyen la soberanía en Inglaterra están de acuerdo, ¿qué es lo que pueden hacer? Hay que responder con Blackstone: TODO. ¿Y qué se puede hacer legalmente contra ellos? NADA.

Así, la cuestión del origen divino puede tratarse en Londres como en Madrid o en cualquier otra parte, y en todas presentará el mismo problema, aunque las formas de la soberanía varíen según los países.

Del Papa (1819),
Libro II, cap. III.

§

… La *infalibilidad* en el orden espiritual y la *soberanía* en el orden temporal son dos palabras perfectamente sinónimas. Una y otra expresan ese alto poder que domina a todos, del que derivan todos los demás, que gobierna y no es gobernado, que juzga y no es juzgado.

Cuando decimos que la *Iglesia es infalible*, es esencial que se observe que no pedimos ningún privilegio particular para ella; lo único que pedimos es que disfrute del mismo derecho común de todas las soberanías posibles, que actúan necesariamente como infalibles, pues todo gobierno es absoluto; desde el momento en que, con el pretexto de error o de injusticia, se le puede resistir, deja de existir.

La soberanía tiene, sin duda, formas diferentes. No habla igual en Constantinopla que en Londres: pero cuando ha hablado a su manera, de una parte y de otra, tanto el *bill* como el *fefta* resultan inapelables.

Lo mismo sucede con la Iglesia: de un modo u otro es necesario que sea gobernada como cualquier otra asociación; de lo contrario, dejaría de haber agregación, sistema y unidad. Por tanto, este gobierno es, por su propia naturaleza, infalible, es decir, *absoluto*: pues de otro modo dejaría de gobernar.

En el orden judicial, que no es más que una parte del gobierno, ¿acaso no se ve que es absolutamente necesario que haya un poder que juzgue y no sea juzgado, precisamente porque sentencia en nombre del poder supremo, del cual se supone que no es más que su órgano y su voz? Aunque se tome como se quiera y se le dé a este alto poder judicial el nombre que les plazca, siempre será necesario que haya uno al que se le pueda decir: *ha errado*. Por supuesto, el que es condenado siempre se muestra descontento con el fallo y no duda jamás de la iniquidad del tribunal; pero el político desinteresado, que ve las cosas desde arriba, se ríe de estas vanas protestas. Sabe que hay un punto en el que hay que parar; sabe que los periodos interminables, las apelaciones sin fin y la incertidumbre de las propiedades son, si se permite expresarlo así, más injustas que la propia injusticia.

... Una vez establecida la forma monárquica, la infalibilidad no es más que una consecuencia necesaria de la *supremacía* o, mejor dicho, es absolutamente lo mismo bajo dos nombres diferentes. Pero, aunque esta identidad sea evidente, jamás se ha visto, o se ha querido ver, que toda esta cuestión dependa de esta verdad; y dado que esta verdad depende a su vez de la propia naturaleza de las cosas, no tiene necesidad alguna de apoyarse en la teología. De modo que, al partir de la unidad como necesaria, al sumo pontífice no se le podría objetar el error, aunque este fuera posible, y del mismo modo tampoco se le podría objetar a los soberanos temporales, que no han pretendido nunca la infalibilidad.

En la práctica, no estar sujeto al error o no poder ser acusado es, en efecto, exactamente lo mismo. Así, aun cuando se estuviera de acuerdo en que no se le había hecho ninguna promesa divina al papa, no por ello sería, ni se le supondría, menos infalible como tribunal supremo; todo juicio al que no se puede apelar es y debe ser tenido por justo en toda asociación humana, bajo todas las formas de gobierno que puedan imaginarse; y todo verdadero hombre de Estado me entenderá bien cuando diga que no se trata únicamente de saber si el sumo pontífice es infalible, sino si *debe serlo*.

Del Papa (1819),
Libro I, cap. I.

§

... No hay en Europa una soberanía más justificada, si se permite la expresión, que la de los sumos pontífices. Es como la ley divina: *justificata in semetipsa*. Pero lo que resulta verdaderamente asombroso es ver cómo los papas se convierten en soberanos sin darse cuenta de ello, e incluso en contra de su voluntad. Una ley invisible elevaba la Silla de Roma, por lo que podría decirse que el jefe de la Iglesia universal nacía soberano. Desde el cadalso de los mártires subió a un trono que no se divisaba desde un principio, y que se fue consolidando de manera imperceptible como todas las cosas grandes, anunciando ya desde su primera edad cierta atmósfera de grandeza que lo rodeaba sin que se le pudiese atribuir causa humana alguna. El pontífice romano necesitaba riquezas, y las riquezas corrían a raudales; necesitaba fulgor, y un brillo extraordinario emanaba del trono de san Pedro; hasta el punto de que, ya en el siglo tercero, uno de los grandes señores de Roma, prefecto de la ciudad, refiriéndose a san Jerónimo, decía en tono de burla: «Prométame que me hará obispo de Roma y me haré cristiano enseguida». Quien hablase aquí de *ambición religiosa, de avaricia o de influencia sacerdotal* demostraría que está al nivel de su siglo, pero, sin duda, muy por debajo del tema. ¿Cómo puede concebirse una soberanía sin riquezas? Estas dos ideas revelan una contradicción manifiesta. Las riquezas de la Iglesia romana, al ser el símbolo de su dignidad y el instrumento necesario de su acción legítima, fueron obra de la Providencia, que desde su origen les imprimió el sello de la legitimidad. Se las ve y no se sabe de dónde vienen; se las ve, y nadie se queja de ello. Son el respeto, el amor, la piedad, la fe los que las han acumulado; de ahí esos vastos *patrimonios* que tanto han ejercitado la pluma de los sabios. A fines del siglo sexto san Gregorio tenía veintitrés bienes en Italia, y en las islas del Mediterráneo, en

Iliria, en Dalmacia, en Alemania y en la Galia. La jurisdicción de los papas en estos patrimonios conlleva un carácter singular que no se comprende fácilmente entre las tinieblas de esta historia, pero que, no obstante, se alza visiblemente por encima de la simple propiedad. Se ve a los papas enviar a sus oficiales, dar sus órdenes y hacerse obedecer a lo lejos, sin que sea posible otorgarle un nombre a esta supremacía a la que, en efecto, no se lo había dado aún la Providencia.

... Por su naturaleza, la soberanía se parece al Nilo, que oculta su fuente. La de los papas únicamente contraviene a la ley universal. Todos los elementos se han dejado al descubierto para que pueda ser visible a todos los ojos, *et vincat cum judicatur*. Nada hay tan evidentemente justo en su origen como esta soberanía extraordinaria. La incapacidad, la bajeza, la ferocidad de los soberanos que la precedieron, la insoportable tiranía ejercida sobre los bienes, las personas y la conciencia de los pueblos, el abandono formal de estos mismos pueblos, a los que se entregó indefensos a los despiadados bárbaros; el grito del Occidente, que se rinde a su antiguo dueño; la nueva soberanía que se alza, avanza y sustituye a la antigua sin temblor, sin rebelión, sin derramamiento de sangre, impulsada por una fuerza oculta, inexplicable e invencible, jurando fe y fidelidad, hasta el último instante, al débil y despreciable poder que iba a reemplazar. Obtenido por fin el derecho de conquista, uno de los más grandes hombres que haya habido, un hombre tan grande que la grandeza ha invadido su nombre, lo ha cedido solemnemente; y la voz del género humano lo ha proclamado *grandeza*, en lugar de grande: tales son los títulos de los papas, y la historia no presenta nada semejante.

... En cuanto a las guerras que han apoyado los papas, es necesario que, antes de todo, se explique bien la locución *poder temporal*. Como ya he dicho anteriormente, resulta equívoca; y, en efecto, entre los escritores franceses unas veces expresa la acción que se ejerce sobre lo temporal de los príncipes, en virtud del poder espiritual, y otras veces denota el poder temporal que le pertenece al papa como soberano, y que lo asimila perfectamente a los demás.

Hablaré, por otra parte, de las guerras que la opinión le ha transferido al poder espiritual. En cuanto a aquellas que los papas han apoyado como simples soberanos, parece que está todo dicho si se observa que tenían, precisamente, el mismo derecho a hacer la guerra que los demás príncipes: pues ninguno de ellos podría tener *derecho* a hacerla de manera injusta, y todo príncipe tiene *derecho* a hacerla con justicia. Por ejemplo, a los venecianos les pareció bien arrebatarle algunas ciudades al papa Julio II o, al menos, retenerlas en contra de todas las reglas de la justicia. El príncipe pontífice, una de las más grandes personas que hayan reinado, los obligó cruelmente a arrepentirse de ello. Esta fue una guerra como cualquier otra, un asunto temporal entre príncipe y príncipe, y perfectamente ajeno a la historia eclesiástica. ¿De dónde le vendría, pues, al papa el singular privilegio de no poder defenderse? ¿Desde cuándo debe un soberano dejar que le roben sus estados sin oponer resistencia alguna? Esta sería una tesis muy novedosa y, sobre todo, muy apropiada para alentar al bandolerismo, que no necesita estímulo.

Del Papa (1819),
Libro II, cap. VI.

§

El hombre no sabe admirar aquello que ve todos los días: en lugar de celebrar nuestra monarquía, que es un milagro, la llamamos *despotismo* y hablamos de ella como si fuera algo ordinario, que siempre ha existido y que no merece ninguna atención particular.

Los antiguos oponían el reino de las leyes al de los reyes, del mismo modo en que habrían opuesto la república al despotismo. «Algunas naciones —dice Tácito—, molestas con sus reyes, prefirieron las leyes». Nosotros tenemos la suerte de no comprender esta oposición que es, sin embargo, muy real, y que lo será siempre fuera del cristianismo.

… ¿Pero cómo habría podido la Iglesia doblegar a la monarquía si la propia monarquía no hubiera estado preparada, aplacada y, estoy por decir, *edulcorada* por los papas? ¿Qué podía hacer cada prelado, incluso cada Iglesia particular, contra su dirigente? Nada. Para obrar este gran prodigio no era necesario un poder humano, físico o material (pues, en ese caso, habría podido abusar temporalmente), sino un poder espiritual y moral que no reinara salvo en la opinión: ese fue el poder de los papas. Ningún espíritu íntegro y puro se negará a reconocer la acción de la Providencia en esta opinión universal que invadió Europa y que reveló a todos sus habitantes al sumo pontífice como fuente de la soberanía europea; porque la misma autoridad, que ejercía su acción en todas partes, borraba las diferencias nacionales en cuanto le era posible; y porque nada identifica tanto a los hombres como la unidad religiosa. La Providencia les había confiado a los papas la educación de la soberanía europea. ¿Pero cómo *educar* sin castigar? De ahí que hubiera tantos combates, tantos ataques, en ocasiones demasiado humanos, y tantas resistencias feroces; pero no por ello el principio divino dejaba de estar menos presente siempre, siempre en acción y siempre reconocible; lo estaba, sobre todo, por aquel maravilloso carácter que ya he señalado, pero que nunca se sabe destacar lo suficiente, a saber: *que toda acción de los papas contra los sobera-*

nos redundaba en beneficio de la soberanía. Sin intervenir nunca más que como delegados divinos, incluso cuando luchaban contra los monarcas, no cesaban de advertirle al súbdito que nada podía hacer contra sus señores. Como inmortales bienhechores del género humano, combatían a un mismo tiempo tanto en favor del carácter divino de la soberanía como de la libertad legítima de los hombres. El pueblo, completamente ajeno a todo tipo de resistencia, no podía enorgullecerse ni emanciparse; y los soberanos, que únicamente se sometían a un poder divino, conservaban toda su dignidad. Federico, a los pies del pontífice, podía ser un objeto de terror, e incluso de compasión, pero no de desprecio, al menos no más que David postrado ante el ángel que le llevó las plagas del Señor.

Los papas han educado la juventud de la monarquía europea. La han *formado*, al pie de la letra, como Fénelon *formó* al duque de Borgoña. Se trataba, por una y otra parte, de extirparle a un gran carácter un elemento feroz que lo habría echado a pique. Todo lo que molesta al hombre lo fortifica. No puede obedecer sin perfeccionarse; y solo por el hecho de superarse a sí mismo, se hace mejor. Un hombre podrá triunfar sobre la pasión más violenta a los treinta años, porque a los cinco o seis se le ha enseñado a privarse voluntariamente de un juguete o de una golosina. A la monarquía le ha ocurrido lo mismo que una persona bien educada. El esfuerzo continuo de la Iglesia, dirigido por el sumo pontífice, ha conseguido algo que nunca se había visto, y que no se verá jamás, dondequiera que esta autoridad sea ignorada. Insensiblemente, sin amenazas, sin leyes, sin combates, sin violencia y sin resistencia, se proclamó la gran carta europea, no sobre el vil papel ni por la voz de los pregoneros, sino en todos los corazones europeos, por entonces todos católicos.

Los reyes abdican el poder de juzgar por sí mismos, y los pueblos, en compensación, declaran a los reyes infalibles e inviolables.

Tal es la ley fundamental de la monarquía europea, y es la obra de los papas: maravilla inaudita, contraria a la naturaleza del hombre *natural*, y contraria a todos los hechos históricos, cuya posibilidad no había soñado nadie en los tiempos antiguos y cuyo carácter divino más destacado es el de haber llegado a convertirse en vulgar.

Los pueblos cristianos que no han sentido la mano del sumo pontífice, o que no la han sentido lo suficiente, no tendrán jamás esta monarquía. En vano se agitarán bajo una mano arbitraria; en vano se lanzarán sobre las huellas de las naciones ennoblecidas, ignorando que antes de crear leyes para un pueblo es necesario crear un pueblo para las leyes. Todos los esfuerzos no serán únicamente vanos, sino también funestos. Como nuevos ixiones, irritarán a Dios, y no abrazarán más que a una nube. Para ser admitidos al banquete europeo, para ser dignos del admirable bastón de mando que jamás ha satisfecho salvo a las naciones preparadas, para llegar, finalmente, a ese objetivo señalado de manera tan ridícula por una filosofía impotente, todos los caminos son falsos, salvo aquel que nos ha guiado.

… Toda nación europea que se aparte de la influencia de la Santa Sede se dirigirá inequívocamente hacia la servidumbre o hacia la rebelión.

Del Papa (1819),
Libro III, cap. IV.

La Inquisición

… En Europa la tortura empleada en los tribunales de la Inquisición y el castigo a la hoguera infligido por crímenes contra la religión han causado un revuelo; la voz sonora de los escritores franceses ha ejercido una presión sin pausa sobre un tema que se presta con fuerza al *pathos* filosófico; pero todas estas declamaciones desaparecen en un abrir y cerrar de ojos ante la fría lógica. Los inquisidores ordenaban la tortura en virtud de las leyes españolas, y porque se ordenaba en todos los tribunales españoles. Las leyes griegas y romanas ya la habían adoptado; Atenas, que entendía un poco de libertad, sometía a la tortura incluso al hombre libre. Todas las naciones modernas habían empleado este terrible método para descubrir la verdad; y no es este el lugar para examinar si todos aquellos que hablaban de ella sabían con precisión de qué se trataba, y si no había, en los tiempos antiguos, tantas buenas razones para emplearla como las hay en nuestros días para suprimirla. Sea lo que fuere, desde el momento en que la tortura ya no pertenece al tribunal de la Inquisición, sino a todos los demás, nadie tiene el derecho a recriminarla.

… Creo, no obstante, que debo añadir que el heresiarca, la herética obstinada y el propagador de la herejía deben aparecer ordenados de manera incontestable en la categoría de los mayores crímenes. Lo que nos conduce a error en este punto es que no podemos evitar juzgar según la indiferencia de nuestro siglo en materia de religión, mientras que deberíamos tomar como medida el celo antiguo y nombrar, como corresponde y como maestros, al *fanatismo*, ya que la palabra no hace daño alguno a la cosa. Al sofista moderno, que diserta con facilidad en su gabinete, apenas le embaraza que los argumentos de Lutero hayan producido la guerra de los Treinta Años; pero los antiguos legisladores, a sabiendas de lo que estas funestas doctrinas podrían costarles a los hombres, castigaba precisamente con el último suplicio un crimen capaz de sacudir a la sociedad justo hasta sus bases, y de bañarla en sangre.

Ese momento llegó, sin duda, cuando pudieron sentirse menos alarmados; no obstante, aunque se piense que el tribunal de la Inquisición habría prevenido ciertamente la Revolución francesa, no se sabe a ciencia cierta si el soberano que se privase, sin restricciones, de este instrumento, no le asestaría un golpe fatal a la humanidad.

... En primer lugar, no hay nada tan justo, tan docto, tan incorruptible como los grandes tribunales españoles, y si a este carácter general le añadimos, además, el del sacerdocio católico, nos convenceremos, *a priori*, de que no puede haber en el universo nada más sereno ni más circunspecto ni más humano por naturaleza que el tribunal de la Inquisición.

En este tribunal, instituido para amedrentar a la imaginación, y que debía estar necesariamente rodeado de formas misteriosas y severas para producir el efecto que de él esperaba el legislador, el principio religioso siempre conserva, con todo, su carácter imborrable. Incluso en medio del aparato de los suplicios, es dulce y misericordioso, y como el sacerdocio entra en este tribunal, dicho tribunal no se parece a ningún otro. En efecto, lleva en sus estandartes la divisa necesariamente desconocida para todos los tribunales del mundo: *MISERICORDIA ET JUSTITIA*. En el resto de lugares la justicia pertenece a los tribunales y la misericordia no pertenece más que a los soberanos. Los jueces serían rebeldes si tomaran parte en los indultos; si se atribuyeran los derechos de la soberanía; pero desde el momento en que el sacerdocio esté llamado a sentarse entre los jueces, se negará a tomar parte a menos que la soberanía le preste su gran prerrogativa. La *misericordia* se reúne, pues, con la *justicia* e incluso la precede: el acusado al que llevan ante el tribunal es libre de confesar su falta, de pedir perdón y de someterse a expiaciones religiosas. Desde ese momento el *delito* se transforma en *pecado*, y el *suplicio* en *penitencia*. El culpable ayuna, reza, se mortifica. En lugar de encaminarse al suplicio, recita salmos, confiesa sus pecados, escucha misa, se le pone a prueba, se le absuelve y se devuelve a su familia y a la sociedad. Si el crimen es enorme, si el culpable se obstina, si es necesario derramar sangre, el sacerdote se retira y no vuelve a aparecer más que para consolar a la víctima en el patíbulo.

Cartas a un gentilhombre ruso
sobre la Inquisición española (1822).

Voltaire

El conde.– ¡Ah, mi querido caballero! Ya le he cazado; cita usted a Voltaire. No soy tan inflexible como para quererle privar del gusto de recordar de paso algunas palabras felices que han salido de esa brillante pluma; pero le cita como autoridad, y eso no lo consiento.

El caballero.–¡Oh, mi querido amigo! También es usted muy rencoroso con *François-Marie Arouet*. Y, sin embargo, ya no está entre nosotros; ¿cómo se les puede guardar tanto rencor a los difuntos?

El conde.– Pero sus obras no están muertas, viven; nos matan: me parece que mi odio está suficientemente justificado.

El caballero.– Enhorabuena, aunque permítame que se lo diga: no hace falta que ese sentimiento, por bien fundado que esté en su principio, nos haga ser injustos con tan admirable genio y nos cierre los ojos ante este talento universal, que debe observarse como una brillante propiedad de la Francia.

El conde.– Será un admirable genio tanto cuanto le plazca, señor caballero; pero no será menos cierto que al alabar a Voltaire no hay que hacerlo sino con cierta contención, o como he referido a grandes rasgos, a regañadientes.

La admiración desenfrenada de la que está rodeado, por parte de demasiada gente, es la señal infalible de un alma corrompida. Que nadie se haga ilusiones: si cualquiera, al recorrer su biblioteca, se siente atraído hacia las *Obras de Ferney*, es que Dios no le ama. Muchas veces ha habido burlas de la autoridad eclesiástica que condenaba los libros *in odium auctoris*; en verdad, no había nada más justo: *niéguensele los honores del ingenio a aquel que abusa de sus dones*. Si esta ley se observara estrictamente, veríamos desaparecer muy pronto los libros envenenados; pero dado que no depende de nosotros que se promulgue, guardémonos al menos de caer en los excesos, mucho más reprensibles de lo que se cree, de exaltar sin medida a los escritores culpables, y sobre todo a este. Pronunció contra él mismo, sin darse cuenta, una sentencia terrible, pues es él quien dijo: *Un espíritu corrompido nunca fue sublime*. Nada es más cierto, y por eso Voltaire, con sus cien volúmenes, no fue nunca más que *agradable*; exceptúo la tragedia, en que la naturaleza de la obra le obligaba a expresar nobles sentimientos ajenos a su carácter; y aun en la escena, que es donde triunfa, no engaña a los ojos experimentados. En sus mejores piezas, se parece a sus dos grandes rivales de la manera en que un hábil hipócrita se parece a un santo. No escucho, por otra parte, que se dispute su mérito dramático; me atengo a mi primera observación. Cuando Voltaire habla en su nombre, no es más que *agradable*: nada puede encenderle, ni siquiera la batalla de Fontenoy. *Es encantador* —dicen—; también lo digo yo, pero interpreto esta palabra como una crítica. Por lo demás, no puedo soportar la exageración de llamarle *universal*. Ciertamente, veo hermosas excepciones a esta universalidad. Es nulo en la oda, ¿y a quién le extrañaría? Su calculada impiedad había apagado en él la llama divina del entusiasmo. Sigue siendo nulo, e incluso ridículo en el drama lírico, pues sus oídos se han cerrado completamente a las bellezas armónicas al igual que lo estaban sus ojos a las del arte. En los géneros que parecían guardar una mayor analogía con su talento natural, se arrastra: es mediocre, frío y, a menudo (¿quién lo creería?), pesado y grosero en la comedia, pues el malvado nunca es cómico. Por la misma razón, nunca ha sabido componer un epigrama, porque el más pequeño sorbo de su hiel no podía abarcar menos de cien versos. Si aborda la sátira, se desliza hacia el libelo; es insoportable en la historia, a pesar de su arte, su distinción y la elegancia de su estilo; ninguna cualidad pudo sustituir a aquellas que le faltaban, y que son la vida de la historia, la gravedad, la buena fe y la dignidad. En cuanto a su poema *épico*, no tengo derecho a hablar de él, porque para juzgar un libro es necesario haberlo leído; y para leerlo, es necesario estar despierto. Una monotonía soporífera planea sobre la mayor parte de sus escritos, que no tienen más que dos temas: la Biblia y sus enemigos; Voltaire blasfema o insulta. Esas bromas tan elogiadas están, no obstante, lejos de resultar irreprochables: la risa que alientan no es legítima, es una mueca. ¿No ha reparado nunca en que el anatema divino estaba escrito sobre su rostro? Después de tantos años, todavía hay tiempo para hacer la prueba. Vaya a contemplar su figura al palacio del *Hermitage*: nunca la miro sin dejar de felicitarme por aquello que no nos fue transmitido por ningún cincel heredero de los griegos, que quizás habría sabido aportarle cierto toque de bello ideal. Aquí todo es natural. Hay tanta verdad en esa cabeza como la que podría haber en la reproducción en yeso creada sobre su cadáver. Mire esa frente abyecta que el pudor no coloreará jamás, esos dos cráteres apagados en los que aún parecen hervir la lujuria y el odio. Esa boca. Quizás lo digo mal, aunque no es mi culpa. Ese *rictus* espantoso, que se extiende de una oreja a otra, y esos labios amargados por la cruel malicia como un resorte dispuesto a aflojarse para lanzar la blasfemia o el sarcasmo. No me hable de ese hombre, no puedo soportar la idea. ¡Ah! ¡Cuánto mal nos ha hecho! Se parece a esos insectos, a las plagas de los jardines, que no dirigen sus mordeduras más que a la raíz de las plantas más preciadas; Voltaire, con su *aguijón*, no deja de carcomer las dos raíces de la sociedad: las mujeres y los jóvenes. Los empapa de sus venenos, que transmite de una generación a otra. Resulta inútil que, para encubrir inexplicables ataques, sus estúpidos admiradores nos aturdan con sonoras peroratas, en las que hablan con superioridad de los propósitos más venerados. Estos ciegos voluntariosos no ven que es así como rematan la reprobación de este escritor culpable. Si Fénelon, con la misma pluma con la que describió los júbilos del Elíseo, hubiera escrito el libro de *El Príncipe*, habría sido mil veces más vil y más culpable que Maquiavelo. El gran crimen de Voltaire es el abuso del talento y la prostitución calculada de un ingenio creado para celebrar a Dios y la virtud. Él no sabría alegar, como tantos otros, la juventud, la inconsideración, el arrastre de las pasiones, y, por terminar, por fin, la triste debilidad de nuestra naturaleza. Nada lo absuelve: su corrupción es de un género que no le pertenece más que a él; está arraigada hasta en las últimas fibras de su corazón y se fortalece con todas las fuerzas de su entendimiento. Siempre aliada al sacrilegio, dicha corrupción reta a Dios mientras pierde a los hombres. Con un furor que no tiene igual, este insolente blasfemador viene para declararse el enemigo personal del Salvador de los hombres; se atreve desde el fondo de su vacío a darle un nombre ridículo, y a esta adorable ley que el Hombre-Dios aporta a la tierra la llama LO INFAME. Abandonado por Dios, que castiga mientras se retira, no conoce freno. Otros cínicos admiran la virtud, Voltaire admira el vicio. Se lanza al barro, se revuelca en él, se satura de él; libera su imaginación al entusiasmo del infierno, que le presta toda su fuerza para arrastrarlo hasta los confines del mal. Inventa prodigios, monstruos que hacen palidecer. París lo corona; Sodoma lo habría desterrado. ¡Profanador insolente de la lengua universal y de sus más grandes nombres, el último de los hombres después de aquellos que lo aman! ¿Cómo podría describirle yo a usted lo que me hace sufrir? Cuando veo lo que podía hacer y lo que ha hecho, sus inimitables talentos no me inspiran más que una especie de rabia imponente, que no tiene nombre. Suspendido entre la admiración y el horror, algunas veces quisiera erigirle una estatua... a manos del verdugo.

Las veladas de San Petersburgo (1821),
«Velada cuarta».

§

... Como el sublime destino del espíritu no quedó nunca en una contradicción más general y más directa que en el siglo XVIII, no hace falta sorprenderse ante el hecho de que todos los talentos se prolongaron, por así decirlo, por debajo de ellos mismos.

Démosle a Buffon la confianza de Linnée; imaginemos a Jean-Jacques Rousseau tronando bajo el sobrepelliz de Bourdaloue en una cátedra cristiana; a Montesquieu escribiendo con la pluma con la que trazó *Telémaco* y la *Política sagrada*; a la señora de Deffant yendo todos los días a misa, no amando sino a Dios y a su hija, irritándose por la Providencia, por la gracia, por san Agustín, y describiendo una sociedad que se le parece, etc.; ¿quién sabe si, en géneros tan distintos, el gran siglo no se hallaba ventajosamente equilibrado?

Un río de lodo por el que corrían diamantes ha surcado Europa a lo largo del siglo pasado. La urna que derramaba en *Ferney* se parecía a esos navíos de Levante que recelaban la peste en los preciados cargamentos que nos ofrecían. Purifiquemos estas aguas, hagámoslas partir de esta alta fuente que domina todas las impurezas humanas, y este río que habría fascinado, fertilizado, enriquecido a Europa sin corromperla. Si el siglo XVII presenta más talentos superiores puede que en el nuestro los talentos se muestren, en general, en un mayor número; ¿y quién sabe, además, hasta qué punto se habrían elevado si el ingenio culpable y envilecido no hubiera cortado voluntariamente las alas? No solo el espíritu del siglo ha marchitado más o menos los talentos, sino que, además, aquello que ha dejado subsistir no produjo más que un vano destello, un vano divertimento para el espíritu casi siempre acompañado de consecuencias funestas. Puede verse un ejemplo sorprendente de ello en el *Espíritu de las leyes*. Nadie puede negar que este libro pertenece a un talento superior; sin embargo, el anatema general dejó en él una huella; no hizo otra cosa que el mal, y lo hizo inmensamente. El *Contrato social* estaba dirigido a la muchedumbre e incluso los lacayos podían entenderlo; fue un gran mal, sin duda, pero por fin permanecían los amos: el libro de Montesquieu los extravió.

Examen de la filosofía de Bacon (1836),
cap. XIX.

§

... Siempre ha habido religiones en la tierra, y siempre ha habido impíos que las han combatido: además, la impiedad siempre fue un crimen, pues, como no puede haber religión falsa sin ninguna mezcla de verdad, no puede haber impiedad que no combata alguna verdad divina más o menos desfigurada; *pero no puede haber verdadera impiedad más que en el seno de la verdadera religión*; y, como necesaria consecuencia, la impiedad no ha podido producir jamás en los tiempos pasados los males que ha producido en nuestros días; pues siempre es culpable en razón de las luces que la rodean. Es esta regla la que hay que emplear para juzgar el siglo XVIII, pues es desde este punto de vista cuando dicho siglo no se parece a ningún otro. Se oye decir con bastante frecuencia que *todos los siglos se parecen, y que todos los hombres siempre han sido los mismos*; pero es necesario cuidarse de creer en estas máximas generales que la holgazanería o la ligereza se inventan para eludir la reflexión. Por el contrario, todos los siglos, y todas las naciones, manifiestan un carácter particular y distintivo que es necesario considerar cuidadosamente. Sin duda, siempre ha habido vicios en el mundo, pero estos vicios podían diferir en cantidad, en naturaleza, en cualidad dominante y en intensidad. Ahora bien, aunque siempre ha habido impíos, nunca había habido, antes del siglo XVIII, y en el seno del cristianismo, *una insurrección contra Dios*; sobre todo, no se había visto jamás una conjuración sacrílega de todos los talentos contra su autor; no obstante, esto es lo que hemos visto en nuestros días. El vodevil ha blasfemado como la tragedia; y la novela como la historia y la física. Los hombres de este siglo han prostituido el ingenio a la irreligión, y empleando la admirable expresión de san Luis moribundo, *han guerreado contra Dios y sus dones.** La antigua impiedad no se enfurece nunca; algunas veces razona, habitualmente se burla, pero siempre sin acritud.

* Joinville.

El propio Lucrecio apenas llega al insulto, a pesar de que su temperamento sombrío y melancólico le llevaba a ver las cosas en negativo; incluso cuando acusaba a la religión de haber producido grandes males, conservaba la sangre fría. Las religiones antiguas valían poco la pena como para que la incredulidad contemporánea se enfadara con ellas.

Cuando la *buena noticia* se extendió por el universo, el ataque se volvió violento; aunque sus enemigos mantuvieron siempre cierta distancia. No aparecen en la historia más que en ocasiones y constantemente aislados. Jamás se ve una reunión o una liga formal; jamás se entregaron al furor del que hemos sido testigos nosotros. Ni siquiera Bayle, padre de la incredulidad moderna, se parece a sus sucesores. Entre sus discrepancias más condenables, no encontramos en él grandes ansias de persuadir, ni mucho menos el tono de irritación o de espíritu de partido; niega menos de lo que duda; ofrece argumentos a favor y en contra: incluso a veces es más elocuente con las buenas causas que con las malas.

No fue, por tanto, más que a partir de la primera mitad del siglo XVIII cuando la impiedad se convirtió realmente en una potencia. Se la ve, al principio, extenderse por todas partes con una actividad inconcebible. Desde el palacio a la cabaña, no hay lugar por el que no se cuele, lo infesta todo; recorre caminos invisibles, con una acción encubierta, aunque infalible, de modo que el observador más atento, testigo de su efecto, no siempre sabe descubrir sus medios. Con un prestigio inconcebible, consigue hacerse querer incluso por aquellos de quienes es su enemiga más mortal; y la autoridad que tiene hasta el punto de inmolarla, la abraza estúpidamente antes de recibir el golpe. Pronto un simple sistema se convierte en una asociación formal que, en una rápida escala, se transforma en complot y, finalmente, en una gran conjura que envuelve Europa.

Se muestra entonces, por primera vez, este carácter de la impiedad que no pertenece más que al siglo XVIII. Ya no es el tono frío de la interferencia o, si acaso, la ironía maligna del escepticismo; es un odio mortal: es el tono de la cólera y a menudo de la rabia. Los escritores de esta época, aunque ocurra en menor medida con los más destacados, ya no tratan al cristianismo como un error humano sin consecuencias; lo persiguen como a un enemigo capital, lo combaten a ultranza. Es una guerra a muerte, y aquello que parecía increíble, si no tenemos las tristes pruebas ante nuestros ojos, es que muchos de estos hombres que se llamaban *filósofos* se levantaron desde el odio al cristianismo hasta el odio personal contra su divino Autor. Lo odiaban realmente como se odia a un enemigo vivo.

Ensayo sobre el principio generador
de las constituciones políticas (1814).

La revolución

Estamos atados al trono del Ser Supremo por una cadena flexible, que nos retiene sin esclavizarnos.

En el orden universal de las cosas lo más admirable es la acción de los seres libres bajo la mano divina. Libremente esclavos, obran de manera voluntaria y necesaria a un mismo tiempo: hacen realmente lo que quieren, pero sin poder alterar los planes generales. Cada uno de estos seres ocupa el centro de una esfera de actividad, cuyo diámetro varía para agradar *al eterno geómetra*, que sabe aumentar, restringir, detener o dirigir la voluntad, sin alterar su naturaleza.

En las obras del hombre, todo es pobre como su autor; los puntos de vista son restringidos, los medios rígidos, los resortes inflexibles, los movimientos penosos y los resultados monótonos. En las obras divinas, las riquezas del infinito quedan al descubierto hasta llegar a sus elementos mínimos; su poder opera mientras se ejecuta: en sus manos todo es flexible, nada se le resiste; para ella todo es moderado, incluso el obstáculo; y las irregularidades producidas por la operación de los agentes libres acaban por establecerse en el orden general.

Si nos imaginamos un reloj cuyos resortes varían continuamente de fuerza, peso, dimensión, forma y posición, y que, sin embargo, da la hora de manera invariable, nos podremos hacer una idea de la acción de los seres libres que actúan relativamente según los planes del Creador.

En el mundo político y moral, como en el mundo físico, hay un orden común, y hay excepciones a dicho orden. Por lo común observamos una serie de efectos producidos por las mismas causas; pero en ciertas épocas, vemos acciones suspendidas, causas paralizadas y efectos novedosos.

El *milagro* es un efecto producido por una causa divina o sobrehumana, que suspende o contradice una causa ordinaria. Que en pleno corazón del invierno, frente a un millar de testigos, un hombre le ordene a un árbol que se cubra de repente de hojas y de frutos, y que el árbol obedezca, provocará que todo el mundo grite que es un milagro y que se postre ante el taumaturgo. Pero la Revolución francesa y todo lo que está sucediendo en Europa en este momento es tan maravilloso en su género como la fructificación súbita de un árbol en el mes de enero; y sin embargo, los hombres, en lugar de admirarlo, miran para otra parte o deliran.

En el orden físico, en que el hombre no entra como causa, bien quiere admirar aquello que no comprende; pero en la esfera de su actividad, donde siente que es una causa libre, su orgullo le conduce con facilidad a ver el *desorden* por todas partes donde su acción está suspendida o alterada.

Ciertas medidas que están en poder del hombre producen regularmente ciertos efectos en el curso ordinario de las cosas; si no alcanza su objetivo, sabe por qué o cree saberlo; conoce los obstáculos, los aprecia y nada le sorprende.

Pero los tiempos de las revoluciones, la cadena que ata al hombre se acorta bruscamente, su acción disminuye y sus medios le engañan. Entonces, arrastrado por una fuerza desconocida, se disgusta; en lugar de besar la mano que le estrecha, la desprecia o la insulta.

Consideraciones sobre Francia (1796),
cap. I.

§

... Ahora bien, lo que distingue a la Revolución francesa y lo que la convierte en un acontecimiento único en la historia es que es radicalmente *mala*; no hay ningún elemento bueno que tranquilice la mirada del observador: alberga el mayor grado de corrupción conocida, es la pura impureza.

¿En qué página de la historia podrá encontrarse una cantidad tan grande de vicios que actúan a un mismo tiempo y en el mismo teatro? ¡Qué espantosa reunión de bajeza y crueldad! ¡Qué profunda inmoralidad! ¡Qué olvido de todo pudor!

La juventud de la libertad tiene atributos tan evidentes que resulta imposible equivocarse con ellos. En esta época, el amor por la patria es una religión, y el respeto por las leyes una superstición: los atributos están fuertemente marcados, las costumbres son austeras; todas las virtudes brillan a un mismo tiempo; las facciones se vuelven al servicio de la patria, pues no se disputa otra cosa que el honor de servirla. Todo, hasta llegar al crimen, lleva la huella de la grandeza.

Si acercamos a esta imagen la que nos ofrece Francia, ¿cómo creer en la duración de una libertad que comienza en la gangrena? O, por hablar con mayor exactitud, ¿cómo creer que esta libertad puede nacer (pues aún no existe), y que en el seno de la corrupción más repugnante puede surgir esta forma de gobierno que, en menor medida que todas las demás, se las arregla sin virtudes? Cuando se escucha hablar de libertad y de virtudes a estos pretendidos republicanos, podría pensarse una cortesana ajada, con los aires de una virgen con un pudor color carmín.

... La Revolución francesa ha recorrido, sin duda, un periodo en el que todos los momentos no se parecen; sin embargo, su carácter general no ha variado jamás y en su propio origen ya demostró todo lo que debía ser. Fue cierto delirio inexplicable, una impetuosidad ciega, un escandaloso desprecio hacia todo lo que se supone que es respetable entre los hombres; una atrocidad de un género nuevo, que se burlaba de sus crímenes; y, sobre todo, una prostitución impudente del razonamiento de todas las palabras creadas para expresar las ideas de justicia y de virtud.

... Y aún hoy, observen cómo el crimen sirve de base a todo este andamiaje republicano; esta palabra, *ciudadano*, que han sustituido por formas antiguas de la cortesía, la consideran como una de las más viles entre los humanos; fue en una de sus orgías legisladoras cuando estos granujas inventaron este nuevo título. El calendario de la república, que no se debe contemplar únicamente desde su lado ridículo, fue una conjuración contra el culto; su era data de los más grandes crímenes que hayan deshonrado a la humanidad; no pueden tratar un solo acto sin cubrirse de vergüenza, recordando el origen reprobable de un gobierno cuyas propias fiestas hacen palidecer a cualquiera.

¿Es entonces de este lodo sangrante del que debe surgir un gobierno perdurable? Que no se nos objeten las costumbres feroces y licenciosas de los pueblos bárbaros, que, sin embargo, se han convertido en lo que vemos. La ignorancia bárbara ha presidido, sin duda, un buen número de instituciones políticas; pero la barbarie sabia, la atrocidad sistemática, la corrupción calculada y, sobre todo, la irreligión no han producido nunca nada. El vigor conduce a la madurez; la putrefacción no conduce a nada.

Por otra parte, ¿se ha visto alguna vez un gobierno y, sobre todo, una constitución libre comenzar a pesar de los miembros del Estado y arreglárselas sin su asentimiento? Sin embargo, es el fenómeno que nos presentaría este meteoro al que se denomina república *francesa*, si pudiera durar. Se cree que este gobierno es fuerte, porque es violento; pero la fuerza difiere de la violencia tanto como de la debilidad, y la sorprendente manera bajo la que opera en este momento quizás ofrezca en sí misma la demostración de que no puede seguir operando durante mucho tiempo. La nación francesa no quiere este gobierno; lo *padece*, y permanece sumisa, bien porque no puede empujarlo, bien porque teme cualquier cosa peor. La república no descansa más que sobre estas dos columnas, que no tienen nada de real; se puede decir que se sustenta por completo sobre estas dos negaciones. Además, es muy notable que los escritores amigos de la república no se comprometan a demostrar la bondad de este gobierno; perciben bien que en él reside el punto débil de la coraza: únicamente dicen, de la manera más intrépida que pueden, que es posible; y, pasando rápidamente por esta tesis como si caminaran sobre ascuas, se comprometen únicamente a demostrarles a los franceses que estarían expuestos a los mayores males si volvieran a su antiguo gobierno. Es en este capítulo en que son elocuentes; no dejarían de hablar sobre los inconvenientes de las revoluciones. Si se les presionara, llegarían a conceder que la que desencadenó el gobierno actual fue un crimen, siempre y cuando les concedamos a ellos que no es necesario hacer otra. Se arrodillan ante la nación francesa y suplican mantener la república. Se aprecia, en todo lo que dicen sobre la estabilidad del gobierno, no la convicción de la razón, sino el sueño del deseo.

Consideraciones sobre Francia (1796),
cap. IV.

§

Se ha resaltado, con gran razón, que la Revolución francesa es la que dirige a los hombres, y no los hombres quienes dirigen la Revolución. Esta observación es de la mayor justicia y, aunque se pueda aplicar más o menos a todas las grandes revoluciones, nunca ha sido, no obstante, más sorprendente que en esta época.

Incluso los facinerosos que parecen conducir la revolución no son más que meros instrumentos; desde el momento en que pretenden dominarla, caen de manera innoble. Quienes han establecido la república, lo han hecho sin querer y sin saber lo que hacían: fueron los acontecimientos los que los guiaron; un proyecto anterior no habría tenido éxito.

Robespierre, Collot o Barrère no habrían pensado nunca en instituir el gobierno revolucionario y el régimen del Terror; fueron las circunstancias las encargadas de guiarlos de manera imperceptible y jamás se podrá soñar con nada parecido. Estos hombres, en la cima de la mediocridad, ejercieron sobre una nación culpable el despotismo más atroz del que pueda hacer mención a la historia; y seguramente eran los hombres del reino más asombrados ante su poder.

Pero en aquel mismo momento en que los detestables tiranos sobrepasaron los crímenes necesarios en esta fase de la revolución, un soplo los tumbó. Este gigantesco poder que hacía temblar a Francia y a Europa no resistió el primer ataque; y como no debía de haber nada de grandioso, nada de augusto en una revolución absolutamente criminal, la Providencia quiso que el primer golpe fuera asestado por los *septembristas*, para que la propia justicia fuera infame.

A menudo nos asombra que los hombres más mediocres hayan juzgado la Revolución francesa de mejor manera que los hombres de mayor talento; que hayan mostrado una gran convicción mientras que los políticos consumados no creían aún en ella. Esta persuasión fue una de las piezas clave de la revolución, que no podría haber tenido éxito más que por su envergadura y por la energía del espíritu revolucionario o, si se me permite la expresión, por la *fe* en la revolución. Así, hombres sin ingenio y sin conocimientos han dirigido muy bien lo que denominaban el carro revolucionario; siempre han marchado hacia delante, sin mirar atrás. Y todo ello ha tenido éxito, porque no eran más que los instrumentos de una fuerza que sabía más que ellos. No han cometido errores en su carrera revolucionaria, por la misma razón por la que el flautista de Vaucanson nunca desafinaba.

El torrente revolucionario tomó sucesivamente distintas direcciones; los hombres más destacados de la revolución no adquirieron la especie de poder y de celebridad que podría pertenecerles de otra forma que no fuera siguiendo el curso del momento: desde el instante en que quisieron obstaculizarlo, o simplemente se apartaron mediante el aislamiento, o se dedicaron demasiado a ellos mismos, desaparecieron de escena.

Obsérvese a este Mirabeau que tanto destacó en la revolución; en el fondo, era el *rey del mercado*. Con los crímenes que cometió, y con los libros que mandó escribir, secundó el movimiento popular: a continuación, se sumergió en una masa ya puesta movimiento y empujó en ese sentido determinado; su poder no llegó nunca más lejos. Compartía con otro héroe de la revolución el poder de agitar a la multitud, sin tener la capacidad de dominarla, lo que constituye el verdadero sello de la mediocridad en los problemas políticos. Sediciosos menos brillantes y, en efecto, más hábiles y más poderosos que él, se servían de su influencia para su propio beneficio. Criticaba en la tribuna y era su víctima. Ya moribundo, decía que, *si hubiera vencido, habría puesto en orden las piezas dispersas de la monarquía*; y que si, en su momento de mayor influencia, hubiera querido tener como objetivo únicamente el ministerio, sus subalternos le habrían frenado como a un niño.

En resumen, cuanto más se examina a los personajes que, en apariencia, eran los más activos en la revolución, más se encuentra en ellos algo pasivo y mecánico. Nunca se dirá lo suficiente que no son los hombres los que dirigen la revolución, sino la revolución la que utiliza a los hombres. Y bien dicho está cuando se dice que *funciona sola por completo*. Esta frase implica que nunca la Divinidad se mostró de manera tan clara en ningún acontecimiento humano. Si emplea los instrumentos más viles es porque castiga para regenerar.

Consideraciones sobre Francia (1796),
cap. I.

§

Cada nación, como cada individuo, ha recibido una misión que debe cumplir. Francia ejerce sobre Europa una verdadera magistratura que sería inútil refutar y de la que ha abusado de la manera más reprobable. Se encontraba, sobre todo, a la cabeza del sistema religioso y, no en vano, su rey se definía a sí mismo como *muy cristiano*: Bossuet no dijo nada sobre este asunto. Ahora bien, dado que el país se sirvió de su influencia para contradecir su vocación y desmoralizar a Europa, no hay que sorprenderse cuando por ello se acompañe de medios terribles.

Hacía mucho tiempo que no se había visto un castigo tan atroz, infringido a un número igualmente grande de culpables; entre los desgraciados hay, sin duda, inocentes, aunque muchos menos de los que, por lo común, se pueda imaginar.

Todos aquellos que se han dedicado a emancipar al pueblo de su creencia religiosa; todos aquellos que han opuesto sofismas metafísicos a las leyes de la propiedad; todos aquellos que han dicho: *golpead, siempre y cuando ganemos*; todos aquellos que han modificado las leyes fundamentales del Estado; todos aquellos que han aconsejado, aprobado, favorecido las medidas violentas empleadas contra el rey, etc.; todos aquellos han querido la revolución, y todos estos que la han querido han sido con mucha justicia las víctimas, incluso al seguir nuestros limitados puntos de vista.

Se clama al ver a los sabios ilustrados caer bajo el hacha de Robespierre. Humanamente no sabremos arrepentirnos lo suficiente; pero la justicia divina no tiene el mínimo respeto por los geómetras o los físicos. Demasiados sabios franceses fueron los principales autores de la revolución; demasiados sabios franceses la querían y favorecían, tanto que no derribaba, como el bastón de Tarquino, más que a las cabezas dominantes. Decían como tantos otros: *es imposible que se produzca una gran revolución sin atraer la desgracia*. Pero mientras un filósofo se consuele de sus males a la vista de los resultados; mientras en el fondo del corazón se diga: *dejemos pasar cien mil asesinatos siempre que seamos libres*; si la Providencia le responde: *acepto tu aprobación, pero tú serás parte de ese número*, ¿dónde está la injusticia?

... Nuestras ideas sobre ese año y el mal, sobre la inocente y el culpable, se alteran demasiado a menudo debido a nuestros prejuicios. Declaramos culpables e infames a dos hombres que se baten con un hierro de siete centímetros; pero si el hierro tiene casi un metro, el combate se convierte en honorable. Reprobamos a aquel que le roba a su amigo un céntimo del bolsillo; pero si no le roba más que a su esposa, no pasa nada. Todos los crímenes brillantes que suponen un desarrollo de grandes o amables cualidades; todos aquellos que, sobre todo, son honrados por su éxito, los perdonamos, incluso aunque no hagamos virtudes de ellos; mientras tanto, las brillantes cualidades que rodean al culpable lo nublan a los ojos de la verdadera justicia, porque el mayor crimen es el abuso de sus facultades.

... Si se reflexiona bien sobre ello, se verá que el movimiento revolucionario, una vez que está establecido, hace que Francia y la monarquía no puedan ser salvadas por otra cosa que no sea el jacobinismo.

El rey nunca ha tenido aliados; y eso es un hecho bastante evidente, por lo que no resulta imprudente formular que la coalición pretendía la integridad de Francia. No obstante, ¿cómo resistir la coalición?, ¿de qué manera sobrenatural podía vencerse el esfuerzo de la Europa conjurada? Solo el infernal ingenio de Robespierre podía producir este prodigio. El gobierno revolucionario fortalecía el alma de los franceses, empapándola en sangre: exasperaba el espíritu de los soldados y redoblaba sus fuerzas por una feroz desesperanza y un desdén hacia la vida, que parecía ira. El horror de los patíbulos, que empujaba a los ciudadanos hacia las fronteras, alimentaba la fuerza exterior a medida que destruía hasta la mínima resistencia en el interior. Todas las vidas, todas las riquezas, todos los poderes estaban en manos del poder revolucionario; y ese monstruo de poder, ebrio de sangre y de éxito, fenómeno espantoso que no se había visto nunca, y que sin duda no volverá a verse jamás, era a un mismo tiempo un castigo espantoso para los franceses y el único medio de salvar a Francia.

Consideraciones sobre Francia (1796),
cap. II.

§

... Examine la historia: no encontrará a un solo pueblo que se haya constituido en cuerpo político mediante una asamblea de hombres. Desde Zaleuco hasta Penn, siempre hay un individuo único que cada nación celebra como el padre de su constitución política. La razón para ello es simple: un código político es un todo, un sistema general de partidos correspondientes; aunque un sistema, al igual que una invención, no puede jamás con la obra de una asamblea. Esta podrá crear algunas buenas leyes aisladas (y aun así por azar), pero siempre desafortunadas en su conjunto; y creará partidos que no crearán un todo.

He aquí la razón por la que los dos productos más desproporcionados del espíritu humano son la *Enciclopedia* y la Constitución francesa. Descartes ha imprimido convenientemente el desdén filosófico en estas obras, en documentos añadidos, todas malas en esencia. Una asamblea se crea para deliberar, en presencia de un jefe, que aclare y decida; o bien para deliberar sobre la cuestión que se le proponga con *síes* y *noes*: no tiene otras facultades. Es una academia que puede recompensar, juzgar, instigar, a lo sumo, un descubrimiento, pero que no descubre nada.

Los defectos y los inconvenientes de un código elaborado por una asamblea serían incalculables si la vanidad de los legisladores instigase a cada individuo a tomar parte activa en la preparación de las leyes, alterando así, considerablemente, la obra de los comités; y eso es lo que ocurre todos los días en la Asamblea legislativa. Resultaría demasiado largo citar aquí algunos ejemplos; recuerde simplemente, si reúne el valor para ello, las interminables discusiones que tuvieron lugar en la época de la Declaración de los Derechos del Hombre. Ya se sabe cuántas veces se presentaron versiones diferentes, y cuánto tiempo se perdió para lograr un acuerdo; cada uno ansiaba el honor de deslizar en ella una palabra; y fue finalmente, por lasitud, por la impotencia física de seguir disputando durante más tiempo, como nos llegó esta obra de colegio, este ridículo mosaico, en el estado en que lo tenemos hoy.

Fragmentos sobre Francia,
OBRAS, tomo I.

§

... Dios, al reservarse la formación de las soberanías, nos advirtió de que no le confiáramos nunca a la multitud la elección de sus amos. En estos grandes movimientos que decidieron la suerte de los imperios, no utilizó a la muchedumbre más que como un instrumento pasivo. La multitud nunca obtiene lo que quiere: siempre acepta, jamás escoge. Se puede incluso destacar una *designación* de la Providencia (si se me permite esta expresión): los esfuerzos del pueblo por conseguir un objeto son precisamente el medio que emplea para alejarlo. De esta manera, el pueblo romano se ofreció a sus amos creyendo combatir a la aristocracia detrás de César. Es la imagen de todas las insurrecciones populares. En la Revolución francesa, el pueblo estuvo siempre encadenado, ultrajado, arruinado, mutilado por todas las facciones; y las facciones, por su parte, juguetes unas de otras, siempre lo abandonaron, a pesar de todos sus esfuerzos, para terminar destrozado ante el escollo que les aguardaba.

Si se quiere saber el resultado probable de la Revolución francesa, basta con examinar alrededor de qué se reunieron todas las facciones; todas querían el envilecimiento, la propia destrucción del cristianismo universal y de la monarquía; de lo que se deriva que todos sus esfuerzos no desembocarán sino en la exaltación del cristianismo y de la monarquía.

Todos los hombres que han escrito o meditado sobre la historia han admirado esta fuerza secreta que se da en los consejos humanos. Este gran capitán de la Antigüedad que la honraba como un poder inteligente y libre, y que no emprendía nada sin entregarse a ella, era de los nuestros.

Pero, sobre todo, es en la institución y en el derrocamiento de las soberanías donde la acción de la Providencia brilla de manera más sorprendente. En estos grandes movimientos no solo entran en masa, como la madera y el cordaje empleados por un maquinista, los pueblos, sino que sus propios jefes no son tales más que a ojos ajenos: en realidad, están dominados de la misma forma en que dominan ellos al pueblo. Estos hombres que, en su conjunto, parecen tiranos de la multitud, están ellos mismos tiranizados por dos o tres hombres, que a su vez lo están por uno solo. Y si este único individuo pudiera y quisiera revelar su secreto, se comprobaría que él mismo no sabe cómo se ha hecho con el poder; que su influencia es un misterio aún mayor para él que para los demás; y que las circunstancias, que no ha podido ni prever ni dirigir, lo han hecho todo por él y sin él.

Consideraciones sobre Francia (1796),
cap. IX.

§

… Hoy en día, y gracias a las adversidades, los franceses han madurado lo suficiente para escuchar una dura verdad: que en el seno de los arrebatos de su libertad fanática, el frío observador se siente a menudo tentado de exclamar como Tiberio: *¡O homines ad servitutem natos!* Hay, como se sabe, varios tipos de coraje, y ciertamente los franceses no los tienen todos. Intrépidos ante el enemigo, no lo son ante la autoridad, incluso ante la más injusta. Nada iguala la paciencia de este pueblo que se denomina *libre*. En cinco años, hemos conseguido que acepte tres constituciones y el gobierno revolucionario. Los tiranos se suceden y el pueblo siempre obedece. Nunca se ha visto que uno solo de sus esfuerzos por escapar de su nulidad logre el éxito. Sus amos han llegado a fulminarlo mientras se burlaban de él. A este pueblo le han dicho: *creéis que no queréis esta ley, pero estad seguros de que sí la queréis. Si os atrevéis a rechazarla, dispararemos metralla sobre vosotros para castigaros por no querer eso que queréis*. Y lo han hecho.

Poco ha faltado para que la nación francesa siguiera aún bajo el espantoso yugo de Robespierre. ¡Ciertamente! Bien puede *felicitarse*, aunque no glorificarse, de haber escapado a esta tiranía; y no sé si los días de servidumbre fueron más vergonzosos que los de su emancipación.

La historia del 9 de Termidor no es larga: *algunos criminales hicieron perecer a algunos criminales*.

Sin este enredo de familia, los franceses estarían aún gimoteando bajo el bastón de mando de un comité de salud pública.

¿Y quién sabe a qué se reservan todavía? Han dado tantas muestras de paciencia que no hay género alguno de degradación que no puedan temer. Gran lección, y no lo digo por el pueblo francés que, más que todos los pueblos del mundo, aceptará siempre a sus amos y no los elegirá nunca, sino por el pequeño número de buenos franceses que las circunstancias convierten en influyentes, para que no desatiendan nada por arrebatarle la nación a estas fluctuaciones envilecedoras, arrojándola a los brazos de su rey.

Consideraciones sobre Francia (1796),
cap. VIII.

La era de los franceses

Las naciones, como los individuos, tienen su carácter e incluso su misión; y como ocurre en la sociedad de los individuos, cada hombre recibe de la naturaleza los rasgos de su fisonomía moral y cierta esfera de actividad en la cual se ejercita para cumplir un simple objetivo secundario, hacia el que avanza sin conocerlo; del mismo modo, en la sociedad de las naciones, cada una de ellas presenta al observador un carácter imborrable, resultado de todos los caracteres individuales, y avanza en cuerpo hacia un objetivo más general y no menos desconocido. A las unas no se les proporciona más que una actividad mediocre; apenas destacan en la senda de los siglos. Se habla poco de ello y casi siempre gozan de fortuna más que de resplandor.

Las otras, por el contrario, desempeñan papeles aparentes, aunque siempre para fines secretos; algunos de ellos, destinados a conquistar, a reunir bajo su poder, a varias naciones diferentes; otros, bajo la orden de la naturaleza, a no salirse de sus límites: pues esta no es grande más que en sus confines. Una brilla en las artes y la otra en las ciencias, y tal ciencia pertenece más específicamente a tal nación. Todas, finalmente, nacen, crecen y mueren para hacer sitio a las otras; y el observador que asiste, con la historia en la mano, a todas estas vicisitudes, aprende, como Sulpicio, a consolarse por ser mortal cuando contempla los cadáveres de las ciudades y los funerales de las naciones.

Entre los pueblos que han desempeñado un papel en la historia moderna, quizás no haya ninguno que sea más digno de retener la mirada del filósofo que el pueblo francés. Ninguno ha recibido un propósito más señalado y cualidades más expresas para conseguirlo. Francia, tal como era antes de la Revolución (no hay nadie que conozca la suerte que le depara el futuro), estaba destinada a ejercer sobre todas las partes de Europa la misma supremacía que Europa ejerce sobre otras comarcas del universo.

... Buscad en el universo un Estado cuyas diferentes partes tengan una unión tan íntima y formen un conjunto más imponente. Francia tiene todo a un mismo tiempo, la masa y el volumen; no hay en Europa un cuerpo político más numeroso, más compacto, más difícil de mermar y cuyo combate sea más terrible. Su población es inmensa, sus productos infinitamente numerosos y no por ello menos diversificados. Sus riquezas no se basan ni en la moda ni en la opinión; sus vinos, sus aceites, sus bosques, sus sales, sus cáñamos, etc., la convierten en independiente de otros pueblos que, sin embargo, están obligados a pagarle tributos. Y como si no fueran suficientes las riquezas naturales, ha recibido, además, el bastón de mando de la moda para que, reinando igualmente sobre las necesidades y sobre las fantasías, a su imperio no le falte nada.

... Para ejercer la especie de supremacía que le pertenece, Francia ha recibido una lengua dominante cuyo carácter oculto es aún un misterio, a pesar de todo lo que se ha dicho sobre este tema. Aquellos que niegan la superioridad de la lengua francesa admiten precisamente un efecto sin causa: no veo, de hecho, que haya nada que responder al experimento. Incluso antes de que esta lengua quedase ilustrada por obras maestras en todos los géneros, Europa ya le prestaba su superioridad: era querida, y hablarla resultaba un honor. Hoy en día, su reinado, convertido en algo tan funesto, no resulta sino incontestable: se ha dicho mil veces que la lengua francesa es dura y rebelde, y es verdad; pero si al criticarla es eso lo que se cree, se yerra bastante: semejante al acero, el metal más intratable (aunque también el que recibe el más hermoso de los pulidos de entre todos ellos cuando el arte consigue dominarlo), la lengua francesa, tratada y dominada por verdaderos artistas, recibe entre sus manos las formas más perdurables y las más brillantes. Precisamente, lo que denominamos el arte de la palabra es, de manera eminente, el talento de los franceses, y es mediante el arte de la palabra como se reina entre los hombres. Alguien ha dicho que un pensamiento no pertenece jamás al universo antes de que un escritor de ingenio se haya apoderado de él y lo haya revestido de una feliz expresión. No se puede decir mejor; he aquí precisamente la fuente de influencia francesa: los escritores de esta nación expresan mejor las cosas que los que pertenecen al resto de las naciones, y hacen que sus pensamientos se ramifiquen por toda Europa en menos tiempo del que pueda tardar cualquier escritor de otro país en hacer conocer los suyos dentro de su provincia. Es este talento, esta cualidad distintiva, este don extraordinario el que convirtió a los franceses en los divulgadores del renombre. El amor propio, más hábil y más fuerte que el orgullo nacional, había revelado esta verdad a los hombres célebres de todas las partes del mundo, todos ellos con la ambición, de manera más o menos abierta, de recibir la aprobación de los franceses, porque no podían esconder que estaban condenados a una reputación local hasta el momento en que París consintiera en celebrarlos. No sé si se ha observado que la literatura inglesa debe toda su reputación a los franceses, y que era una perfecta desconocida para el resto de Europa hasta que Francia se encaprichó con las producciones literarias de esta rival. Al encontrarse el trono de esta lengua situado entre el Norte y el Mediodía, se presta sin demasiada dificultad a los órganos de otros pueblos y se convierte para ellos en un portavoz universal e indispensable para el comercio de sus ideas.

Con esta lengua *media*, los franceses han recibido de la naturaleza otra ventaja análoga: la de un gusto que resulta apropiado para todo el universo. Sin duda, podrán encontrarse en los escritores extranjeros palabras equivalentes, incluso superiores en belleza, a todo aquello que Francia mejor ha producido; pero no son las palabras, sino el conjunto, lo que deja huella. Los escritores franceses podrían cultivar, por lo demás, este tipo de observaciones con mucha facilidad; y si los encontramos en ellos con menor frecuencia es porque no se entregan al entusiasmo más que con una tímida audacia, que bien quiere ser trasladada, pero nunca conducida. Ahí reside el gran secreto del gusto, pues aquel que no alcanza lo sublime puede aún ser una belleza, pero aquel que lo supera es, con total seguridad, una tontería. El arte de decir aquello que es necesario y cuando es necesario no pertenece a nadie más que a los franceses. El método y la disposición son sus cualidades distintivas; y estos hombres tan ligeros, tan impetuosos, tan deseosos de llegar, son los más sabios cuando tienen la pluma en la mano. En ellos no se encontrará nada duro ni exagerado; nada oscuro ni desplazado. Constantemente elegantes y elocuentes cuando es preciso, el atributo más destacado no sabría recibir la gracia por una simpleza ni el mérito de las ideas puede compensar la carencia de estilo.

Escribe mal: he aquí la falta inadmisible, el reproche mortal para el filósofo, como también para el poeta o el novelista. En alguna ocasión se ha reprobado esta delicadeza de los franceses, pero también es un error: dicha delicadeza debía entrar en el carácter de una nación concebida para reinar sobre la opinión de sus escritos.

Los franceses no tienen rival alguno en ninguno de los géneros de la elocuencia. El del colegio de abogados, que ha producido entre ellos obras maestras de primer orden, no existe en ninguna otra parte. Italia y España, tan religiosas y dueñas de dos lenguas tan sonoras, no han podido jamás producir un sermón que haya querido leer Europa. Hume, a quien no se le puede declarar incompetente, dijo, en alguna parte, que le avergonzaba admitir que un letrado francés que abogara por la restitución de un caballo era más elocuente que los oradores de Gran Bretaña cuando debatían sobre los intereses más serios de la nación en las Cámaras del Parlamento. El talento inapreciable del que hablo con tanta particularidad es exclusivo de los franceses y no los abandona nunca, ni siquiera en aquellas ocasiones en que abandona al resto de los hombres. Las ciencias más tristes no tienen espinas que no sepan podar: la física, la historia natural, la astronomía, la metafísica, la erudición y la política; todo lo han explicado y todo lo han embellecido; y todo ello puesto al servicio del buen sentido común. Es posible que no se sepa bien algo en Europa hasta que los franceses lo hayan explicado. La elocuencia aplicada a los objetos más serios y el arte de esclarecerlo todo son los dos grandes talentos de esta nación. La masa de hombres, continuamente repelida por el santuario de las ciencias debido al estilo duro y al gusto detestable de las obras científicas producidas por otras naciones, no se resiste al atractivo del estilo y del método francés. En cuanto el ingenio extranjero genera algo que le interesa, el arte francés se adueña de su descubrimiento, lo atormenta de mil maneras, lo obliga a recibir formas ante las que se sorprende y se enorgullece y lo envía a todo el universo con las alas de la lengua universal: estos libros irán en busca de las semillas del talento, esparcidas por el globo, los calentarán, los fecundarán y los conducirán a la madurez. Aprenden pocas cosas de los verdaderos sabios, pero, y esto es mejor, hacen que nazcan.

La experiencia de todos los tiempos no deja lugar a dudas sobre el dominio que siempre ha ejercido Francia sobre la opinión. Pero hoy en día esta influencia es tan evidente y Europa lo está pagando tan caro que ya no es posible discutir sobre este punto. ¿No es un fenómeno increíble que ciertos hombres esencialmente mediocres, tomados uno por uno, y entre los que el más hábil es superado por miles en el universo; que ciertos hombres sin educación y sin experiencia, alejados por su condición de todos los grandes asuntos, reunidos de repente y fortalecidos por el contacto, como las láminas de un imán artificial que extraen toda su fuerza de su agrupación, hayan conseguido en cinco años causarles a todos los pueblos de Europa la conmoción más aterradora? Se dirá, quizás, que estos hombres no le debían sus éxitos más que a la naturaleza de los dogmas que recomendaban, y que son, para nuestra desgracia, demasiado seductores para el corazón humano. ¿Pero acaso no hubo nunca en el universo rebeliones ni tronos derrocados antes de la Revolución de Francia? Aquella que le cortó la cabeza al desventurado de Carlos I vio nacer los mismos sistemas, las mismas exageraciones y los mismos furores. Los panfletos democráticos que aparecieron en esta época no podrían, quizás, permanecer en la Cámara de Westminster; pero los *parlamentarios* y los *égaliseurs* de entonces no tenían la influencia de los jacobinos, y los otros pueblos, espectadores apacibles de la tragedia que se escenificaba en Londres, no pudieron recibir el veneno del fanatismo que conmocionó a Inglaterra.

Hoy en día Europa está agitada porque estos mismos sistemas son los recomendados por los franceses y cuando se recomienda en francés, Europa escucha y comprende.

Fragmentos sobre Francia,
Obras, tomo I.

§

El caballero.– Me concede un gran poder, mi querido amigo: le doy las gracias en nombre de mi nación.

El conde.– Yo no le *concedo* ese poder, mi querido caballero; únicamente se lo reconozco, así que no me debe ningún agradecimiento. Quisiera, por otra parte, no tener que dirigirle otra cosa que cumplidos en este punto; ¡pero es usted un terrible poder! Nunca ha habido, sin duda, una nación más fácil de engañar, ni más difícil de desengañar, ni más capacitada para engañar a las demás. Dos caracteres particulares la distinguen de todos los pueblos del mundo: el espíritu de asociación y el del proselitismo. Las ideas de su país son enteramente nacionales y apasionadas. Parece que un profeta la hubiera pintado al natural, con un solo trazo de su afamado pincel, hace veinticinco siglos, cuando dijo: *Cada palabra de ese pueblo es una conjuración.** La chispa eléctrica, recorriendo, como el rayo del que procede, una masa de hombres en comunicación representa débilmente la invasión instantánea, diría casi fulminante, de un gusto, de un sistema, de una pasión entre los franceses, que

* *Omnia quae loquitur populus iste, conjuratio est* (Isaías, VIII, 12).

no pueden vivir *aislados*. Si al menos solo actuarais sobre vosotros mismos, os dejaríamos hacer; pero la inclinación, la necesidad, el furor de actuar sobre los demás es el rasgo más destacado de vuestro carácter. Se podría decir que ese rasgo sois *vosotros mismos*. Cada pueblo tiene su misión: esa es la vuestra. La mínima opinión que lanzáis en Europa es un ariete empujado por treinta millones de hombres. Siempre ávidos de éxitos e influencias, se diría que no vivís más que para satisfacer esa necesidad; y como una nación no puede tener un destino separado de los medios necesarios para que se cumpla, vosotros habéis recibido este medio mediante vuestro idioma, mediante el cual reináis mucho más que con vuestras armas, por mucho que hayan hecho temblar al universo. El imperio de esa lengua no se debe a sus formas actuales: es tan antiguo como la propia lengua; ya en el siglo XIII un italiano escribía en francés la historia de su patria, *porque la lengua francesa corría por el mundo, y era la más deleitable para leer y para oír que ninguna otra.*[*] Hay mil observaciones de este estilo. Recuerdo haber leído hace ya tiempo una carta del famoso arquitecto Christopher Wren, en la que examina las dimensiones que se le deben dar a una iglesia. Las determinaba únicamente por la extensión de la voz humana; debía ser así, ya que la predicación se había convertido en la parte principal del culto, y casi todo el culto tenía lugar en los templos en que había cesado el sacrificio. Wren fija, pues, sus límites más allá de los de la voz, que para todo oído inglés no es otra cosa que ruido; pero, dice también, que *un orador francés se haría oír desde más lejos, ya que su pronunciación es más nítida y más fuerte*. Lo que el arquitecto ha dicho de la lengua oral me parece aun mucho más cierto en el caso de

* El hermano Martin de Canal.

esas palabras que penetran, de un modo muy distinto, al resonar en los libros. Las de los franceses se oyen siempre desde más lejos, porque el estilo es un acento.

Las veladas de San Petersburgo (1821),
«Velada sexta».

§

Al señor barón Vignet des Etoles,
Lausana, 15 de agosto de 1794.

Los franceses, mi querido amigo, tienen, sin duda, ciertos aspectos que no resultan agradables; pero a menudo también los reprobamos porque nosotros no hemos sido creados como ellos. Nosotros los encontramos livianos, ellos nos encuentran pesados: ¿quién tiene razón? En cuanto a su orgullo, tenga en cuenta que es imposible ser miembro de una gran nación sin sentirlo. Los ingleses y los austriacos, ¿acaso no tienen orgullo? Mientras que este señor francés se ve increpado por tal magistrado de Lausana o de Nyon, que hace cinco años no habría osado a aspirar al honor de cenar con él; o cuando veo al señor bailío tratar, no digo ya con dureza, sino con crueldad, a los militares franceses, mostrando sobre sus pechos, sobre sus retratos, a la cabeza de todos sus ordenanzas, la Orden del Mérito que tiene de Francia, no puedo resistirme a permitirles un poco de impaciencia.

«No lo quiero en ninguna parte», dirá usted; es necesario, pues, procurar que se aproximen a la frontera de Francia, como el señor Buven ha amenazado hace dos días al joven de Savona, que trabaja aquí para alimentar a su madre; y entonces el primer verdugo de la frontera pagará su parte, y confesará haber recibido de Suiza, del Piamonte, de España, y de otras naciones cristianas, otras tantas cabezas para la guillotina. El reproche que les hizo el otro día a los franceses por *alegrarse del éxito de sus verdugos* procede, además, de la prevención, si lo observa más de cerca; pues ese sentimiento es muy razonable, e incluso heroico. Los soldados franceses no son los verdugos de los emigrados, sino los súbditos de dichos verdugos: se baten por una mala causa, pero sus éxitos no son por ello menos admirables. El señor Mallet du Pan ha insistido muy justamente sobre este punto en su obra. No veo cómo podría un francés no sentir cierto estremecimiento de complacencia cuando ve a su nación sola, con una multitud de descontentos en su interior, no solamente resistir ante Europa, sino, además, humillarla y provocarle bastantes problemas. Ciertamente es una fuerza mal empleada; pero es, no obstante, fuerza.

§

Al mismo,
Lausana, 28 de octubre de 1794.

Nada funciona por azar, mi querido amigo: todo tiene su regla y todo está determinado por un poder que rara vez nos revela su secreto. El mundo político está tan reglado como el mundo físico; pero como la libertad del hombre desempeña aquí cierto papel, terminamos por creer que es ella la que todo lo obra. La noción de destruir o fragmentar a un gran imperio es a menudo tan absurda como la de sacar a un planeta del sistema planetario, aunque no sepamos por qué. Ya se lo he dicho: en la sociedad de las naciones, como en la de los individuos, debe haber grandes y pequeños. Francia siempre ha ocupado, y ocupará durante mucho tiempo, según lo que parece, uno de los primeros lugares en la sociedad de las naciones. Otras naciones o, por decirlo de mejor manera, sus dirigentes, han querido beneficiarse, contra todas las reglas de la moral, de una fiebre ardiente que llegó para atacar a los franceses, para arrojarse sobre su país y repartirlo entre ellos. La Providencia dijo que no; siempre lo hace bien, pero nunca, desde mi punto de vista, con mayor visibilidad: nuestra inclinación a favor o en contra de los franceses no debe ser escuchada. La política no escucha más que a la razón. Su memoria no logra en absoluto que mi opinión se tambalee, pues se reduce únicamente a lo siguiente: «que el imperio de la coalición sobre Francia y la división de este reino serán uno de los mayores males que le puedan sobrevenir a la humanidad». Me he formado una demostración tan perfecta de esta proposición que no desesperaré en convertirle incluso a usted, aunque no por escrito, pues eso sería un tratado en sus formas.

Le agradezco enormemente, no obstante, esta memoria, que es un muy buen documento histórico. Repare, además, en que toma casi todos sus ejemplos en un solo imperio, lo cual no es justo; además, ¿qué nación no ha abusado de su poder cuando ha podido? Si escucha a los nativos mexicanos o peruanos, le demostrarán que los hombres más execrables son los españoles. ¿Qué no habría sufrido Europa con Carlos V, que la habría conquistado entera, sin los franceses? Todo lo que le reprocha a Luis XIV no puede compararse a los trescientos navíos tomados por los ingleses en 1756 sin declaración de guerra: incluso menos con la execrable división de Polonia. En fin, mi querido amigo, le repito que estamos de acuerdo sin saberlo. Es natural que desee los éxitos de la coalición contra Francia, puesto que ve en ello el bien general. Es natural que yo no desee estos éxitos más que contra el jacobinismo, puesto que veo en la destrucción de Francia el germen de dos siglos de masacres, la sanción de las máximas del maquiavelismo más odioso, el embrutecimiento irrevocable de la especie humana e, incluso, algo que le asombrará bastante, una herida mortal para la religión; pero todo esto exigiría un libro.

En cuanto al otro punto sobre el cual, muy a mi pesar, me parece que no estamos en completo acuerdo, es la revolución (cualquiera que sea) que me parece infalible en todos los gobiernos. Acerca de este tema me dice que los pueblos necesitarán gobiernos *fuertes*: ¿sobre lo que le pregunto es lo que oye por allí? Si la monarquía le parece *fuerte* a medida que es más *absoluta*, en dicho caso, Nápoles, Madrid, Lisboa, etc., deben de parecerle gobiernos vigorosos. No obstante, usted sabe, como también lo sabe todo el mundo, que estos monstruos de debilidad no existen más que por su aplomo. Convénzase de que, para *fortalecer* la monarquía, es necesario sentarla sobre las leyes, evitar lo arbitrario, las frecuentes comisiones, las continuas mutaciones de empleos y los antros ministeriales.

§

San Petersburgo, enero de 1804.

Una de las enfermedades morales del hombre, cuando se ve cruelmente engañado en su búsqueda de un objeto que perseguía con ardor, pierde por completo el coraje, se arroja con violencia al otro extremo y decide intrépidamente que, dado que sus esfuerzos anteriores resultaron en vano, todos los esfuerzos futuros lo serán de igual modo.

La Revolución francesa proporcionó una gran prueba de esta verdad. Al comienzo de esta funesta época, era bastante común oír decir que *se iría a París con un Regimiento*, y no había más cuestión que la de dividir Francia. Hoy en día, oímos decir, también de manera bastante común, que el equilibrio se ha roto y que no hay vuelta atrás, que la preponderancia de Francia se ha establecido sobre bases inquebrantables y ya no queda otra opción que agachar la cabeza.

Así, los franceses eran, hace doce o quince años, un pueblo facineroso que se dispersaba como el polvo; hoy en día, son titanes a los que ya no es posible alcanzar.

Mientras que un alegre soldado renueve el imperio de Carlomagno, e incluso lo expanda, dado que España le pertenece, Europa mira y dice que no hay remedio.

... El carácter francés no es susceptible de una marcha uniforme y sostenida. Esta imperturbable obstinación con la que el inglés o el alemán marchan hacia su objetivo, sin caer ni darse la vuelta, no es propia de los franceses. En ellos el abatimiento sucede al entusiasmo y las meteduras de pata a los grandes golpes políticos. La nave del Estado no navega por un mar tranquilo: unas veces está en las nubes y otras en el abismo. Se diría, incluso, que eso es lo que le conviene, y que no sabría ser un azote más que por una tempestad; de ahí estos altibajos, estas disyuntivas de gloria y humillaciones tan comunes en la historia de Francia.

... El francés es un resorte que no se deja comprimir más que hasta cierto punto; por poco que se pase por este punto, el muelle reacciona con una fuerza sorprendente. Además, como regla eterna de moral y de política, no se debe nunca empujar al enemigo hasta la desesperanza.

Durante las largas conferencias que precedieron a la paz de los Pirineos, los plenipotenciarios españoles, presionados en extremo por los franceses en algunos puntos importantes, fueron testigos de sus aprietos en el ministerio de Madrid; y desde Madrid, el prudente ministro les respondía: *Importúnenlos.*

Es una bella palabra, que demuestra, además, un perfecto conocimiento del carácter francés: para llegar al objetivo, se trata en menor medida de *vencerlo* que de *atormentarlo.*

§

Al señor de la Fare,
San Petersburgo, 15 (27) de mayo de 1805.

La Providencia se burla de nosotros, monseñor. Ha decretado la *Era de los franceses*, a expensas de lo que le pertenecerá: he aquí precisamente la época de Carlomagno, con la civilización, las artes y las ciencias; de este torrente de lodo y de sangre al que se denomina *Revolución francesa* ha surgido un soldado que hace todo lo que vemos. ¿No trabaja más que por su legítimo amo? Así lo espero, pero, a veces, se lo confieso, *Pene moti sunt pedes mei.* ¿No experimenta usted, monseñor, estas inquietantes alternativas? Mientras yo mismo padecí tentaciones contra la fe, me encomiendo a todos los creyentes, a todos los confesores, a todos los mártires y con poco me recupero. Me temo, no obstante, que los franceses no se dejan subyugar por completo por el brillo de los éxitos y la sed del poder: fue así como el romano, pisoteado ante sus propios muros por monstruos que se sucedían sin apenas pausa, se dejó deslumbrar, sin embargo, por el gran nombre de *Imperio romano*, y se consolaba de lo que sufría en sus tierras por lo que hacía sufrir a las naciones extranjeras. Este es un sentimiento muy fuerte en la naturaleza humana. Me gustaría mucho viajar por Francia para conocer el estado de ánimo; quién sabe si, por una de esas singularidades tan comunes en nuestra época, Bonaparte no tiene más partidarios en Francia que en países extranjeros, lo oigo incluso entre los franceses emigrados. ¡Qué increíble contradicción! Aquellos que escriben en su escudo: *Pro Rege*, pasándose el día *hablándome* de él, y quizás sea amado y deseado por aquellos que cantan *Domine salvum fac Napoleonem*. Callémonos ante esta pobre naturaleza humana.

§

Al príncipe Korlowski,
San Petersburgo, 12 (24) de octubre de 1815.

... Creo que está permitido hablar ahora de Bonaparte, teniendo en cuenta que está muerto; aunque, si comenzara, no terminaría nunca. Dije en una ocasión: sus vicios nos han salvado de sus talentos. Y me mantengo en ello.

Por desgracia, cuando subía el *Bellérophon* (que, por segunda vez, venció a *la Quimera*), no murió por completo; nos queda su espíritu. Dicho espíritu es una mezcla compuesta de su propio veneno y el de sus predecesores; y dicho veneno superior se desliza por todos los lados. Mil razones, demasiado extensas para detallarlas aquí, no prueban sino que nos aproximamos a una revolución moral y religiosa, sin la cual el caos no podría hacerle sitio a la creación. La mano de la Providencia se hace sentir visiblemente, tal como dice, mi querido príncipe, aún no vemos nada, porque hasta aquí no ha hecho otra cosa que limpiar el lugar; pero nuestros hijos gritarán, con una admiración de respeto: *Fecit nobis magna qui potens est*. Es imposible que no haya oído nombrar un libro antiguo, titulado *Gesta Dei per Francos*. Es una historia de cruzadas. Este libro puede aumentarse de siglo en siglo, siempre bajo el mismo título. No hay nada grande que se haga en Europa sin los franceses. En esta época han sido ridículos, locos, atroces, etc., tanto como le plazca considerar, pero tampoco han sido elegidos para ser los instrumentos de una de las mayores revoluciones que se hayan hecho en el mundo; y no puedo dudar de que un día (que quizás no esté lejos) indemnizarán al mundo abundantemente por todo el mal que han causado. Porque el proselitismo es su elemento, su talento, incluso su misión; y siempre agitarán a Europa, para bien o para mal.

Sobre Rusia

Se puede sostener, como tesis general, que *ninguna soberanía es lo suficientemente fuerte para gobernar a varios millones de hombres, a menos que reciba la ayuda de la religión o de la esclavitud o bien de ambas*. Lo cual es cierto, sobre todo, mientras la población, aunque sea muy numerosa, considerada de manera absoluta, cese, no obstante, de serlo en relación con la inmensidad del territorio.

Es sobre lo que hay que reflexionar cuidadosamente antes de emprender nada relativo a la emancipación de los siervos, pues desde el momento en que se dé un impulso legal, se formará cierta opinión, cierto espíritu general que arrastrará todo; será una moda, luego una pasión, después furor. La ley comenzará y la rebelión tocará a su fin.

Y el peligro se trasladará hasta un punto que resulta imposible explicar mediante el carácter particular de la nación más viva, más impetuosa, más emprendedora del universo. Quien escribe esto dijo una vez (y espera que esta broma no esté en absoluto desprovista de razón) «que si pudiéramos encerrar un deseo ruso en una ciudadela, la haría saltar en pedazos». No hay hombre que *desee* con tanta pasión como el ruso.

Obsérvenlo en sus dispendios y en la manera con la que

persigue todos los disfrutes que se le pasan por la cabeza; verán como desea. Obsérvenlo en las relaciones comerciales, incluso entre las clases inferiores, verán lo inteligente que es y lo alerta que está a sus intereses; obsérvenlo en la ejecución de las empresas más arriesgadas, en el campo de batalla, por último, y verán de lo que es capaz.

Démosle la libertad mediante el pensamiento a treinta y seis millones de hombres de este temple (más o menos), en ese mismo instante, y esto no se habrá repetido lo suficiente, se verá encenderse un incendio general que consumirá a toda Rusia.

Es cierto que esta emancipación, en cualquier supuesto, no ocurrirá súbitamente; aunque siempre irá mucho más rápido de lo que se cree y, por otra parte, no hace falta que se lleve a cabo por completo para que resulte peligrosa; lo será enormemente durante mucho tiempo antes de que cuente con más siervos. Para la emancipación de los siervos, toda empresa legal, aunque sea demasiado general y demasiado apresurada, se volverá directamente en contra de los puntos de vista benevolentes del soberano que se verá obligado, para mantener el orden en sus dominios, a dotar a sus delegados, y sobre todo a los gobernadores de las provincias, de mayor fuerza y autoridad que la que les habría retirado a los señores. De esta manera, el pueblo quedaría aplastado en nombre del soberano, en lugar de ser gobernado, en parte, por un poder que, sin duda, comete abusos, como todas las cosas humanas, pero que siempre está más o menos atemperado por sus sentimientos naturales y por el interés personal. Al caballo siempre lo monta con mayor moderación su dueño que el viajero que se sirve de él durante una o dos horas para sus asuntos.

No se insistirá nunca lo necesario sobre esa máxima tan cierta como una proposición matemática: *nunca puede un gran pueblo ser gobernado por el gobierno.* Yo la interpreto como *solo* por el gobierno. Este siempre tiene necesidad de algún complemento que le descargue de una gran parte de la tarea.

¿Cómo se gobierna Turquía? Por el Alcoran. Es él quien, en este momento, aún inspira, después de once siglos, esfuerzos tan grandes por una nación decrépita; y sin él, el trono otomano desaparecería en un abrir y cerrar de ojos.

¿Cómo se gobierna China? Por las máximas, por las leyes, por la religión de Confucio, cuyo espíritu es el verdadero soberano que gobierna desde hace dos mil quinientos años, que ha hecho de este pueblo una especie de máquina en manos del emperador, y cuya fuerza es tal que, aún en nuestros días, hemos visto a toda una familia condenada a muerte porque su superior había escrito el nombre del soberano en letras minúsculas.

Rusia no cuenta con ninguno de estos poderes complementarios; y, en consecuencia, debe cuidarse de poner en juego demasiadas voluntades. Es necesario, por otra parte, que sus legisladores no pierdan jamás de vista una consideración de la más alta importancia: que la civilización rusa ha coincidido con la época de mayor corrupción del espíritu humano; y que una multitud de circunstancias que sería inútil desarrollar aquí han puesto en contacto y, por decirlo de algún modo, han amalgamado a la nación rusa con aquella que ha sido a un mismo tiempo el instrumento más terrible y la más deplorable víctima de esta corrupción.

No se ha visto nunca algo así. Los sacerdotes y los oráculos siempre han presidido la infancia de las naciones; aquí, es todo lo contrario. Es en los lodos de la regencia que los gérmenes de la civilización rusa se han avivado y desarrollado. La espantosa literatura del siglo XVIII llegó a Rusia súbitamente y sin preparación; y las primeras lecciones de francés que oyó este pueblo fueron blasfemias.

Sería muy culpable el que, habiendo tratado este tema, le ocultase este gran peligro al gobierno. Es una fatal desventaja que tiene Rusia sobre todas las naciones y debe comprometer a sus amos para que tomen las precauciones pertinentes cuando se trate de restituirle u ofrecerle a la libertad la inmensa pluralidad de la nación que ya no la disfruta. A medida que reciban la libertad, estos siervos se encontrarán colocados entre los amos, más que sospechosos, y los sacerdotes sin fuerza y sin consideración. Expuestos así, sin preparación, pasarán, de manera infalible y brusca, de la superstición al ateísmo, y de una obediencia pasiva a una actividad desenfrenada. Sobre todos estos temperamentos la libertad causará el mismo efecto que tiene un vino caliente sobre cualquier hombre que no esté acostumbrado a él. Solo el espectáculo de esta libertad embriagará a aquellos que aún no participan de ella. Si en esta disposición general de ánimo se presentase algún Pugatscheff de universidad (y podría formarse fácilmente, ya que las fábricas están abiertas), al que añadir la indiferencia, la incapacidad o la ambición de algunos nobles, la maldad extranjera, las maniobras de una secta detestable que no duerme nunca, etc., etc., el Estado, siguiendo todas las reglas de la probabilidad, *se quebraría*, al pie de la letra, como una viga demasiado larga que no se sostendría más que por los extremos…

… ¿Están o no hechos los rusos para las ciencias? Y en dicho caso, ¿son *romanos* o *griegos*? Es una cuestión que no puede resolverse en este momento, y sobre la cual se puede hablar igualmente bien o en contra; pero todas las razones que hablen en *contra* proceden de la desgracia que ha padecido la nación por estar mal encaminada. Entonces, cuanto más camine, más se aleja del objetivo: para conseguirlo es necesario volver sobre sus pasos.

¿Por qué increíble ceguera, por qué inexplicable encantamiento llegaría a imaginarse una gran nación, tan distinguida por su sagacidad natural, que podría contradecir una ley del universo? Los rusos quieren hacerlo todo en un día; no hay manera. Por la ciencia se *trepa*, no se *vuela* sobre ella.

Cuatro capítulos sobre Rusia,
OBRAS, tomo VIII.

§

Antes de ayer, 2-14 de diciembre de 1808, un empleado, de nombre Dmitri, murió en casa del señor consejero privado de Tamara con el que yo mantenía una estrechísima relación. Estaba tísico. La víspera de su muerte fueron a buscar al sacerdote que le había administrado los sacramentos para asistirlo en sus últimos momentos. El cura preguntó: «¿Ha salido después de que le administrase los sacramentos?». (Habían pasado exactamente cuarenta y cinco días.) Se le respondió que no. «Bien entonces —retomó la palabra el hombre apostólico—, si no ha salido, no ha pecado; no me necesitan». Y lo dejó morir sin ir a verlo.

Cuando el cadáver de este empleado se llevó a la iglesia para ser expuesto, siguiendo la costumbre, antes de darle sepultura, veníamos de llevar el de una muchacha de unos veinte años más o menos y los portadores del féretro se marcharon después de que les dijeran que no tenían que excavar la fosa. Los curas, al ver que el rostro y las manos del cuerpo de la joven estaban llenos de heridas y mostraban otros signos de violencia, no se atrevieron a enterrar el cadáver, *por miedo a que la muchacha se hubiera matado ella misma*. Se hizo llamar a un médico, que los tranquilizó y les dijo *que podían dar sepultura al cadáver sin temor a dudas, dado que estaba seguro, después de su reconocimiento, de que la muchacha no se había matado, sino que había muerto por los golpes que le habían dado sus señores.*

No había ya más dificultad, por tanto, que la de la fosa. Los curas les rogaron a los empleados del señor de Tamara que permitieran que se enterrase a la muchacha en la fosa abierta para su camarada, lo que se acordó sin dificultades. El mismo favor se le acordó también a un niño que se encontraba allí sin fosa. Cuando todo aquello se narró después a los demás empleados, estos, sin prestar ninguna atención a la pobre muchacha, se admiraron entre vítores de la fortuna de Dmitri, *que había sido enterrado junto a un ángel*, lo cual les pareció un buen augurio.

Aquel mismo día, en la sala junto a la iglesia donde se exponen los cadáveres, había cinco o seis cuerpos que mostraban signos indiscutibles de muerte violenta; pero, después de ocho días, *la policía no había tenido aún tiempo de examinarlos.*

... El rasgo más distintivo del ruso es la indiferencia, sobre todo ante los infortunios y los sufrimientos de la humanidad. Un acontecimiento semejante que ocuparía, por otra parte, la atención del público durante ocho días, no causa aquí la menor impresión. Las muertes extraordinarias, por ejemplo, los suplicios, que despertarían, además, un gran interés, no consiguen despertar en Rusia ningún tipo de atención. Hace ocho años que vivo en Rusia y jamás he oído hablar de una ejecución, jamás he oído decir: hoy se ha castigado al *knout** a tal hombre por tal crimen; ha dicho esto o aquello; jamás. El año pasado, se lanzaron,

* Castigo que consiste en la tortura con un látigo de ese nombre.

en una mañana, diez barcos de guerra. Había una inmensa muchedumbre y el espectáculo fue magnífico. Un soldado de la marina quedó hecho pedazos por la explosión inesperada de un cañón; nadie se dio cuenta, o, por decirlo mejor, ninguno de aquellos de los que se dieron cuenta habló de ello. Algunos días más tarde lo supe por casualidad en casa del ministro de la Marina. Anteriormente, la rotura de un cañón había matado o lisiado a siete hombres. Nadie habló de ello y yo volví a saberlo por casualidad en casa de un ministro. Hay una especie de tradición tácita entre todos los rusos para no hablar nunca de este tipo de cosas, lo cual hace que ignoremos una infinidad de dichas cosas. Me parece, incluso, que suelen mentir enseguida para desviar la curiosidad. Lo que es seguro es que la dificultad para saber la verdad sobre los acontecimientos de mayor calado público sobrepasa la imaginación.

Un día, el emperador, el gobernador, el jefe y un oficial de policía le contaron no sé qué acontecimiento siniestro a una persona de entre mis conocidos. Cada uno de ellos le relató algo distinto.

Durante el invierno de 1808, mientras varias personas estaban sobre el hielo del río Nevá en una fase de deshielo, un enorme témpano se desprendió y arrastró a los imprudentes que navegaban en esta triste balsa sin saber lo que les aguardaba. Finalmente, se pudo llegar a tiempo para agarrar el témpano y llevarlo a bordo, pero nunca se consiguió saber si todos aquellos desgraciados fueron capaces de salvarse. Se nos dijo que todos lo habían logrado, pero luego se añadió: *excepto tres*; después, *excepto dos*; y finalmente, *excepto uno*. Hice mil preguntas, los demás, sin duda, también las hicieron, pero pronto nos cansamos, sobre todo los rusos, que no se preocupan y nadie sabe la verdad. La policía no dice nada o miente; en eso no falta jamás a su deber.

Aunque al puente de Kazan se le dio la longitud que tiene en este momento, me sorprendió mucho ver un buen día los dos huecos enrejados, es decir, bajo el puente, sobre el hielo. Se me demostró allí mismo que un facineroso se había servido de este largo pasaje oscuro para cometer algún crimen. En efecto, un trineo pasaba bajo esta gran bóveda; era extremadamente sencillo para quien lo llevara robar o incluso degollar impunemente al hombre que conducía y, a continuación, arrojarlo al agua por esos agujeros que siempre se hacen en el hielo. Seguramente, la policía rusa no había previsto el peligro, pues no hay nada menos previsible en el universo que el ruso. Así, sucedió algo extraño, pero nadie supo nada.

Mientras la corte de Prusia estaba allí, debíamos llevar a cabo un gran ejercicio en una de las casas de nombre alemán, *exercice-haus*, construidas con el fin de poder ejercitar a las tropas a pesar de los rigores de la estación. Todo estaba listo para las nueve de la mañana. En torno a las siete, la casa abarrotada, y quizás mal construida, se derrumbó hasta los cimientos. Dos horas más tarde, todo había terminado para el emperador, su hermano, el rey de Prusia y sus dos hermanos, tres o cuatro príncipes, una multitud de personas distinguidas, dos cortes y un considerable cuerpo de tropas elegidas. Difícilmente, podría haberse imaginado semejante catástrofe. No obstante, no he oído a una sola persona decir palabra, a pesar de que he estado observando a toda la ciudad. Cuando, a propósito, ponía en práctica esta experiencia de hablar el primero, siempre sucedía que las personas que me escuchaban fingían sorpresa e intentaban escapar del tema. «¡Ah! ¡Sí! ¡A propósito!», etc., y luego se hablaba de otra cosa.

Un día, cuando iba caminando para conocer la ciudad, me caí en el hielo; podría decir que con demasiada brusquedad y de una manera que dejaba ver que me había hecho bastante daño. El barrio estaba lejos y nadie me conocía. De repente, se me pasó por la cabeza la extraña idea de no poder levantarme; continuaría tirado sin moverme. La gente iba y venía, pasando por mi lado sin que a un solo hombre se le ocurriera levantarme. Después de esta experiencia durante algunos segundos, me levanté solo, pues no me había hecho daño alguno; habría prolongado este experimento si el lugar hubiera sido soportable (julio de 1809).

Algo que lleva a los extranjeros que viven en Rusia a un considerable engaño es que apelan a *la mala educación de los rusos* sin reparar en que las formas ordinarias de nuestra educación no forman parte de sus costumbres. Recibir una visita y no devolverla, invitar a alguien y no estar en casa, recibir una carta y no responderla, etc., son, entre nosotros, barbaridades; aquí no son nada. Estas faltas se cometen más que a menudo sin que haya la menor voluntad de insultar o simplemente de ofender. Las cartas, sobre todo, son uno de los elementos más singulares. Jamás hay que confiarle una carta importante a un ruso, pues casi siempre la perderá, la olvidará o la leerá. Yo mismo he vivido esa desagradable experiencia. Una dama de Viena le había entregado a una de las primeras damas de este país, la princesa R., una larga carta en la que me hablaba de distintos aspectos de manera muy confidencial. La princesa llegó y no me dio la carta. Varios meses después supe, mediante otra carta de mi amiga de Viena, que ella le había confiado a la princesa R. una carta para mí. Me alarmé; al no tener relación con ella, me comuniqué mediante amigos en común; la carta no llegaba. Probablemente, se había extraviado o bien no se molestó en hacer el esfuerzo de sacarla de algún cofre. Al final, el asunto se convirtió en una verdadera negociación, tratada por escrito como si fuera un asunto político; después de una larguísima y molesta espera, la carta llegó, según me parecía, intacta. Pero, algún tiempo después, el príncipe W., hermano de la dama, decía al hablar de mí: *se tomó la cosa muy en serio*. Estas palabras resultan notables, pues, en efecto, una carta confidencial, que desaparezca o incluso se lea, no era un asunto que entrara entre sus ideas. Nunca le confíe, por tanto, una carta a un ruso porque, de acuerdo con todas las reglas de la probabilidad, la retendrá si no se la solicita; y se enfadará en caso de hacerlo.

El silencio es la gran ley del ruso; desde el momento en que se sienta incómodo o tenga algo contra usted, no buscará aquello que necesite decirle, sino aquello que le evite tener que decir algo. Nunca una explicación: es una palabra que no conoce; por mucho que adopte todas las fórmulas posibles, siempre se le escapará. Las respuestas evasivas, sobre todo por carta, le resultan desconocidas. Escríbale a un ruso sobre algún aspecto en el que no estime conveniente satisfacerle plenamente o que le moleste de la forma que sea y, como a él no le molestan en absoluto nuestras ideas europeas sobre la educación y la decencia, no responderá, sin que le importe quién sea usted. El año pasado fui testigo de un hermoso ejemplo de esto. Una de las primeras damas de Europa, y no exagero, quiso escribirle a un señor de la corte para alguna cosa que le concernía y no recibió ninguna respuesta. Se enfadó mucho, aunque inútilmente; de haberlo sabido, se habría reído. Si recibe algún tipo de encargo, ponga todo el cuidado, pues, si hay un cambio de idea, se encontrará comprometido, y de haberle pedido, por ejemplo, un preciado mueble o un hombre pulcro para que haga tal o cual oficio, le dejarán colgado sin que les preocupe lo que usted pueda decir. Hable, no se le responderá; escriba, y no se le responderá. Por tanto, antes de hacer nada, intente siempre llegar a un acuerdo, tanto con el primer personaje del país como con el último tendero, y no se fíe de nadie (1809).

Si un ruso le ha prometido algo, le dejará de hablar en caso de que surjan dificultades; es su manera de ser. Nunca se le pasará por la cabeza preguntarse: *¿qué dirá de mí? Quedaré como un hombre que no mantiene su palabra, etc.* ¿Qué le importa? Incluso cuando sepa de antemano que no puede hacer aquello que usted le pide, con bastante frecuencia tomará la decisión de decirle que sí, aunque luego no haga nada y se quede callado (16-28 de marzo de 1810).

El ruso, que percibe muy bien la superioridad moral del extranjero, siempre está en guardia contra él y nada teme tanto como que parezca que puede influirle. Es lo que nunca hay que perder de vista cuando se nos convoca para que tratemos con él. ¿Quiere que un ruso acepte alguna cosa? Entonces es necesario que la arroje al suelo ante él y conseguir después que él se jacte de ello. Luego, retírese y él la recogerá, y le dará el precio que le solicita. Pero si se la entrega en la mano, no la querrá. Y esto vale para todo, sin excepción.

Los negociadores extranjeros han cometido grandes errores en este país por haber ignorado esta realidad. Si negocia con el gabinete ruso, cultive siempre el arte de producir deseo, que sean ellos quienes quieran lo que usted les presenta, de tal manera que, aunque sea fruto de la voluntad de quien ofrece, parezca que son ellos quienes lo han decidido. Ahí reside toda la ciencia.

Un gentilhombre francés al servicio de Rusia, que había luchado en Finlandia, informó de un bastón sobre el que se grabó un calendario en caracteres rúnicos. El general X..., gran aficionado a las curiosidades, se lo pidió para examinarlo; el francés se lo prestó sin ningún problema. Mucho tiempo después, como el bastón no volvía, se lo pidió por billete. Ninguna respuesta; esa es la regla. Nuevo billete. De nuevo ninguna respuesta. Finalmente fue él mismo a casa del depositario, que le dijo: *me molesta mucho no poder devolverle su bastón, que está en casa del general S.* (otro distinguido aficionado), *que se ha entregado a la tarea de descifrarlo*. El francés se presentó en casa del general S. y se encontró allí con su hijo, un joven militar, que le dijo: *mi papá se sorprenderá bastante, pues cree que el bastón le pertenece*. Llega el papá. Gran desconcierto ante las explicaciones del francés, pues, en efecto, el general H. le había dado el bastón al otro, probablemente para obtener alguna curiosidad que necesitaba (nunca se pudo verificar este punto). El general S., que es extranjero, le devuelve sin dificultad el bastón.

El ruso no sabe nada y no aprende nada a fondo. Ahonda con extrema facilidad hasta alcanzar una pequeña profundidad, pero, de repente, se detiene y ya no va más allá. He seguido todos los establecimientos educativos, los *collèges* y los *gymnases*, todas las pruebas para jóvenes de ambos sexos: no he encontrado lo que se denomina talento.

Con esta mediocridad, el ruso es extremadamente orgulloso y tiene una gran habilidad para descifrar al hombre e incluso, si así lo ha decidido, una mayor habilidad para perderlo. El mayor crimen ante sus ojos es querer ser más agudo que él, algo que el extranjero no debe olvidar jamás. Para tener todo el éxito posible en ese país, hay que ser bondadoso o parecerlo. Si uno se atreve a querer superarlo en agudeza, se indigna porque alguien venga así a su coto de caza y no falla en hacerle que pierda o se equivoque. En el extranjero, podría uno burlarse de él, pero en su casa, hay que dejarle hacer y no demostrarle demasiado ingenio (20 de julio-1 de abril de 1809).

Religiones y costumbres de los rusos.
Anécdotas recogidas por el conde J. De Maistre,
*ordenadas por el P. Gagarin, S. J. París, (*1870).

§

A la señora de Saint-Réal,
San Petersburgo, 1806.

¿No tienes ganas de saber, por casualidad, en qué consiste el espantoso suplicio del *knout*? En la lengua rusa, la palabra no significa otra cosa que *fouet*. En las manos de los torturadores, es un *fouet* particular, compuesto de un mástil bastante corto, de una primera correa de cuero y de una segunda algo más larga, formada con la piel extremadamente gruesa de cierto pescado, hervido y preparado en aceite. El culpable, desnudo hasta la cintura, está sujeto a una tabla inclinada. El torturador, colocado detrás a cierta distancia, levanta el *knout* que agarra con ambas manos, realiza una especie de salto mientras se acerca al paciente y le descarga un golpe sobre la espalda comenzando por arriba; recula y le propina un segundo golpe, precisamente por el costado, sin equivocarse jamás. Cada golpe hace que vuelen por los aires la sangre y la carne, y pronto el desgraciado no es más que un esqueleto sangrante, una especie de disección viva:

Triste objeto en que los dioses se imponen a la cólera…

Se dice que un cosaco recibió quinientos golpes y no murió sino ocho días después; pero es algo que me parece increíble. Lo que sí que es seguro es que, si el torturador quiere, puede matar con muy pocos golpes. Sobre todo, en esto hay una infinidad de reglas y matices. A menudo, los rublos ablandaban los brazos del ejecutor y últimamente hemos visto cómo un asesino que había recibido cien golpes se volvió a vestir él mismo y se subió sin ayuda a su trineo. Para evitar la gangrena tras la ejecución, se les frota con un paño impregnado con un aguardiente muy fuerte. La imagen de este remedio hace rechinar los dientes. Se me olvidaba decirte que lo primero que se hace tras la ejecución es marcarlos en la frente con un hierro de mil puntas que causan mil pinchazos que se frotan con pólvora reducida a un polvo fino, lo cual deja una marca imborrable; a continuación, se les arrancan las fosas nasales con unas tenazas, y pocos días después de estas dulces operaciones, parten para Siberia. No resulta extraño ver que algunos son capaces de soportar el viaje dos o tres días después, e incluso al día siguiente; otros mueren en esos días.

Como la emperatriz Elisabeth ha abolido la pena de muerte, *se contentan* con estas gentilezas.

§

Al rey Victor Emmanuel,
San Petersburgo, 31 de octubre-12 de noviembre, 1811.

Señor:

El 27 de septiembre [9 de octubre] la corte de Catalina II tocó a su fin por la muerte del conde Alexandre Strogonof, gran chambelán, distinguido como *cordon bleu*, presidente de la Asamblea de las Bellas Artes, etc., etc., fallecido a la edad de setenta y siete años después de una breve enfermedad. Deja aproximadamente unos 600 000 rublos de renta y tres millones de deudas, de cuadros, de medallas, de curiosidades de todo tipo, un mobiliario incalculable. Aparte de las invitaciones extraordinarias, cada domingo tenía a cuarenta o cincuenta personas a la mesa. Catalina II le dijo al conde de Falkenstein, mientras le presentaba al conde de Strogonof: *señor conde, le presento al conde de Strogonof, que desde hace cuarenta años hace todo lo que puede para arruinarse sin llegar a conseguirlo.*

... Era un gran protector de las artes y de los jóvenes que se consagraban a ellas, pero con un gran fanatismo ruso por los talentos nacionales, al menos un fanatismo exterior, pues, en el fondo, creo que sabía muy bien a qué atenerse. Su vicio, su pasión, el objeto principal de su pensamiento habitual era la iglesia catedral de Nuestra Señora de Casan, que se erige aquí suntuosamente desde hace diez años, en lugar de una bicoca construida por Pedro I, de la que cualquier pueblo del Piamonte que fuera algo distinguido habría sentido vergüenza. El emperador actual es el Salomón de este templo, pero el David fue Pablo I. Cuando se le preguntó por sus gustos y sus mandatos, me aseguran que respondió: «Quiero un poco de San Pedro y un poco de Santa María la Mayor de Roma». Sería difícil tener mejor gusto. Se le presentaron varios planos, e incluso firmó uno que conozco. Pero la intriga enredó el asunto: el conde de Strogonof antepuso a un joven arquitecto llamado Voranikin, que estaba unido a su persona y que pasaba públicamente por ser su hijo. Descartó, sin que yo sepa cómo, los planos ajenos, y Voranikin recibió el encargo de la obra bajo la dirección de su protector, a pesar de que nunca había construido ni una casa. ¿Qué hombre, y qué loco, se atrevería, entre nosotros, a comenzar con una basílica? Aquí, con todo, eso no sorprende. El ruso emprende todo y no se avergüenza de nada. Como el plan ya se había parado en una ocasión, y la ejecución había comenzado, Alexandre, por respeto a la memoria de su padre, no quiso hacer caso a ninguna objeción y la obra se concluyó. El conde de Strogonof incluyó un *impegno* inaudito, y llamaba a esa obra *mi iglesia*; en efecto, bien que le pertenecía. Un día que tuvo el honor de recibir al emperador para cenar en su casa, le dijo en un momento de entusiasmo: «En fin, señor, ya no tenemos necesidad de talentos extranjeros; los tenemos todos». El emperador le respondió: *Si así es, deme un vino de Madeira*, y le mostró su vaso. Este príncipe se burla con la mayor sinceridad del mundo sobre estas tonterías nacionales, y es quizás un perjuicio que no sea lo suficientemente ruso.

La iglesia, por lo demás, es un conjunto de solecismos contra la arquitectura; por otra parte, es demasiado pequeña para una capital como San Petersburgo, pero asombra por la belleza de los materiales, que no tienen igual, y por algunos detalles que hacen honor al talento ruso.

El día que el pobre conde de Strogonof esperaba después de diez años llegó por fin el 15 [el 27] del mes de septiembre pasado. Una pomposa dedicatoria se asemejaba a un mundo infinito; llegó la corte. El conde de Strogonof presentó las llaves al emperador, que le entregó el diploma de consejero privado actual de Primera Clase. Es el grado más alto en lo civil, igual al de los mariscales, y es muy raro. De ordinario, solo se reviste al canciller. Entonces había tres: el conde de Roumantzof, el príncipe Alexis Kourakin, en París, y el conde de Strogonof; pero este último duraría poco. Tres o cuatro días después de la ceremonia, unos cólicos vinieron a unirse a una hernia que le atormentaba con regularidad y ya desde un principio se temió por su vida. No tenía dormitorio en su vasto palacete, ni siquiera una cama fija. Se acostaba como los antiguos rusos, sobre un diván o sobre un pequeño catre, que hacía vestir aquí o allá, según su fantasía. De la habitación donde se acostó al principio en su última enfermedad hizo que lo trasladaran en una silla de ruedas a una galería de cuadros, contigua a su biblioteca; es una sala inmensa, con una magnífica decoración, y en la que solía recibir visitas con frecuencia; cuando llegó, fue a ver uno de los cuadros que copiaba uno de sus jóvenes y le expresó su parecer. La conversación era siempre la misma. Hacía que le leyeran varias cosas, uno de aquellos días el viaje de Anacarsis. El 26 de octubre le rogó al gobernador de su hijo, de nacionalidad francesa, y a Morawief, uno de sus amigos, que le cantaran algo. Se acercaron con un clavecín y le cantaron un romance a dos voces. No fue poca su sorpresa cuando oyeron aplaudir al enfermo, que batía palmas como si estuviera sano y radiante. Pocos momentos después, llamó al señor Morawief y le dijo estrechándole la mano: *Nei giorni tuoi felici ricordati di me*. Luego le dijo a su secretario de confianza: *No me abandones, pues mañana es un gran día para mí; es necesario que estés siempre cerca para enviar a buscar a los sacerdotes en el momento en que te lo diga*. El 27, al amanecer, mandó a que los buscara; llegaron, se sentaron y él mismo leyó todas las oraciones de los moribundos. Recibió los sacramentos; hizo que llamaran a su hijo y a su nuera, los bendijo, los abrazó y besó con ternura y los despidió expresamente, pidiendo estar desde ese momento a solas. A la una de la tarde falleció tranquilamente. Esta muerte pareció extraordinaria y poco faltó para que canonizaran a este santo hombre. Su sobrina, la señora de Narischkin, esposa del Gran Maestro de Ceremonias, me decía con una sangre fría admirable: *¡Ah! ¡Qué muerte, señor conde! Bien puede decirse que ha muerto como ha vivido*. Su majestad señaló que a su edad mantenía aún a una nieta alemana a la que todo el mundo conoce. Aquí se ve una vez más, señor, cómo están hechos los rusos. Creen que el gesto de un papa borra los pecados al igual que el jabón borra las manchas materiales, mediante una operación puramente mecánica, y que en todo esto la *ropa sucia* es puramente pasiva y es suficiente con dejar hacer. No hay nada viril en el ruso, salvo la bayoneta; todo lo demás es de niños.

... Desde entonces, se ha extendido entre la gente un rumor sobre el momento en que el ataúd bajó la escalera del palacete Strogonof. Vimos una gallina blanca arrojándose sobre el lecho fúnebre, y se dice que dicha gallina era el alma del conde, que había reaparecido después en el cementerio de Newsky; aunque se transformó de repente en una enorme y magnífica mariposa, que llegó a revolotear mucho alrededor de mi cabeza, hasta el punto de haberme sentido obligado a cazarla. Como podrá imaginarse su majestad, se me ha preguntado en distintos lugares del mundo si todo aquello fue verdad, entre risas, aunque quizás también creyéndolo un poco, pues hay aún mucha superstición en este país.

§

El conde.– ... ¡Qué! Pronto ya no volveremos a vernos, mi querido senador; mire mis lágrimas: le demuestran que jamás saldrá usted de mi memoria. Los días en que la escritura me informe de que existe, es decir, de que me ama, serán para mí días de fiesta. ¡Ojalá pueda yo proporcionarle otros iguales! Hasta mi último suspiro no dejaré de recordar a Rusia y de hacer votos por ella. Naturalizado por la benevolencia que he encontrado entre sus habitantes, escucho de buen grado el reconocimiento mientras el país trata de probarme que soy ruso. Su felicidad no dejará de ocupar mi pensamiento. ¿En qué se convertirá en medio del estremecimiento general de los espíritus? ¿Y cómo se aliaron todos esos elementos diversos que un corto espacio de tiempo ha reunido en usted? La fe ciega, las ceremonias groseras, las doctrinas filosóficas, el luminismo, el espíritu de libertad, la obediencia pasiva, la isba y el palacio, los refinamientos del lujo y la rudeza de la barbarie, ¿en qué se convertirán tantos elementos discordantes, puestos en movimiento por ese gusto por la novedad, que quizás constituya el rasgo más destacado de su carácter y que, al lanzarle sin cesar hacia objetos nuevos, le descontenta ante lo que ya tiene? No habita con gusto más que la casa que acaba de comprar. Desde las leyes hasta las condecoraciones, todo está sometido a la infatigable ruleta de sus cambios. No obstante, contemple las naciones que cubren el globo; el sistema contrario es el que las ha conducido a la ilustración. El tenaz inglés se lo demuestra: sus soberanos aún se sienten honrados de llevar los títulos que recibieron de los papas; la espada que asían con la misma mano, marcha todavía ante ellos el día de su coronación, de manera que en el futuro no habrá que cambiar nada. Se lee en sus almanaques el nombre del *confesor de la corte*: tan difícil es separarla de sus antiguas instituciones. En fin, ¿qué pueblo la supera en fuerza, en unidad, en gloria nacional? ¿Quiere ser grande además de poderoso? Siga estos ejemplos; contradiga sin cesar ese espíritu de novedades y de cambios, hasta en las cosas más pequeñas; deje que cuelguen en las paredes las tapicerías llenas de humo de sus abuelos; cargue sus mesas con sus pesadas platerías. Dice usted: «mi padre murió en esta casa; es necesario que la venda». ¡Anatema sobre este sofisma de insensibilidad! Diga, por el contrario: «ha muerto; ya no puedo venderla». Coloque sobre la puerta sus armas reveladas por el bronce, y que la décima generación pise aún el umbral que ha visto pasar las cenizas de sus ancestros. Deje allí sus láminas, los clavos y ese innoble yeso. Dios les ha hecho señores del hierro y del granito: usen estos dones y no edifiquen sino para la eternidad. Buscamos los monumentos en su país; se diría que no les gustan. Quizás digan ustedes que son jóvenes; pero piensen que las pirámides de Egipto fueron modernas. Si ustedes no hacen nada por el tiempo; ¿qué quieren que haga el tiempo por ustedes? En cuanto a las ciencias, vendrán si quieren: ¿están ustedes hechos para ellas? Eso es lo que se verá. En todo caso, ¿qué les importa? Los romanos, tan grandes en literatura, no entendían nada de las ciencias propiamente dichas; sin embargo, dejaron una representación decente en el mundo. Como ellos, y como todas las naciones del mundo, comenzarán por la poesía; su hermosa lengua se presta a todo; dejen madurar sus talentos sin impaciencia; piensen que no les llegará sino lo que le ha llegado al resto de naciones. Sus hombres de guerra y de Estado, aquellos que les han convertido en lo que son, ya han adelantado entre ustedes, como en cualquier otra parte, la era de las ciencias... Su tiempo, si tiene que llegar, lo hará de manera natural y sin esfuerzo. La llama arde en toda Europa: si ustedes son combustibles, ¿cómo no prenderá? Mientras tanto, la gloria romana les espera en las letras. Mis deseos no valen nada, mi querido senador; pero mientras pise esta desgraciada tierra, no dejaré de darles forma para usted.

Las veladas de San Petersburgo (1821),
«Boceto de la pieza final».

Los iluminados

EL CONDE.– … Usted querría, pues, que *se tuviese con usted la extremada bondad* de explicarle *qué es un iluminado.* No negaré que se abusa a menudo de este nombre, y que hacemos que diga aquello que queremos; pero si, por una parte, deben despreciarse ciertas decisiones superficiales que son muy comunes en el mundo, ya no es necesario, entonces, por la otra, contar para nada con no se qué desaprobación vaga, pero general, que se les confiere a ciertos nombres. Si el de *iluminado* no tuviera nada de reprobable, resultaría difícil concebir por qué la opinión, constantemente equivocada, no es capaz de oírlo pronunciar sin adscribirle la idea de una exaltación ridícula o de otra cosa peor. Pero dado que me ha requerido formalmente que le diga qué es un *iluminado*, quizás haya pocos hombres que se muestren más dispuestos que yo a satisfacerle.

En primer lugar, no diré que todo *iluminado* es francmasón; digo simplemente que todos aquellos a los que he conocido, sobre todo en Francia, lo eran; su dogma fundamental es que el cristianismo, tal como hoy lo conocemos hoy, no es más que una verdadera *logia azul*, creada para el vulgo; pero depende del *hombre de deseo* elevarse de grado en grado hasta alcanzar conocimientos sublimes, como los que albergaban los primeros cristianos que eran verdaderos iniciados; esto es lo que ciertos alemanes han denominado *cristianismo trascendental*. Esta doctrina es una mezcla de platonismo, origenianismo y filosofía hermética, sobre una base cristiana.

Los conocimientos sobrenaturales son el gran objetivo de sus trabajos y de sus esperanzas: no dudan de que el hombre pueda entrar en contacto con el mundo espiritual, establecer un comercio con los espíritus y descubrir de este modo los más raros misterios.

Su invariable costumbre es otorgar nombres extraordinarios a las cosas más conocidas bajo nombres consagrados; así, para ellos, un hombre es un *menor* y su nacimiento, *emancipación*. El pecado original se llama *crimen positivo*; los actos del poder divino o de sus agentes en el universo se denominan *bendiciones* y las penas impuestas a los culpables, *padecimientos*. A menudo yo mismo les he infligido *padecimientos* cuando se me ocurría argumentar que todo lo que decían como verdad no era sino el catecismo envuelto en palabras extrañas.

Hace ya más de treinta años, en una ciudad de Francia, tuve la ocasión de convencerme de que cierta clase de estos iluminados ostentaban grados superiores, desconocidos para los iniciados que admitían a sus juntas ordinarias; que incluso tenían un culto y sacerdotes a quienes nombraban con la palabra hebrea *cohen*.

Por lo demás, no es que no pueda haber o que no haya realmente cosas verdaderas, razonables y conmovedoras en sus obras; pero se aprecia demasiado desagravio en ellas por los elementos falsos y peligrosos que les han añadido, sobre todo, debido a su aversión a toda autoridad y jerarquía sacerdotales. Este carácter está generalizado entre ellos: nunca he encontrado una excepción perfecta entre los numerosos adeptos que he conocido.

El más instruido, el más sabio y el más elegante de los teósofos modernos, Saint-Martin, cuyas obras fueron el código de los hombres de los que hablo, participó, no obstante, de ese carácter general. Murió sin haber querido recibir a un sacerdote y sus obras presentan la prueba más clara de que no creía en la legitimidad del sacerdocio cristiano.

Con la protesta de que jamás había dudado de la sinceridad de la conversión de La Harpe (y qué hombre honrado habría podido dudarlo), añadió, no obstante, *que este célebre literato no le parecía estar guiado por verdaderos principios.*

Es necesario leer, sobre todo, el prefacio que colocó al principio de su traducción de la obra de *Tres principios*, escrita en alemán por Jacob Böhme; es ahí donde, después de haber justificado hasta cierto punto las injurias vomitadas por este fanático contra los sacerdotes católicos, acusa a nuestro sacerdocio de haber equivocado su destino, es decir, en otras palabras, que Dios no ha sabido establecer en su religión un sacerdocio como el que debiera haber sido para colmar sus divinas miras. Ciertamente, es un gran perjuicio, pues con este ensayo fallido, queda poca esperanza. Señores, seguiré, no obstante, con mi argumento, como si el Todopoderoso hubiera tenido éxito; y mientras que los *piadosos discípulos* de Saint-Martin, *dirigidos* según la doctrina de su maestro *por los verdaderos principios*, se aventuran a atravesar a nado mareas y oleaje, yo dormiré en paz en esta barca que singla felizmente a través de los escollos y las tempestades desde hace ochocientos nueve años.

Espero, querido senador, que no me acuse de hablar de los iluminados sin conocerlos. Los he visto mucho; y he copiado sus escritos de mi propia mano. Esos hombres, entre los cuales he tenido amigos, me han edificado a menudo, me han divertido a menudo y, también a menudo... pero no quiero recordar ciertas cosas. Busco, por el contrario, no ver otra cosa que sus aspectos favorables. Ya le he dicho más de una vez que esta secta puede resultar útil en países separados de la Iglesia, porque conserva el sentimiento religioso, acostumbra al espíritu del dogma, lo sustrae a la acción deletérea de la reforma, que ya no tiene límites, y lo prepara para la reunión. Incluso me acuerdo muchas veces, con la más profunda de las satisfacciones, de que entre el número bastante grande de iluminados protestantes que he conocido, no he encontrado jamás esa amargura que debería expresarse con un nombre particular, pues no se parece a ningún otro sentimiento de este orden: al contrario, no he hallado en ellos más que bondad, dulzura e incluso piedad, entiendo que a su manera. Y no es en vano, espero, que se colmen del espíritu de san François de Sales, de Fénelon, de santa Teresa; la propia señora Guyon, que se saben de memoria, no les resultará inútil. No obstante, a pesar de estas ventajas o, por decirlo mejor, a pesar de estas compensaciones, el iluminismo no es menos mortal bajo el imperio de nuestra Iglesia y también de la suya, pues aniquila fundamentalmente la autoridad que es, sin embargo, la base de nuestro sistema.

Les confieso, señores, que no comprendo nada de un sistema que no quiere creer más que en los milagros, y que exige absolutamente que los obren los sacerdotes, bajo pena de que sean declarados nulos. Blair ha escrito un hermoso discurso sobre estas palabras tan conocidas de san Pablo: «Nosotros no vemos ahora las cosas más que como un espejo, y bajo imágenes oscuras». Demuestra de maravilla que si tuviéramos conocimiento de lo que sucede en el otro mundo, el orden de este se volvería turbio y pronto sería aniquilado, pues el hombre, instruido sobre aquello que espera, dejaría de tener el deseo y la fuerza para obrar. Piense únicamente en la brevedad de nuestra vida. Por lo común, se nos conceden menos de treinta años. ¿Quién puede creer que semejante ser esté destinado a conversar con los ángeles? Si los sacerdotes están hechos para las comunicaciones, las revelaciones, las manifestaciones, etc., lo extraordinario se convertirá, pues, en nuestro estado ordinario. Esto sería un gran prodigio; pero aquellos que quieren milagros son los responsables de hacerlos cada día. Los verdaderos milagros son las buenas acciones que se llevan a cabo a pesar de nuestro carácter y de nuestras pasiones. El joven que domina sus miradas y sus deseos en presencia de la belleza es un taumaturgo mayor que Moisés. ¿Y qué sacerdote no recomienda este tipo de prodigios? La sencillez del Evangelio oculta a menudo su profundidad; en él se lee: *Si ven milagros, no creerán*; nada es más profundamente cierto. La claridad de la inteligencia no tiene nada en común con la rectitud de la voluntad. Bien sabe, mi viejo amigo, que si ciertos hombres llegaran a encontrar lo que buscan, podrían muy bien convertirse en culpables en vez de perfeccionarse. ¿Qué nos falta hoy, pues, teniendo en cuenta que somos dueños de obrar el bien? ¿Y qué les falta a los sacerdotes, teniendo en cuenta que han recibido el poder de notificar la ley y perdonar sus transgresiones?

Las veladas de San Petersburgo (1821),
«Velada undécima».

El rezo

El conde.– Pero como no hay nada más difícil que *rezar*, atreverse a decir que uno ha rezado y que no ha sido escuchado es el colmo de la ceguera y de la temeridad a un mismo tiempo. Quiero hablarles, sobre todo, de las naciones, pues son el objeto principal de este tipo de cuestiones. Para alejar un mal, para obtener un bien nacional, es más que justo, sin duda, que la nación *rece*. Ahora bien, ¿qué es una nación? ¿Y qué condiciones son necesarias para que *rece* una nación? ¿Hay en cada país hombres que tengan derecho de *rezar* por ella? y este derecho, ¿lo tienen por sus disposiciones internas o por su rango en el seno de esta nación o bien por la reunión de ambas circunstancias? Conocemos bien poco los secretos del mundo espiritual; ¿y cómo los conoceremos si nadie se preocupa por ellos? Sin querer sumergirme en sus profundidades, me detengo en la proposición general: *no podrá demostrase nunca que una nación ha rezado sin haber sido escuchada*; y yo me siento también seguro de la proposición afirmativa: es decir, *que toda nación que reza es escuchada*. Las excepciones no confirmarían nada incluso cuando pudieran verificarse, y todas desaparecían ante la sola observación: *que ningún hombre puede saber, incluso cuando rece perfectamente, si no está pi-*

diendo una cosa perjudicial para sí o para el orden general. Recemos, pues, sin descanso, recemos con todas nuestras fuerzas y con todas las disposiciones que pueden legitimar este gran acto de la criatura inteligente: sobre todo, no olvidemos nunca que todo verdadero rezo es eficaz de algún modo. Todas las súplicas que se presentan al soberano no se decretan favorablemente, y tampoco podrían serlo, pues no todas son razonables; sin embargo, todas contienen una profesión de fe expresa del poder, de la bondad y de la justicia del soberano, que no puede más que complacerse al verlas concurrir por todos los rincones de su imperio, y como es imposible suplicar al príncipe sin rendirle al mismo tiempo un acto de fiel vasallaje, tampoco es posible rezarle a Dios sin establecer con él una relación de sumisión, de confianza y de amor; de manera que hay en la oración, considerada únicamente en sí misma, una virtud purificadora, cuyo efecto es casi infinitamente mejor para nosotros que aquello que, en nuestra ignorancia, le pedimos con demasiada frecuencia. Toda oración legítima, incluso cuando no haya de ser escuchada, no deja de elevarse menos por ello hasta las regiones superiores, desde donde vuelve a caer sobre nosotros una vez que se ha sometido a ciertos preparativos, como un rocío bienhechor que nos prepara para otra nueva patria. Pero cuando únicamente le pedimos a Dios *que se haga su voluntad*, es decir, que el mal desaparezca del universo, solo entonces estamos seguros de no haber rezado en vano. ¡Qué ciegos estamos y qué insensatos somos! En vez de quejarnos de no haber sido escuchados, más bien deberíamos temblar por haber pedido mal o por haber pedido el mal. El mismo poder que nos manda que recemos, nos enseña también cómo y en qué disposiciones hay que rezar. Faltar al primer mandamiento nos rebaja a la condición de animal e incluso hasta a la de ateo; faltar al segundo implica, además, exponernos a un gran anatema, el de *ver nuestra oración transformada en crimen.*

Las veladas de San Petersburgo (1821),
«Velada sexta».

§

El senador.– … porque la oración es la respiración del alma, como creo que lo ha dicho el señor de Saint-Martin; y quien deja de rezar, deja de vivir. *No hay religión sin rezo*, ha dicho ese mismo Voltaire que acaba de citar: nada es más evidente. Y como consecuencia necesaria: *si no hay rezo, no hay religión*. Ese es casi el estado al que estamos reducidos; porque dado que los hombres no han rezado más que en virtud de una religión revelada (o reconocida como tal), a medida que se han aproximado al deísmo, que no es nada y nada puede, han dejado de rezar y ahora se les puede ver inclinados, mirando al suelo, ocupados únicamente con las leyes y los estudios filosóficos, y sin el menor sentimiento de su dignidad natural, que han perdido. Tal es la desgracia de esos hombres que ya ni siquiera son capaces de desear su propia regeneración, no solo por la conocida razón de que *no se puede desear lo que no se conoce*, sino porque encuentran en su embrutecimiento moral no sé qué encanto terrible, que es un castigo espantoso. Resultaría en vano, por tanto, que se les hablara de lo que son y de lo que debían ser. Sumergidos en la atmósfera divina, se niegan a vivir, mientras que *si quisieran abrir la boca, atraerían al espíritu.** Así es el hombre que ya no reza; y si el culto público (no se requeriría ninguna otra prueba de su indispensable necesi-

* Ps., cxviii, 131.

dad) no se opusiera de algún modo a la degradación universal, creo, bajo mi palabra de honor, que nos convertiríamos finalmente en verdaderas bestias. Además, nada iguala la antipatía de estos hombres de los que le hablo por ese culto y por sus ministros. Unas tristes confidencias me han informado de que hay algunos para quienes la atmósfera de una iglesia es una especie de mofeta que los asfixia al pie de la letra, y les obliga a salir de allí; mientras que las almas sanas se sienten impregnadas por cierto rocío espiritual, que no tiene nombre, pero que no lo necesita, porque no hay nadie que pueda ignorarlo. Su Vicente de Lerins aportó una famosa regla en materia de religión: dijo que era necesario creer en lo que se ha creído *siempre, por todas partes y por todos*. No hay nada más verdadero ni más generalmente cierto. A pesar de su fatal degradación, el hombre siempre lleva consigo señales evidentes de su origen divino, de manera que toda creencia universal es siempre más o menos verdadera; es decir, que el hombre puede muy bien tener encubierta y, por decirlo así, *anquilosada* la verdad, por los errores con los que la ha sobrecargado, pero estos errores serán locales y la verdad universal se manifestará siempre. Ahora bien, los hombres han rezado siempre y en todas partes. Sin duda, pueden haber rezado mal; han podido pedir aquello que no era necesario o no pedir lo que sí lo era, así es el hombre; pero siempre han rezado, y así es Dios. El hermoso sistema de las leyes invariables nos conduciría derechos al fatalismo y convertiría al hombre en una estatua. Protesto, como lo hacía ayer nuestro amigo, pues no veo que se insulte a la razón. La respeto infinitamente a pesar de todo el mal que nos ha causado; aunque lo que es más que seguro es que cada vez que se encuentre en oposición al *sentido común*, debemos rechazarla como a una corruptora. Es ella la que ha dicho: *no debe ocurrir nada más que lo que ocurre; nada ocurre más que lo que debe ocurrir*; pero el buen sentido ha dicho: *si reza por algo que debería ocurrir, no ocurrirá*; por lo que el sentido común ha hecho un buen razonamiento, mientras que la razón carecía de él. Y, por lo demás, poco importa que a las verdades probadas se les puedan oponer ciertas sutilezas cuyo juicio no sabe zanjar en el acto, porque no hay un medio más infalible para entregarse a los errores más groseros y más funestos que rechazar tal o cual dogma, únicamente porque admite una objeción que no sabemos resolver.

El conde.– Tiene toda la razón, mi querido senador: contra la verdad no puede admitirse ninguna objeción, pues de otro modo la propia verdad dejaría de serlo. Desde que se reconoce su carácter, la indisolubilidad de la objeción no supone más que falta de conocimientos por parte del que no sabe resolverla. Contra Moisés se han aportado testimonios de la historia, la cronología, la astronomía, la geología, etc. Las objeciones han desaparecido ante la verdadera ciencia; pero fueron muy sabios todos aquellos que las despreciaron antes de todo examen o que no las examinaron más que para hallar una respuesta, sin dudar siquiera de que pudiera haber una. Incluso la objeción matemática debe ser despreciada, porque será, sin duda, una verdad demostrada; pero jamás podrá demostrarse que contradiga la verdad anteriormente demostrada.

Las veladas de San Petersburgo (1821),
«Velada cuarta».

§

El conde.– Bacon se había formado una idea quimérica de las fuerzas que actúan en el universo, que después confundió a una multitud de disertadores. De entrada suponía ya dichas fuerzas materiales; luego las superponía indefinidamente una sobre otra; y al ver en el colegio de abogados estos árboles genealógicos en los que todos son hijos, salvo el primero, y todos son padres, salvo el último, a menudo no he podido evitar sospechar que, empleando este modelo, se había convertido en un *ídolo de escalas*, que arreglaba las causas en su cabeza del mismo modo; entendía así, a su manera, que tal causa era hija de aquella que la precedía y que las generaciones se estrechaban siempre a medida que ascendían, por lo que, finalmente, el verdadero intérprete de la naturaleza conducía a una abuela común. He aquí las ideas que este gran legislador se formaba acerca de la naturaleza y de la ciencia que debía explicarla; pero no hay nada más quimérico. No deseo que nos demoremos en una larga discusión. Tanto a usted como a mí nos basta con una sola observación en este momento: que ni Bacon ni sus discípulos han podido citarnos ni nos citarán nunca un solo ejemplo con el que puedan sustentar su teoría; que nos demuestren ese pretendido orden de causas *generales, más generales, generalísimas*, como les gusta llamarlas. Mucho se ha disertado y mucho se ha descubierto después de Bacon: que se nos ofrezca un ejemplo de esta maravillosa genealogía, que se nos indique un solo misterio de la naturaleza que se haya explicado, no digo ya por una causa, sino únicamente por un efecto primero, antes desconocido, y que se incremente del uno hasta el otro. Imagine el fenómeno más vulgar, por ejemplo, la elasticidad o cualquier otro que le complazca elegir. No dirá ahora que lo pongo difícil. No pido ni las abuelas ni las bisabuelas del fenómeno, me contento con la madre; por desgracia, todo el mundo se queda en silencio y son siempre (así lo interpreto en el orden material) *proles sine matre creata*. Y bien, ¿cómo puede alguien cegarse hasta el punto de buscar causas en la *naturaleza*, cuando la propia naturaleza es un efecto? Mientras no se salga del círculo material, ningún hombre puede avanzar más que otro en la búsqueda de las causas. Todos se detienen, y así debe ser, en el primer paso. El ingenio de los descubrimientos en ciencias naturales consiste únicamente en descubrir hechos ignorados o en estudiar fenómenos no explicados en relación con los efectos primeros ya conocidos, y que nosotros tomamos por causas. Así, el que descubrió la circulación de la sangre y el que descubrió el sexo de las plantas merecen, uno y otro, sin duda, el reconocimiento de la ciencia; pero el hallazgo de hechos no tiene nada en común con el de las causas. Newton, por su parte, quedó inmortalizado cuando, gracias al estudio de la gravedad, se le atribuyeron fenómenos que a nadie se le habían ocurrido, pero el lacayo de este gran hombre sabía tanto como su amo acerca de la causa de la gravedad. Ciertos discípulos, de los que se avergonzaría si levantase la cabeza, se han atrevido a decir que la atracción era una ley *mecánica*. Newton no profirió jamás semejante blasfemia contra el sentido común y resulta más que vano que buscaran tener un cómplice tan célebre. Dijo, por el contrario (y ya es mucho), *que abandonaría a sus lectores la cuestión sobre si el agente que produce la gravedad es material o inmaterial*. Lea, se lo ruego, sus cartas teológicas al doctor Bentley: le resultarán igualmente instructivas y edificantes.

Ya ve, señor senador, que apruebo en alto grado su manera de ver el mundo y que incluso la apoyo, si no me equivoco en absoluto, con muy buenos argumentos. Por lo demás, se lo repito, *sé que no sé*; y esta duda me colma a un mismo tiempo de felicidad y de agradecimiento, ya que encuentro reunidos el título imborrable de mi grandeza y la saludable defensa contra toda especulación ridícula o temeraria. Al examinar la naturaleza desde este punto de vista, a gran escala, como en la última de sus creaciones, me acuerdo continuamente (y eso es mucho) de las palabras de un Lacedemonio, que cuando reflexionaba sobre qué le impedía a un cadáver rígido tenerse en pie de manera que pudiera quedarse así, dijo: *POR DIOS, algo tiene que haber ahí adentro.* Debemos decir lo mismo siempre y en todas partes, porque sin ese *algo*, todo es cadáver y nada se tendría en pie. El mundo, visto así, como un simple conjunto de apariencias, en el que el menor fenómeno oculta una realidad, es un verdadero y sabio idealismo. Puedo decir en un sentido muy cierto que los objetos materiales no son nada de lo que veo; pero lo que veo es real en relación conmigo, y para mí supone bastante poder ser conducido de este modo hacia la existencia de otro orden en el que, sin verlo, creo firmemente.

… Esta excursión a las causas nos conduce a una idea igualmente justa y fecunda: la de contemplar la oración en su efecto simplemente como una causa secundaria, pues, bajo este punto de vista, está únicamente allí y no debe distinguirse de ninguna otra. Por tanto, si el filósofo de moda se extraña al verme emplear la oración para protegerme del rayo, por ejemplo, le preguntaré: *y usted, señor, ¿para qué usa los pararrayos?* o por ceñirme a algo más común: *¿para qué usa las bombas en los incendios, y los remedios en las enfermedades? ¿No se opone usted del mismo modo que yo a las leyes eternas?* «¡Oh! Es muy diferente —se dirá—, porque si es ley que el fuego quema, también lo es que el agua apaga el fuego». A lo que yo respondería: *eso es precisamente lo que yo digo por mi parte; porque si es ley que un rayo produce tal o cual estrago, también lo es que la oración, propagada a tiempo sobre el FUEGO DEL CIELO, lo extingue o lo desvía.* Persuádanse, señores, de que no se me hará objeción alguna en cuanto a esta suposición que yo no replique con ventaja: no hay término medio entre el fatalismo rígido, absoluto y universal y la fe común de los hombres sobre la eficacia de la oración.

... ¡Ah! ¡Qué caras le han costado al hombre las ciencias naturales! Y mucha culpa tiene de ello, pues Dios lo había protegido suficientemente; pero el orgullo prestó atención a la serpiente y el hombre volvió a llevar su mano criminal sobre el árbol de la ciencia. Se perdió y, por desgracia, ya no sabe nada. Observe una bella ley de la Providencia: desde los tiempos primitivos, de los que no hablo en este momento, no les ha ofrecido la física experimental más que a los cristianos. Los antiguos nos superaban, sin duda, en fortaleza de espíritu: esta cuestión queda probada por la superioridad de sus lenguas, de un modo que parece imponer silencio a todos los sofismas de nuestro orgullo; por esa misma razón nos han superado en todo lo que pudieron tener en común con nosotros. Por el contrario, su física es casi nula, pues no solo no les concedían ningún valor a las experiencias físicas, sino que las despreciaban, e incluso les atribuían una especie de ligera imagen de impiedad, y este sentimiento confuso procedía de bien alto. Cuando toda la Europa era cristiana; cuando los sacerdotes eran los preceptores universales; cuando todas las instituciones de Europa fueron cristianizadas; cuando la teología ocupó su lugar a la cabeza de la enseñanza y el resto de facultades se apartaron para colocarse a su alrededor como damas de honor en torno a su soberana; cuando el género humano se encontró así preparado; se le ofrecieron las ciencias naturales, *tantae molis erat* ROMANAM *condere gentem*. La ignorancia de esta gran verdad hizo desvariar a muchas buenas cabezas, sin que se exceptúe a Bacon, e incluso comenzando por él.

Las veladas de San Petersburgo (1821),
«Velada quinta».

El latín

… Así como el porte, los gestos, el lenguaje y hasta los hábitos de un hombre sabio anuncian su carácter, también es necesario que el exterior de la Iglesia católica anuncie su carácter de eterna invariabilidad. ¿Y quién le imprimirá, pues, dicho carácter, si no obedece a la mano de un jefe soberano y si cada Iglesia puede entregarse a sus caprichos particulares? Este carácter *único* que se imprime en los ojos de los menos clarividentes, ¿no se lo debe la Iglesia a la influencia *única* de dicho jefe? ¿Y no es a él, sobre todo, a quien le debe esta lengua católica, que es la misma para todos los hombres de la misma creencia? Recuerdo que, en su *libro sobre la importancia de las opiniones religiosas*, el señor Necker decía que *ya es hora por fin de preguntarle a la Iglesia romana por qué se obstina en servirse de una lengua desconocida*, etc., por el contrario, YA ES HORA POR FIN de no hablar más de esto o de no hacerlo más que para reconocer y alabar su profunda sabiduría. ¡Qué idea tan sublime la de una lengua universal para la Iglesia universal! Desde un polo a otro, el católico que entre en una iglesia de su rito se encuentra en casa y nada le es ajeno a la mirada. Cuando llega, oye lo que ha oído toda su vida; puede unir su voz a la de sus hermanos. Los comprende, y es comprendido; puede exclamar:

Roma está toda ella en todas partes, está toda ella donde yo esté.

La fraternidad que resulta de una lengua común es un lazo misterioso de una inmensa fuerza. En el siglo IX, Juan VIII, un pontífice demasiado afable, les había concedido a los eslavos un permiso para celebrar el oficio divino en su propia lengua; esto puede sorprender a quienes hayan leído la carta CXCV de este papa, en la que reconoce los inconvenientes de esta tolerancia. Gregorio VII retiró este permiso; pero para los rusos ya no era momento, y ya se sabe cuánto ha costado esto a este gran pueblo. Si la lengua latina se hubiese establecido en Kiev, en Nóvgorod, en Moscú, no habría sido jamás destronada; los ilustres eslavos, parientes de Roma por la lengua, nunca se habrían echado en los brazos de esos griegos degradados del Bajo Imperio, cuya historia causa lástima, cuando no horror.

Nada iguala a la dignidad de la lengua latina. Fue la que habló el *pueblo rey*, que le imprimió ese carácter de grandeza única en la historia del lenguaje humano, y que incluso las lenguas más perfectas no han podido jamás alcanzar. El término *majestad* pertenece al latín. Grecia lo ignora; y solo por esta *majestad* quedó por debajo de Roma, tanto en las letras como en las facciones. Nacida para mandar, esta lengua manda aún en los libros de aquellos que la hablaron. Es la lengua de los conquistadores romanos y la de los misioneros de la Iglesia romana. Estos hombres no se diferencian más que en el objeto y en el resultado de su acción. Para los primeros se trataba de esclavizar, de devastar y de humillar al género humano; los segundos venían a iluminarlo, a sanarlo, a salvarlo, pero siempre se trataba de vencer y de conquistar, y en una parte y otra es el mismo poder:

> ... *Ultra Garamantas et Indos*
> *proferet imperium...*

Trajano, que representó el último esfuerzo del poder romano, no pudo, sin embargo, llevar su lengua más que hasta el Éufrates. El pontífice romano hizo que se oyera en las Indias, en China y en Japón.

Es la lengua de la civilización. Mezclada con la de nuestros padres los bárbaros, supo refinar, suavizar y, por decirlo así, *espiritualizar* esos idiomas groseros que se han convertido en lo que podemos ver hoy. Los enviados del sumo pontífice, armados con esta lengua, fueron ellos mismos en busca de esos pueblos que ya no venían a buscarlos a ellos. Estos la oyeron hablar el día de su bautismo, y desde entonces nunca la han olvidado. Arroje la mirada sobre un mapamundi y trace en él la línea donde *enmudezca esta lengua universal*: es ahí donde están los límites de la civilización y la fraternidad europeas. Más allá no encontrará otra cosa que el parentesco humano, que felizmente se halla en todas partes. El símbolo europeo es la lengua latina. Las medallas, las monedas, los trofeos, los sepulcros, los anales primitivos, las leyes, los cañones, todos los monumentos hablan en latín: ¿deberían, pues, borrarse todos o que no se les escuche más? El último siglo, que se encarnizó contra todo cuanto hay de sagrado o de venerable, no dejó de declararle la guerra al latín. Los franceses, que marcaron el tono, se olvidaron casi por completo de esta lengua; y la olvidaron hasta el punto de hacerla desaparecer de sus monedas; no parecían siquiera darse cuenta de ese delito, cometido a un mismo tiempo contra el buen sentido europeo, contra el gusto y contra la religión. Los propios ingleses, aunque sabiamente obstinados en sus costumbres, comenzaron también a imitar a Francia, lo cual, si no me equivoco, les sucede más a menudo de lo que se cree. Contemple los pedestales de sus estatuas modernas: ya no encontrará aquel gusto sobrio con el que se grabaron los epitafios de Newton y de Christopher Wren. En lugar de este noble laconismo, leerá historias en la lengua vulgar. El mármol, condenado a charlatanear, llora la lengua de la que obtenía aquel bello estilo, de renombre entre los demás estilos, y que, desde la piedra sobre la que se había fijado, se alzaba en la memoria de todos los hombres.

... En fin, toda lengua mudable conviene poco a una religión inmutable. El movimiento natural de las cosas ataca constantemente a todas las lenguas vivas; y sin hablar de esos grandes cambios que las desnaturalizan por completo, hay otras que no parecen importantes, y que lo son mucho. La corrupción del siglo se apodera todos los días de ciertas palabras, y las arruina por diversión. Si la Iglesia hablase nuestra lengua, podría depender de un espíritu hermoso e insolente con el que convertir la palabra más sagrada de la liturgia en ridícula o indecente. Bajo todas las consideraciones imaginables, la lengua religiosa debe colocarse fuera del dominio del hombre.

Del Papa (1819),
Libro I, cap. XX.

Bacon

Su estilo es, por decirlo así, *material*: no se pone a prueba salvo en las formas, en las masas, en los movimientos. Su pensamiento parece, si se permite expresarlo de esta forma, *corporizarse* e *incorporarse* a los objetos que lo ocupan únicamente. Toda expresión abstracta, todo *verbo* de inteligencia que se contempla a sí mismo, le irrita. Reenvía a la escuela toda idea que no le presente las tres dimensiones. En todas sus obras no hay una sola línea, una única palabra, que se dirija al espíritu; el de la *naturaleza* o el de la *esencia*, por ejemplo, le choca. Le gusta más decir *forma*, porque la ve. La palabra *prejuicio* es demasiado sutil a sus oídos; dirá *ídolo*, porque un *ídolo* es una estatua de madera, de piedra o de metal, que tiene una forma, un color, que se puede tocar y colocar sobre un pedestal. Por tanto, en lugar de decir *prejuicios de nación*, *prejuicio de cuerpo*, etc., dirá *ídolos de plaza pública*, *ídolos de tribu*, etc.; y a estos prejuicios personales que todos tenemos más o menos acerca del carácter y de la costumbre él los denomina *ídolos de caverna*, pues para él el interior del hombre no es sino una caverna humilde, y los errores que destilan de la bóveda forman ahí concreciones, todas ellas semejantes a esas estalactitas que penden en las cavernas vulgares.

Si se encuentra en su camino con algún término que el uso y la aprobación universal hayan espiritualizado por completo, busca envilecerlo, arrastrarlo al círculo material, el único donde se ejercita y, de acuerdo con las más tristes apariencias, el único que le parece real. Por esta razón, la palabra *espíritu*, que como palabra perfectamente *ennoblecida* le molestaba un poco, le llevó a procurar degradarla, proponiendo, sin que se sepa por qué, derogarla hasta el punto de no expresar otra cosa que el alma sensible (material según sus ideas mezquinas).

Examen de la filosofía de Bacon (1836),
cap. I.

§

El conde.– … Las ciencias no marchan como imaginaba Bacon: germinan como todo lo que germina; crecen como todo lo que crece; se ligan al estado moral del hombre. Aunque libre y activo, y capaz de entregarse, por tanto, a las ciencias y perfeccionarlas, como todo lo que se coloca a su alcance, quizás, no obstante, se abandone a sí mismo menos en este punto que en cualquier otro. Pero Bacon tenía la fantasía de injuriar los conocimientos de su siglo, sin haber podido nunca apropiárselos; y nada es más curioso en la historia del espíritu humano que la imperturbable obstinación con la que este célebre hombre no dejaba de negar la existencia de la luz que brillaba a su alrededor, porque sus ojos no estaban hechos para recibirla; pues jamás fue más ajeno a las ciencias naturales y a las leyes del mundo. Se ha acusado con mucha justicia a Bacon de haber retrasado el progreso de la química en su afán por volverla mecánica, y estoy encantado de que el reproche se lo haya dirigido en su propia patria uno de los primeros químicos del siglo. Ha causado un mal aún mayor retrasando el progreso de esta filosofía trascendental o *general*, con la que no ha cesado de hablarnos, sin que dudase jamás de aquello que esta debía ser; incluso ha inventado palabras falsas y peligrosas mediante las acepciones que les ha conferido, como la de *forma*, por ejemplo, que ha sustituido por aquellas de *naturaleza* o *esencia*, ocasión que la grosería moderna no ha desperdiciado para adueñarse de ellas, proponiéndonos con toda la seriedad posible que busquemos la *forma* del calor, de la expansibilidad, etc. ¿Y quién sabe si no llegará algún día, recorriendo sus huellas, a enseñarnos la *forma de la virtud*? El poder que ejercitaba Bacon no era aún adulto en la época en que escribía; sin embargo, lo vemos fermentar ya en sus escritos en los que esboza intrépidamente los gérmenes que habíamos visto eclosionar en nuestra época. Colmada de un resentimiento mecánico (del que él mismo desconocía tanto la naturaleza como la fuente) contra todas las ideas espirituales, Bacon vinculó la atención general a las ciencias matemáticas, empleando todas sus fuerzas en ello, de manera que hiciera que al hombre se le quitaran las ganas de todo lo demás. Apoyaba toda la metafísica, toda la psicología, toda la teología natural en la teología positiva, y la encerraba bajo llave en la Iglesia con prohibición de que saliera; deprimía sin descanso las causas finales, a las que llamaba *rémoras* ligadas a la nave de las ciencias; y se atrevió a sostener sin rodeos que la investigación sobre estas causas perjudicaba a la verdadera ciencia: error tan grosero como funesto y, sin embargo, ¿se le podría creer? Error contagioso, incluso para los espíritus felizmente dispuestos, hasta el punto de que uno de los discípulos más fervientes y valiosos del filósofo inglés no sintió temblar su mano, advirtiéndonos de *que nos guardásemos bien de no dejarnos seducir por eso que percibimos como orden en el universo.* Bacon no ha olvidado nada para quitarnos las ganas de apreciar la filosofía de Platón, que es el prefacio humano del Evangelio; y ha ensalzado, explicado y divulgado la de Demócrito, es decir, la filosofía corpuscular, esfuerzo desesperado del materialismo por acabar con la paciencia, y que, cuando siente que la materia se le escapa y no explica nada, se sumerge en lo infinitamente diminuto, buscando, por así decirlo, la materia sin la materia, y siempre contento en el seno mismo de las absurdidades, en todos los lugares donde no encuentra la inteligencia. Conforme a este sistema de filosofía, Bacon mueve a los hombres a buscar la causa de los fenómenos naturales en la configuración de los átomos o de las moléculas constituyentes, la idea más falsa y más grosera que haya jamás mancillado el entendimiento humano. Y he aquí por qué el siglo XVIII, que nunca ha querido ni elogiado a los hombres más que por aquello que tienen de malo, ha hecho de Bacon su Dios, no obstante, rechazando a un tiempo hacerle justicia por aquello que tiene de bueno e incluso de excelente. Es un error muy grande creer que ha influido en el progreso de las ciencias, pues todos los verdaderos fundadores de la ciencia le precedieron o no llegaron a conocerlo. Bacon fue un barómetro que anunció el buen tiempo; y dado que lo anunciaba, se pensó que lo había creado.

Las veladas de San Petersburgo (1821),
«Velada quinta».

§

... Observo que resulta extraño declarar la verdad invencible en la misma frase en que se acusa a la Iglesia de haberla ocultado. Nada, en efecto, puede suprimir una verdad descubierta. Si algunos obstáculos la retrasan, pronto la vuelven en su beneficio. La historia da fe de ello, y si nos faltaran ejemplos, la naturaleza del espíritu humano nos haría adivinar la ley que es la misma en el orden físico, pues *todo obstáculo que no extinga una fuerza discute su poder, porque lo acumula*. Por lo demás, lo que la mirada prevenida de estos escritores no se ha cuidado de observar es que resulta infinitamente útil que haya en el mundo un poder que se oponga a todas las innovaciones que le parecen temerarias; si se equivoca, la invencible verdad pronto disipa el nubarrón. En caso contrario, algo infinitamente más frecuente, les hace a los hombres el mayor de los favores ofreciéndoles un freno al espíritu de innovación, que es una de las grandes epidemias del mundo. Toda autoridad, pero sobre todo la de la Iglesia, debe oponerse a las novedades sin dejarse asustar por el peligro de retrasar el descubrimiento de algunas verdades, inconveniente pasajero y nulo por completo, comparado con el de hacer que las instituciones o las opiniones recibidas se tambaleen. Con mucho sentido, se le ha aplicado a la soberanía espiritual estos versos de Virgilio:

> *Res dura, et regni novitas me talia cogunt*
> *Moliri, et late fines custode tueri* (Aen., i, 567)

Si la bula de León X hubiera asfixiado al protestantismo en su origen, habría evitado la guerra de los Treinta Años, la guerra de los campesinos, las guerras civiles de Francia, de Alemania, de Inglaterra, de Flandes, etc., el asesinato de Enrique IV, el asesinato de María Estuardo, el asesinato del príncipe de Orange, el asesinato de Carlos I, la masacre de Mérindol, la masacre de San Bartolomé y de la Revolución francesa, incontestable hija de aquella del siglo xvi.

Si la censura de la Sorbona hubiera parado súbitamente a Buffon, su brillante espíritu, incapaz de detenerse, nos habría hablado útilmente sobre algún tema útil, en lugar de producir las *Épocas de la naturaleza*, y quizás no se habría imprimido en Londres una traducción de las obras de este naturalista, LIBRE DE SUS EXTRAVAGANCIAS.*

Así, la alianza de la religión y de la ciencia, que Bacon nos presenta como una catástrofe para el espíritu humano, es el gran objetivo hacia el que los legisladores deberían tender con todas sus fuerzas, porque la religión, purificando y exaltando el espíritu humano, lo hace más apto a los descubrimientos, ya que combate sin descanso el vicio, que es el enemigo capital de la verdad, y porque, al favorecer a la ciencia de estas dos maneras, termina por perfeccionarla, privándola de cierta *alcalescencia* original que hace que tienda, sin respiro, a la putrefacción.

Bacon, que no paraba de lanzar invectivas contra la enseñanza y el estado de las ciencias de su tiempo, realmente lanzaba invectivas contra una ley *cósmica*; tanto valía escribir contra la precesión de los equinoccios o contra las mareas. Quería a toda costa alterar, si se puede expresar así, la vegetación de la planta humana. *Protestaba* contra el progreso de la acción divina. La ciencia nunca debe aparecer antes de que los espíritus estén preparados para recibirla sin peligro, e incluso, por el bien general de la humanidad, es necesario compadecer sinceramente a la nación en la que este orden haya sido invertido.

Toda la ciencia del universo comenzó en los templos, y los primeros astrónomos fueron, sobre todo, sacerdotes. No digo que haya que volver a la antigua iniciación y reem-

* *Free from his extravangancies.* Son las palabras del prospecto que leí hace tiempo.

plazar a los presidentes de nuestras academias por hierofantes; lo que digo es que todas las cosas vuelven a empezar de la manera en que comenzaron, que todas ellas portan un principio original que se modifica según el distinto carácter de las naciones y el avance progresivo del espíritu humano, pero que, no obstante, se muestra siempre de una manera o de otra. Los sacerdotes lo han conservado todo, lo han resucitado todo, nos lo han enseñado todo.

Examen de la filosofía de Bacon (1836),
cap. XIX.

§

Desprovisto de principios fijos en todos los puntos, y sin tener más que negaciones en el espíritu, suspendido entre la antigua creencia y la nueva reforma, entre la autoridad y la rebelión, entre Platón y Epicuro, termina por no saber incluso lo que sabe. Es, de manera alternativa, materialista, escéptico, cristiano, deísta, protestante, incluso jesuita, si cae en suerte, según lo impulse la idea del momento. La impresión general que me queda, después de haberlo comparado todo con exactitud, es que, sin poderme fiar de él en nada, lo desprecio tanto por lo que afirma como por lo que niega.

No sé, por lo demás, si se ha considerado lo suficiente que las contradicciones de Bacon, en materia de religión, son una consecuencia necesaria de la religión que profesaba. Este sistema rechaza toda creencia fija y común. El dogma, al estar sujeto a los hombres, se examina, se equilibra, se acepta, se abdica, tal y como le place al hombre, de modo que todo protestante que afirme no habla más que por él, por el dogma que afirma y por el momento mismo en el que habla, sin poder asegurar jamás que en un instante volverá a pensar lo mismo, ni que su correligionario tendrá la misma fe sobre el mismo dogma ni que uno u otro serán igualmente sumisos a otros puntos. ¿Cómo podría esperarse, pues, una firmeza de principios esencialmente imposible?

Examen de la filosofía de Bacon (1836),
cap. xx.

§

Se ha dicho todo sobre Bacon y, de aquí en adelante, su reputación no podría imponerse más que en aquellos que tengan una deliberada ceguera. El conjunto de su filosofía es una continua aberración. Se equivoca igualmente tanto en el objeto como en sus medios; no ha visto nada de aquello que pretendía descubrir, y no ha visto nada, no porque no haya mirado, no a consecuencia de la interposición de cuerpos opacos, sino por el vicio intrínseco del ojo, que es a un mismo tiempo débil, falso y distraído. Bacon se equivoca con la lógica, con la metafísica, con la física, con la historia natural, con la astronomía, con las matemáticas, con la química, con la medicina, en fin, con todas las cosas de las que se ha atrevido a hablar en la vasta extensión de la filosofía natural. Se equivoca, no como los demás hombres, sino de una manera que no es propia más que de él, y que parte de cierta impotencia radical, una impotencia tal que no indica un solo camino que no conduzca al error, empezando por la experiencia cuyo uso y carácter ha pervertido, de forma que se va por las ramas, aun cuando indica un objetivo verdadero o un medio legítimo. Se equivoca con las masas y las generalidades alterando el orden y la jerarquía de las ciencias, otorgándoles nombres falsos y objetivos imaginarios; se equivoca con los detalles *negando lo que es, explicando que no es,** atiborrando sus páginas de experiencias insignificantes, de observaciones infantiles, de explicaciones ridículas. El inmenso número de puntos de vista y de tentativas es precisamente lo que le delata, lo que excluye toda alabanza de presunción, ya que Bacon, que de todo ha hablado, se ha equivocado con todo. Se equivoca cuando afirma; se equivoca cuando niega; se equivoca cuando duda; se equivoca de todas las maneras en que puede equivocarse. Su filosofía se parece a su religión, en perenne *protesta*: es consumadamente negativa y no piensa en otra cosa que en contradecir. Al entregarse sin medida a esta inclinación natural, termina sin darse cuenta por contradecirse a sí mismo e insulta en los otros los rasgos que le son más característicos. Así, reprueba sin descanso las abstracciones y no aporta otra cosa que abstracciones; recurre siempre a sus axiomas moderados, generales, generalísimos, y sostiene que los individuos no merecen la atención de un filósofo. No cesa de lanzar invectivas contra la ciencia de las palabras y no hace más que crear palabras. Altera todas las nomenclaturas recibidas, para sustituirlas por nuevas, o barrocas, o poéticas o una cosa y otra. En él el neologismo es una verdadera enfermedad y siempre cree haber adquirido una idea cuando inventa una palabra. Siente lástima por la alquimia operativa de su tiempo, pero toda su física no es sino una alquimia charlatana y muy similar a esos niños *que hablan mucho y no producen nada*, como él mismo dijo de manera tan acertada como inoportuna de los antiguos griegos.

La naturaleza lo había creado como un hermoso espí-

---

* Expresión de J. J. Rousseau, al final de la *Nueva Eloísa*.

ritu, moralista sensato e ingenioso, un escritor elegante con cierta vena poética que le proporcionaba sin cesar una multitud de imágenes extremadamente felices, de manera que sus escritos, como fábulas, son aún muy divertidos. Tal es su mérito real que hay que evitar despreciarlo. Pero en el momento en que se le saca del círculo bastante limitado de sus verdaderos talentos, es el espíritu más falso, el razonador más detestable, el más terrible enemigo de la ciencia que haya existido nunca. Que si se quiere elogiar en él a un amante apasionado de las ciencias, lo vuelvo a consentir, pero (como no me arrepiento de haber dicho en otra parte) es el *eunuco enamorado.*

Examen de la filosofía de Bacon (1836),
Conclusión.

Destino de los libros

EL CONDE.– … Lo que Séneca ha dicho sobre los hombres es quizás aún más cierto sobre los monumentos de su espíritu: *Unos tienen la fama y otros la merecen*. Si los libros aparecen en circunstancias favorables; si alimentan grandes pasiones; si tienen a su favor el fatalismo prosélito de una secta numerosa y activa o, lo que es más, el favor de alguna poderosa nación, el éxito está asegurado. La reputación de los libros, quizá con la excepción de los de matemáticas, depende mucho menos de su mérito intrínseco que de las circunstancias ajenas, a la cabeza de las cuales coloco, como acabo de decirle, el poder de la nación que ha lanzado al autor. Si un hombre como el padre Kircher, por ejemplo, hubiese nacido en París o en Londres, su busto estaría colocado sobre todas las chimeneas, y quedaría como cosa demostrada que lo había visto o anticipado todo. Mientras que si el libro no ha sido *impulsado*, si se permite la expresión, por una nación influyente, no obtendrá otra cosa que un éxito mediocre; le podría citar cientos de ejemplos. Reflexione sobre estas consideraciones, que me parecen de una verdad palpable, y verá cómo Locke ha reunido todas las circunstancias posibles a su favor. Hablemos, en primer lugar, sobre su patria. Era inglés: Inglaterra está hecha para brillar en todas las épocas; pero no observemos en este momento otra cosa que no sean los principios del siglo XVIII. Por entonces tenía a Newton y amedrentaba a Luis XIV. ¡Qué momento para sus escritores! Locke se benefició de ello. Sin embargo, su inferioridad era tal que no habría alcanzado el éxito, al menos hasta tal punto, si otras circunstancias no le hubiesen favorecido. El espíritu humano, suficientemente preparado por el protestantismo, comenzó a indignarse ante su propia timidez y se preparó para aprender con arrojo de todas las consecuencias de los principios planteados en el siglo XVI. Una espantosa secta comenzaba a organizarse por su parte; fue una gran suerte aquel libro compuesto por un hombre tan honrado, que era incluso un cristiano *razonable*, en el que todos los gérmenes de la filosofía más abyecta y más detestable se encontraban envueltos en una reputación reconocida, rodeados de sabias formas e incluso flanqueados por la necesidad de algunos textos de las Sagradas Escrituras; el genio del mal no podía, pues, recibir este regalo más que de una de las tribus separadas, porque en Jerusalén la pérfida amalgama se habría prevenido o censurado por una religión vigilante e inexorable. El libro nació, por tanto, donde debía nacer, y salió de una mano hecha a propósito para satisfacer las más peligrosas miras. Locke gozaba con toda la razón del aprecio general. Se autodenominaba cristiano, incluso si había escrito en favor del cristianismo siguiendo sus obligaciones y sus prejuicios, y la muerte más edificante había terminado para él una vida sensata y laboriosa. ¡Cuánto debían de alegrarse los conspiradores al ver a semejante hombre plantear todos los principios que ellos necesitaban y, sobre todo, favorecer el materialismo por *delicadeza de conciencia*! Se abalanzaron, pues, sobre el desgraciado *Ensayo*, y lo destacaron con un ardor del que nadie se puede hacer una idea si no se le presta especial atención. Recuerdo haberme estremecido en otro tiempo al ver a uno de los ateos más curtidos que haya habido nunca recomendar a unos desgraciados jóvenes la lectura abreviada de Locke o, por decirlo así, *concentrada* por cierta pluma que habría podido ejercitarse de una manera más acorde a su vocación. *Leedlo*, les decía con entusiasmo; *releedlo*; *aprendedlo de memoria*. Habría querido, como decía la señora de Sévigné, *ofrecérselo a chorros*. Hay una regla certera para juzgar tanto los libros como a los hombres, incluso sin necesidad de conocerlos: basta con saber *quiénes los aman y quiénes los aborrecen*. Esta regla no falla nunca, y ya se la he propuesto en relación con Bacon. A partir del momento en que vea que los enciclopedistas lo han puesto de moda, que un ateo lo ha traducido y que el torrente de filósofos del siglo pasado lo alababa sin medida, tenga por seguro, sin necesidad de examen, que su filosofía es, al menos en sus bases generales, falsa y peligrosa. Por el contrario, si ve que estos mismos filósofos se sienten a menudo molestos con este escritor, y decepcionados con algunas de sus ideas, buscando dejarlo en la sombra y permitiéndose incluso mutilarlo con osadía o alterar sus escritos, no tenga nunca duda, y de nuevo sin necesidad de examen, de que las obras de Bacon presentan numerosas y magníficas excepciones a los reproches generales que tenemos derecho a hacerle. No obstante, no crea que tengo intención de establecer comparación alguna entre estos dos hombres. Bacon, como filósofo moralista, e incluso como escritor en cierto sentido, tendrá siempre derecho a la admiración de los entendidos; mientras que el *Ensayo sobre el entendimiento humano* es, ciertamente, por más que lo neguemos o lo reconozcamos, lo más soporífero que pueda producir una absoluta carencia de ingenio y de estilo.

Si Locke, que era un hombre muy honrado, levantase la cabeza, lloraría amargamente al ver que sus errores, agudizados por el método francés, se habían convertido en la vergüenza y la desgracia de toda una generación. ¿No ve que Dios ha proscrito esta vil filosofía, y que ha querido incluso hacer visible su anatema? Hojee todos los libros de sus adeptos, no encontrará en ellos una sola línea en la que el gusto y la virtud se dignen a ser memorables. Es la muerte de toda religión, de todo sentimiento delicado, de todo impulso sublime: todo padre de familia debe estar advertido, sobre todo, de que cuando la reciba bajo de su techo, hará realmente todo lo que pueda por ahuyentar la vida, pues ningún calor puede resistir ante este soplo glacial.

Pero, por regresar a la suerte de los libros, podrá usted explicársela precisamente como la de los hombres: tanto para unos como para otros, hay una suerte que es una verdadera maldición, y que no tiene nada en común con el mérito. Así, señores, el éxito por sí solo no demuestra nada. Desconfíen, sobre todo, de un prejuicio muy común, muy natural y, sin embargo, completamente falso: ese por el que se cree que la gran reputación de un libro supone un conocimiento muy extendido y argumentado acerca de él. No es así en absoluto, se lo aseguro. Dado que la inmensa mayoría de los hombres no juzga, ni puede hacerlo, más que de oídas, quienes fijan en primer lugar la opinión son un número bastante reducido de hombres. Se mueren y la opinión les sobrevive. Los nuevos libros que llegan no dejan tiempo para leer los otros; y pronto no se juzgan más que a partir de una vaga reputación, fundada en algunos rasgos generales o en algunas analogías superficiales que, en ocasiones, son completamente falsas. Hace no mucho tiempo, un excelente juez, que solo puede juzgar aquello que conoce, dijo en París que el talento antiguo que más se asemejaba a Bossuet era el de Demóstenes; ahora bien, ocurre que estos dos oradores se diferencian entre sí tanto como pueden diferenciarse dos cosas hermosas que pertenezcan al mismo género (por ejemplo, dos bellas rosas); y, no obstante, toda la vida se ha oído decir que Demóstenes *tronaba*, y Bossuet lo hacía también; sin embargo, como no hay cosa que se asemeje tanto al trueno como el propio trueno, pues, etc. Ya ve cómo se forman los juicios. ¿No ha dicho formalmente La Harpe *que el objeto de todo el libro del* Ensayo sobre el entendimiento humano *es demostrar con rigor que el entendimiento es espíritu, y de una naturaleza esencialmente distinta de la materia*? ¿No ha dicho, además, que *Locke, Clarke, Leibniz, Fénelon*, etc., reconocieron esta verdad (de la distinción de las dos sustancias)? ¿Querría una prueba más clara de que este célebre literato no había leído a Locke? ¿Y podría llegar a imaginarse que hubiese incurrido en el error (algo cómico) de inscribirlo en tan buena compañía de haberlo visto agotar todos los recursos de la dialéctica más trapacera para atribuirle de algún modo el pensamiento a la materia? Usted ha escuchado a Voltaire cuando nos decía: *Locke, con su gran sensatez, no deja de repetirnos: ¡definan!* Pero ahora se lo pregunto yo a usted, ¿le habría dirigido Voltaire este elogio al filósofo inglés de haber sabido que Locke es, sobre todo, ridículo en sumo grado por sus definiciones, que no son más que tautologías desleídas? Este mismo Voltaire, además, nos decía en una obra, que es un sacrilegio, que *Locke es el Pascal de Inglaterra*. Espero que no me acuse de albergar ciegas simpatías por *François Arouet*; lo concibo tan leve, tan mal intencionado y, sobre todo, tan mal francés como quiera considerarlo; sin embargo, jamás llegaría a creer que un hombre que tenía tanto gusto y tacto pudiera permitirse una comparación tan extravagante de haber juzgado por sí mismo. ¿Entonces qué? El fastidioso autor del *Ensayo sobre el entendimiento humano*, cuyo mérito en el campo de la filosofía racional se reduce a soltarnos atropelladamente, con la elocuencia de un almanaque, lo que todo el mundo sabe o lo que nadie necesita saber, y que, por lo demás, resultaría totalmente desconocido en el campo de las ciencias si no hubiera descubierto que *la velocidad se mide por la masa*; semejante hombre, digo, ¡se compara a Pascal! ¡A Pascal! A un gran hombre antes de cumplir los treinta; físico, distinguido matemático, apologista sublime, polemista superior hasta el punto de convertir en divertida la calumnia, filósofo profundo, en pocas palabras, un hombre raro cuyos errores no podrían nunca eclipsar sus extraordinarias cualidades. Semejante comparación no permite únicamente suponer que Voltaire estaba al corriente del *Ensayo sobre el entendimiento humano*. Añádale a esto que en Francia la gente de letras leía muy poco en el último siglo; primero, porque este tipo de personas llevaban una vida muy disipada, luego, porque escribían bastante y, finalmente, porque el orgullo apenas les permitía suponer que necesitasen los pensamientos de otros. Estos hombres tenían muchas cosas que hacer antes que leer a Locke; tengo buenas razones para sospechar que, en general, aquellos que lo alababan, que lo citaban o que incluso parecían querer explicarlo no lo habían leído. Es un gran error pensar que para citar un libro, aparentando hablar de él con conocimiento de causa, es necesario haberlo leído, al menos por completo y con atención. Se lee el pasaje o la frase que se necesita; se leen algunas líneas del *índice*; fiándose de un *índice* se resuelve el pasaje preciso para apoyar las ideas propias; y eso es, en el fondo, lo único que se quiere. ¿Qué importa el resto? Está también el arte de hacer hablar a aquellos que han leído; y así es cómo resulta muy posible que el libro del que más se hable sea, en efecto, el menos conocido a través de su lectura. Y ya es suficiente en lo que concierne a esta reputación tan grande y tan poco merecida: llegará el día, y quizá no esté lejos, en que se sitúe por unanimidad a Locke entre el número de escritores que mayor daño han causado a los hombres. A pesar de todos los reproches que le he hecho, me he limitado, no obstante, a una parte de sus errores, y quizás sea la menor. Tras haber planteado los fundamentos de una filosofía tan falsa como peligrosa, su espíritu fatal se dirigió a la política con un éxito no menos deplorable. Habló tan mal sobre el origen de las leyes como sobre el de las ideas; y precisamente sobre este punto planteó unos principios cuyas consecuencias podemos ver ahora. Estos terribles gérmenes quizás podrían haberse abortado en silencio bajo su estilo glacial; pero animados en el fango caliente de París, han engendrado el monstruo revolucionario que ha devorado a Europa.

Las veladas de San Petersburgo (1821),
«Velada sexta».

El juego

Lo más útil que tienen los hombres es el juego.

Son tan idiotas, tan peligrosos y tan vanos que necesitan de las costumbres para poder soportarse. Le ruego que se imagine, señora, un hombre que fuese a casa de otro y le dijera con seriedad: *¿me permitiría, señor, que me colocase frente a usted y le observara durante algunas horas?* Esta proposición parecería fruto de la locura; y si a la persona a la que va dirigida no tuviera el derecho a encogerse de hombros o a mandar a paseo al proponente, al menos no le faltarían excusas decisivas para dispensarse de obedecer. *Tendría negocios indispensables que atender, se vería en la obligación de salir*; pero si se le propone una partida al juego de los cientos o unas tablas reales, enseguida se *dispensa* de estas razones *indispensables*, se sienta a gusto durante cinco o seis horas y deja de pensar en que todo en este mundo son negocios.

Dirán: *es el deseo de ganar, es la necesidad de emocionarse*; será todo lo que se quiera que sea. Todos los hombres han jugado: no examino aquí la causa de este gusto universal; no trato de otra cosa que no sea el efecto. Ahora bien, lo que digo es que el efecto principal del juego, y el que lo sitúa en la categoría de las instituciones más preciadas, *es que fuerza a los hombres a mirarse.*

Por mucho que se reflexione con detenimiento sobre ello, no se encontrará otro medio de producir el mismo efecto con tanta frecuencia. A menudo se oye decir: *¿cuál es el arte de este hombre para que esté por todas partes?* No hay nada más simple. *El arte de estar en esos lugares consiste en acudir a ellos.* Para estar a gusto en cualquier lugar solo hay una manera, y es dejarse ver a menudo. De ahí que los hombres tímidos, que no paran de dar palos de ciego y que, sobre todo, temen ser indiscretos, resulten poco aptos para los negocios. Un hombre de este temple, si teme no haber tenido éxito ante otro, halla una razón para no volverlo a ver. Es todo lo contrario de lo que habría que hacer; pues el artículo primero del gran arte de los negocios es que, desde el momento en que disgustamos a alguien, es necesario procurar que se acostumbre a nosotros. Pero el primer instrumento de esta primera de las artes es el juego. Cuando me imagino en el mundo a un hombre que no juega me parece que le falta una mano con la que poder sujetar a sus semejantes. ¿Cómo encontrar, sin el juego, la manera de hacer una visita de cuatro o cinco horas con la certidumbre de no molestar? *Picas* y *diamantes* convierten este asunto en algo muy cómodo: ¿qué ojos, en sesiones tan largas, no se acostumbrarían a su rostro? Terminarían por no poder arreglárselas solos. Aquello que denominamos el carácter de un hombre no es más que un conjunto de tics, y el tic no es más que el hijo de la costumbre. El arte de tener éxito ante un hombre no es, pues, sino el arte de convertirse en uno de sus tics; y es en esto en lo que el juego puede ayudar más que cualquier otro medio conocido. A menudo no se logra el mérito por una razón muy simple: está sujeto a dar palos de ciego y a quedarse por detrás. Dice sin parar: *me asusta estar al cargo; ¿quién sabe si tendré éxito en ello? Temo molestar, etc.*, y cientos de otras idioteces de este estilo. Así es como siempre se le despide; pero es culpa suya por completo. ¿Que no aprende a jugar? Entonces lo miraremos, enseguida le prestaremos atención, luego lo tomaremos en cuenta y después lo miraremos fijamente; y sin duda, siguiendo esta escala, terminará por ser *conocido*, es decir, amado y celebrado. Pero mientras se contente con ser *percibido* o *vislumbrado*, sería exigir demasiado que nos apasionemos por él; en cuanto a mí, perdono a aquellos que no prestan atención.

Suele oírse con bastante frecuencia: *cree tener amigos, pero no tiene más que conocidos.* ¿Es esta una desgracia de la que se oye hablar? En dicho caso, es un gran error. ¿Qué es un amigo? Lo más inútil del mundo para la fortuna. Para empezar, nunca se tiene más de uno y siempre es el mismo; lo mismo valdría para un matrimonio. No hay nada que sea verdaderamente más útil que los *conocidos*, porque se pueden tener muchos y, cuantos más se tengan, más se multiplican las posibilidades en cuanto a su utilidad. Un hombre no rechaza hacerle un favor a otro, dado que no hacer nada o hacer lo contrario no alberga ningún interés. Por tanto, para aquellos que quieren servirse de sus semejantes para beneficio propio todo se reduce a este gran problema: *encontrar a hombres cuyo orgullo se comprometa a servirme y cuyo interés no se desvíe.* Y, en consecuencia, todo se reduce a conocer a un gran número de hombres. Jueguen mucho, por tanto, para que se les pueda ver también mucho. El resto de los medios son menores al lado de este. Para ser lo que denominamos *de la casa* no hay nada mejor; la mayor parte de las relaciones surgen de ahí. Por otra parte, ¡cuántas cosas útiles nacen de esta feliz institución! El conocimiento intuitivo de las multitudes no se adquiere en ninguna parte tan bien como aquí. El juego proporciona, sobre todo, la costumbre de los juicios rápidos, que es lo más útil del mundo en la sociedad. La ocasión hay que cogerla al vuelo; de ahí, por decirlo de paso, la ineptitud del sabio que no dispara más que a lo que se ha posado. Para tomar decisiones sobre el terreno no conozco mejor maestro que el propio juego, como tampoco ninguno mejor para formar el espíritu. Lo que decía Cicerón acerca de la secta filosófica que había abrazado *—perseguimos la verosimilitud—* debe ser la divisa del hombre sensato a la hora de controlar su conducta; pues si la vida al completo no es más que un cálculo continuo de probabilidades, se necesita una maravillosa precisión mental para tomar decisiones más que a menudo y sin reflexionar. No sé cómo se atreve uno a concederle a la lógica el honor de poder rectificar la mente. No hay nada más falso; la lógica nos enseña a conocer la naturaleza del razonamiento que hemos hecho, pero no nos enseña jamás a generarlo. La especie de disección metafísica que opera sobre dicho razonamiento no perfecciona el espíritu más que como simple ejercicio; pero, desde este punto de vista, la labor que se lleva a cabo para descifrar los logogrifos del *Mercurio* me parece más útil; la verdadera lógica, es decir, la lógica práctica, es el juego. Él solo es el *novum organum*, porque actúa directamente sobre el entendimiento, forzándolo a considerar sin pausa las probabilidades; recompensando, además, la precisión y castigando el error sobre el terreno; y con una justicia tal que el culpable le rinde homenaje, de manera que, como un soberano ilustrado, conduce continuamente a estos súbditos por la senda del bien, repartiendo con un cuidado infatigable las penurias y las recompensas —los dos grandes motores del género humano—. La lógica es un espejo que le muestra el hombre al hombre tal como es; el juego es una especie de gimnasia que lo perfecciona. Se dice que el mayor de los genios es aquel que es capaz de comparar el mayor número de ideas: ¿qué hay más maravilloso en el mundo intelectual sublunar que la cabeza de un jugador que tiene continuamente cincuenta y dos ideas a sus órdenes, que las contempla en conjunto y las combina de todas las maneras posibles? No comprendo cómo Locke, en lugar de las inutilidades que nos ha soltado sobre las ideas complejas, no ha reflexionado acerca de este prodigio. Señora, por poco que piense en ello, comprenderá con facilidad cuánto debe perfeccionarse el espíritu mediante estas combinaciones habituales. Mucho nos equivocaríamos si restringiéramos este talento al estrecho campo del verde tapiz; es ahí donde el espíritu se forma para actuar en el mundo. No quiero considerarlo desde su lado moral y sublime; no quiero examinar qué ventajas tendrá en los negocios aquel que ha pasado su vida meditando sobre el poder de los *reyes*, las *damas* y sus *valet*. Desde este punto de vista, *para mí era bastante fácil*; pongamos los pies en la tierra y, dígame, se lo ruego, si encuentra algún medio comparable al juego para perfeccionar dos cualidades eminentes: la *memoria* y la *presencia de ánimo*. ¿Obligará a su hijo a aprender de memoria? Le ofrecerá la memoria de las palabras, en lugar de la de las cosas. Cuando veo a un jugador que me cuenta que, en una partida de hace seis meses, perdió cincuenta luises por culpa del señor tal, que jugaba el *valet* de corazones, de lo que se deduce que la *pareja* de quien lo cuenta, creyéndose con derecho a pensar que la dama se encontraba en tal parte, dado que el diez, el siete y el cuatro ya habían salido, se decidió por desgracia a jugarse el *as*; y que si hubiera podido evitar esta jugada, habría restaurado el orden jugando la única pica que le quedaba, ya que todos los *diamantes* estaban en el mismo lado...

¡Oh! Me inclino, me postro, me hundo. También yo tengo memoria, pero es un retoño.

¿Y qué diremos, señora, de la presencia de ánimo? En esas ocasiones decisivas en las que, como acababa de decir, la rápida agachadiza pasa por delante de usted, ¿escribirá a sus padres para saber lo que hay que hacer? Se trata de averiguar: 1) si está segura de no estar disparando en el terreno de un propietario malhumorado, que hará un buen negocio; 2) si hay más gloria en matar que deshonra en fallar; 3) si está segura de que después de haber abatido al pájaro, otro hombre no se lo arrebatará; 4) si no se estará arriesgando, al disparar, a herir a alguien a quien no puede ver; etc., etc. *¡Desde luego! ¿Quiere que piense en todo eso mientras pasa el pájaro? … Sin duda, señor; o bien tendría que quedarse en su casa.* Es el emblema natural de una infinidad de ocasiones en la vida en las que se debe tomar partido con la misma rapidez. Por fortuna, es un talento que se aprende y el gran profesor es el juego.

Cinco paradojas, a la señora la marquesa de Nav…,
Obras, tomo vii.

Cartas

Al señor caballero de Rossi.
San Petersburgo, 29 de mayo (10 de junio) de 1805.

... Hoy veo que mis profecías se han cumplido. Hundido en este lodazal durante tres años, no he vivido otra cosa que la fatal complacencia del rey; nuestra política titubeante nos conducirá finalmente al abismo, del que no podrán sacarnos nuestras débiles manos. No obstante, es cierto que si el rey hubiera tenido la suficiente fortaleza para no obedecer más que a su conciencia, y, para empezar, me hubiera dado la razón dos o tres veces, todo habría ido de una manera más soportable. Pero ya sabe usted el tipo de apoyo que he recibido. De estos lodos no he obtenido otra cosa que mi reputación (al menos así lo creo) y unos cuantos escudos que he dilapidado aquí con placer, al haber recibido pagos por tantos afectos. Lo que le puedo asegurar, en virtud de una experiencia que no encontrará seguramente discrepancias con la suya, es que no conozco nada en el universo de los *molenti*.* Ninguna raza humana es más ajena a todos los sentimientos, a todos los gustos, a todos los talentos que honran a la humanidad. Son cobardes sin obediencia y rebeldes sin coraje.

* *Molente* o *molenti* (en italiano, *asino* sardo) es el nombre que recibe en la isla de Cerdeña un tipo de raza de burro conocido como asno sardo. (N. de la T.)

Tienen estudios sin ciencia, una jurisprudencia sin justicia y un culto sin religión: *De nuestras artes, de nuestras leyes, les ofende la belleza*. El sardo es más salvaje que el propio salvaje, porque el salvaje no conoce la luz y el sardo la detesta. Carece del atributo más hermoso del hombre: la perfectibilidad. En él, cada profesión trabaja hoy como lo hacía ayer, del modo en que la golondrina fabrica su nido y el castor su madriguera. El sardo contempla estúpidamente una bomba aspirante (yo lo he visto) y se va a secar un estanque con la única fuerza de sus brazos y unos baldes. Le hemos hecho ver la agricultura del Piamonte, de Saboya, de Suiza, de Ginebra: ha vuelto a su casa sin saber injertar un árbol. La guadaña, la grada y el rastrillo le resultan tan desconocidos como el telescopio de Herschel. No conoce el heno (algo que, no obstante, debería comer), del mismo modo que ignora los descubrimientos de Newton. En fin, señor caballero, dudo mucho que se pueda hacer algo con ellos; al menos, no se les puede tratar de otra forma que a la manera de los romanos. Hay que enviar allí a un pretor y a dos legiones, construir caminos, establecer un sistema de vehículos y correo, instalar la horca, hacer el bien sin ellos y a pesar de ellos y dejarlos hablar siempre sin prestarles atención, pues estamos seguros de que no escucharemos otra cosa que tonterías, calumnias o mentiras. Encontrará halagador este retrato, pero piense, entonces, que un retrato siempre lo es; hay que perdonarle la debilidad al pintor que le quiere hacer la corte al original.

§

Al señor caballero de Rossi,
San Petersburgo, 14 (26) de abril de 1806.

Señor caballero:

... Acabo de despedir a mi ayuda de cámara y me sacrificaré con un empleado doméstico más simple y de menor coste. Veré si hay manera de conseguir otro tipo de ahorros; todo mi deseo es que su majestad quede persuadida de una verdad que, muy bien podría darse el caso, es posible que no haya entrado plenamente en su espíritu, aunque la he repetido mucho: y es que, en todo lo que he dicho sobre mi situación, nunca he dejado caer de mi pluma la más leve exageración. He sufrido tanto y tal y como lo he dicho, e incluso ahora, tal y como lo digo. No tengo nada, lo que se dice nada; ni para pagarme el entierro, si fuera a morirme: excepto la suma que procede de mi liberación y que no me pertenece, pues no es más que la representación de mi subsistencia, y a finales de año tendré lo que tenía precisamente antes de recibirla, es decir, nada. He manifestado, después de nuestros últimos infortunios, un gran deseo de estar con mi familia. De seguro, no tengo ninguna razón para ocultar el sentimiento que me anima, pues es perfectamente acorde a todos los principios. No ocultaré durante más tiempo el tormento que me hace padecer esta separación; es tal que no se lo puedo expresar con palabras. Pero ahora estoy decidido debido a otra consideración que bien podría manifestarle usted a su majestad. Todo hombre que no ponga la muerte al nivel de los posibles acontecimientos en cada instante no ha hecho grandes progresos en la filosofía. Gracias a Dios, no me encuentro entre ellos. Ahora bien, si me fuera a morir, señor caballero, con mi familia lejos de mí, ellos caerían en la indigencia más espantosa. Por el contrario, si se encontraran aquí conmigo, bien o mal, de una manera o de otra, con mayor o menor aprobación o contrariedad, saldrían del apuro. Aquí reside mi último secreto: verá, señor, que no es maquiavélico. Para evitar la indiscreción, tome por repetido todo lo que he dicho.

No podría comunicarle, en materia de asuntos públicos, más de lo que su majestad tendrá, sin duda, la bondad de hacerle saber. Esta época no se parece a nada, y la historia no presenta ningún regalo, ninguna analogía que contribuya al buen juicio. Si se nos permitiese albergar esperanzas, las basaríamos únicamente en esa rapidez asombrosa de los éxitos, que parecen no tener nada en común con su duración. Pero cuando pienso en que quizás la posteridad diga: *ese huracán no duró más que treinta años*, no puedo evitar estremecerme. Aunque la naturaleza me haya dotado de un humor bastante estable, siento, no obstante, que comienzo a ceder ante esta carga. Me estoy volviendo triste y solitario; ya no *camino* por el mundo, me *arrastro*, y cada vez más por mi hijo. Leo, escribo, me esfuerzo por entretenerme, por fatigarme si es posible. Cuando acabo mis monótonas jornadas, me lanzo sobre la cama, en la que el sueño al que invoco no siempre resulta complaciente. Me doy una vuelta, me agito, diciéndome como Ezequías: *De mane usque ad vesperam finies me.* Entonces, me atraviesan ideas desgarradoras sobre mi familia. Creo oír llorar en Turín; hago mil esfuerzos por imaginarme la cara de ese niño de doce años al que no conozco. Veo a esa niña huérfana de un padre vivo; me pregunto si la conoceré algún día. Mil fantasmas negros se agitan entre mis cortinas hechas de indiana. En fin, usted es padre, señor caballero, conocerá estos crueles sueños de un hombre en la vigilia. Si no fuera usted del oficio, no permitiría que mi pluma escribiera semejantes jeremiadas. Hago, por otra parte, los mayores esfuerzos por resistir a esta desgracia, y para no perder en absoluto eso que se conoce como *aplomo*. Pienso que no tiene usted menor necesidad que yo de esta filosofía que depende, por desgracia, mucho más del temperamento que de la razón. Espero sus noticias con gran ansia. No sé dónde se encuentra en este momento ni si está con el rey. En fin, no sé nada. Si se ha marchado a Cerdeña, ¿cómo se instalará en ese bello país? ¿Y cuál será el resultado de dicha estancia? ¡Es usted digno de compasión! ¡Somos dignos de compasión! ¡Nunca ha visto el universo nada igual! ¿Y qué debemos ver nosotros aún? ¡Ay! ¡Qué lejos estamos del último acto o de la última escena de esta espantosa tragedia!

Adiós, mil veces, señor caballero; ¡no tengo ya el valor de coger otra página!

§

Al señor conde Deodati, en Ginebra,
San Petersburgo, 16 (28) de julio de 1807.

He leído con extremo agradecimiento, señor conde, su larga y *amplia* carta del 4 (16) de este mes. Le agradezco todo lo que contiene de amable y consolador, pero, por comenzar con mi situación personal, todo me dice que no hay remedio. Cuando los franceses entraron en Saboya en 1792, y yo atravesaba los Alpes para seguir la fortuna del rey, le dije a mi fiel compañera en todas las vicisitudes, buenas y malas, junto a una roca que aún puedo divisar desde aquí: *Mi querida amiga, el paso que damos hoy es irrevocable; decide nuestra suerte para toda la vida.* Obligado desde entonces, por una aventura novelesca, a volver a Saboya, viví la Revolución francesa más de cerca, y la aborrecí cada vez más; volví a salir, y esta vez fue para siempre. Desde el otro lado de la frontera, en Lausana, en el lago de Ginebra, vi confiscar todos mis bienes sin sentir la tentación de volver: a partir de entonces, la esperanza me sonrió alguna que otra vez, pero no fue más que un relámpago en la noche; mi situación no hizo más que empeorar. Sucesivamente me vi golpeado en Saboya, en Suiza, en el Piamonte, en Venecia y, finalmente, en Rusia. La jornada de Friedland me dejó ya sin nada. Patria, bienes, familia, incluso, siguiendo los presagios, el soberano; todo se perdió. Ahora, señor conde, ¿en qué quiere que me convierta? La fortuna es una mujer, y no ama más que a los jóvenes. Sabe que tengo cincuenta y tres años. ¿Querrá desposarme con este aspecto? No es tan tonta. Por lo demás, no crea que estoy cuerpo a tierra; puedo decirle casi como el viejo de Malherbe:

> Por este mismo rayo ya más de una vez
> me vi paralizado;
> Y siempre la razón me ha hecho comprender
> que es cosa del pasado.

Que es cosa del pasado es mucho decir, sin duda; pero yo no me acuerdo lo suficiente como para perder el valor. Hay únicamente dos males reales en el mundo: el remordimiento y la enfermedad; el resto es ideal…

§

Al señor caballero de Rossi,
San Petersburgo, 1 (13) de noviembre de 1806.

Señor caballero:

Desde que tengo el beneficio de comunicarme con usted, mis cartas no han cesado de manifestarle los siniestros pensamientos que me agitan acerca de las disposiciones de S.M. respecto a mí. Ciertamente, en toda la historia diplomática no hay ningún ejemplo de un ministro que haya sido tratado como se me ha tratado a mí. Ha llegado el momento, señor caballero, en que tanto el honor como el deber me exigen salir de una carrera que no me ofrece más que la doble desgracia de desagradar y de extraviarme.

Ciertamente, señor, no tengo la cabeza caliente: veo mi situación con toda la sangre fría del mundo. No quiera Dios que yo pronuncie la palabra injusticia o que simplemente se me pase la idea por la cabeza. S.M. me ha tratado sin misericordia; pero tiene sus razones, que yo respeto profundamente, como es mi deber. Las hallo en mi carácter o en cualquier hecho sobre el que mi consciencia nada sabe, y extraigo precisamente de estas razones la cruel necesidad de retirarme. No se nos trata así sin que haya grandes razones para ello, y quien las tenga contra él debe sacrificarse por iniciativa propia. El plan adoptado respecto a mí, y seguido con una constancia verdaderamente terrible, tiene dos objetivos muy evidentes: el primero, presentarme a los amigos de S.M. como último recurso; el segundo, prevenir toda elevación que se pueda hacer de mí o de mi familia en la época de la Restauración. Habría que estar ciego para no verlo. S.M. me ha excluido muy claramente de la mayoría de sus súbditos, pues no se puede ser súbdito más que por el domicilio, el vasallaje o el trabajo. Yo no lo soy de manera alguna. Queda la afección: nunca fue más verdadera ni más desacertada.

Desde el primer momento en que llegué, he mantenido siempre el mismo lenguaje. He dicho que el grado lo era todo en este país: un ministro sin oficio junto a su señor era una absurdidad política; manifesté a un mismo tiempo que me sentía atormentado de todas las formas posibles. No obtuve nada; no digo nada de su bondad, generosidad, justicia del rey, sino únicamente de su humanidad. Cinco años de quejas, de delegaciones, de súplicas lo han encontrado constantemente inquebrantable, y la experiencia a la que yo mismo me había sometido se repitió pronto con mi hijo: nunca he podido obtener un oficio para él. ¿Qué hacer ahora? Tiene 18 años: ¿puedo dejarlo inútil y sin experiencia? Me obstinaba ante la Casa de Saboya, por la que yo habría querido sacrificarlo todo; no escuchaba los consejos de los amigos y de las personas sabias, ni siquiera los de mi propia intuición, siempre con la esperanza de que una familia, que ha pasado por pruebas como la mía durante la revolución, sería adoptada con prontitud. De haberlo querido S. M., y sin que le hubiera costado nada, hoy yo estaría a salvo. Cuando pienso, señor caballero, que se me ha ofrecido a ese vil... Secretario de Legación y que poco tiempo después he sabido que no era posible ofrecerle un rango a mi hijo, comprendo que mi imaginación no llegaría nunca lo bastante lejos. Mi familia está perdida; así lo ha querido S. M.; al menos, es necesario que cambie de letrado, que comience por el primer escalón. Si el rey supiera lo que me cuesta, al menos conocería mis sentimientos.

Le ruego, pues, señor caballero, que consiga que S. M. tenga a bien dignarse a volverme a convocar; me parece que eso es algo que se puede hacer de la manera más natural, dejando aquí constancia de que S. M. no cree tener que romper, en efecto, un matrimonio y que, por otra parte, no puede asumir un incremento de gasto.

Si se digna a recomendarme a S. M. I. como un simple hombre honrado que le ha servido con fidelidad, le reconocería infinitamente este favor, aunque no pretendo tener ningún derecho a ello; me remito por completo a su generosidad. S. M. se librará así de una pesada carga y yo, en mi pobre soledad, abandonaré todas mis antiguas esperanzas. Estoy a su cargo, pero S. M. es testigo de que no es mi culpa. Fui esposo y padre en 1802 como lo soy hoy; nunca he estado sumido en una loca ambición: resistía con todas mis fuerzas a este honor fatal. Hablaba con candor del presente; hacía profecías sobre el futuro; yo mismo me temía. ¡No soy yo, pues, señor caballero, el que ha desencadenado este orden de cosas! Y, sin embargo, soy la víctima: me someto a ellas como si lo mereciera. Lo que sufro pensando sin cesar que el rey tiene a esta familia en los brazos se parece a un remordimiento. O conozco mal a S.M. o ella misma sufre al ver que no puede ni negármela ni entregármela. En esta desgraciada posición, le corresponde al súbdito tomar partido. Después de cinco años de un silencio mortal (pues este súbdito no se ha encontrado jamás bajo su pluma), creo que no debo escuchar más que a cierta desesperanza que podría considerarse razonable. Todo ello a un extremo, señor caballero: mis fuerzas no se extendían más allá.

Asegure a S.M., se lo ruego, que si no he podido ahorrar más, ya no es mi culpa, sino que no sé ya cómo hacerlo. Todas mis riquezas se reducen a un servicio de comida que cuesta 400 rublos, y debo la mitad. Por lo demás, nunca he pensado en reembolsarme lo que se me debe por tantos medios empleados. Le repito que no tengo nada en absoluto.

No cuento con ningún medio para explicarle el sufrimiento que padezco al romper los lazos que deberían durar tanto como yo; pero el honor y el deber me obligan con demasiada imperiosidad. Es necesario que emplee los días que me quedan en salvar a mi familia. No digo que me llegue a consolar nunca haber sido tan ignorado por S.M., pero sin duda no hay ni un solo sentimiento en mi corazón que quisiera ocultarle. Mi deseo más ardiente será siempre que esté rodeada de súbditos; y no digo que le muestren más apego, pues eso no es posible, sino que tengan la fortuna de serle más agradables.

Es inútil, pienso, que le deje por escrito la observación

de que jamás he dejado escapar la menor de las quejas. No hay día que yo no oiga: «¿Por qué no hace que venga la señora?». Una vez incluso se creó una escena bastante cómica con una dama que se había propuesto regañarme, en muy buena compañía, y demostrarme que yo me comportaba con bastante poca ternura respecto a mi mujer. S. M.puede hacer que recaben información y verá cómo respondo.

Lo que le pido como favor, señor caballero, es que no emplee papel para convencerme de que me equivoco, de que S. M. está muy contenta. A las personas que sufren no les gustan las mofas; todo ello resultaría, para empezar, en dos males considerables: no le daríamos crédito, ni por una parte ni por otra, a lo que usted hubiera escrito.

§

Al rey Victor-Emmanuel,
San Petersburgo, 10 de diciembre de 1806.

Señor:

La partida del conde Galaté a Corfú, desde donde ciertamente viajará a Cagliari, me proporcionó la ocasión de poder escribirle a su majestad sin impedimento alguno.

Seguramente esté persuadida de que en la distancia a la que me encuentro de su augusta persona se presentan ocasiones en las que me siento obligado a tomarme bien las cosas que a mí respectan, vista la imposibilidad de obtener las respuestas que desearía antes de decidirme.

Es por esa razón, señor, por la que se me presentó la feliz ocasión de introducir aquí a mi hijo de alguna manera ventajosa; me atrevo a contar con el acuerdo de su majestad, aunque no haya tenido tiempo de recibir sus palabras, pues el momento perdido nunca vuelve a presentarse y la salvación de mi hijo no me permitiría deliberar, del mismo modo que sin que haya ningún oficio junto a su majestad ni nada que presagie el final de mis problemas, se encontraría en poco tiempo irremisiblemente perdido. Yo había hecho unos cálculos muy diferentes, pero Dios y su majestad lo han ordenado de otro modo.

Esta misma consideración de la distancia me forzó, aunque muy a mi pesar, a tomarme una licencia el año pasado, y de la cual no pude dispensarme. Me permití repetirle en más de una ocasión a su majestad que el traje con el que había estado revestido no tenía ni podía tener ninguna consideración, y que estaba completamente por debajo de lo que corresponde a un ministro; no obstante, señor, tuve paciencia porque a su majestad no le agradaba dar otra orden; pero cuando mi hijo llegó con el hábito de la corte, resultó ser de una disonancia absolutamente intolerable. Creí poder contar entonces, sin un exceso de confianza, con las bondades de su majestad para tomar el mismo hábito; enseguida tuve el honor de hacerle partícipe, presentándole mis muy humildes excusas y solicitándole su aprobación de la que, reconozco, no había osado dudar. Pero muy pronto una carta del señor conde de Roburent comenzó a abrirme los ojos y el vulgar silencio me anunció por fin con claridad que la repugnancia de su majestad por todas las concesiones posibles, que habrían podido facilitar que mi situación fuera menos lamentable, llegaban hasta un punto que yo no había tenido el valor de prever. Este último desacuerdo, señor, me ha resultado infinitamente menos complicado, menos en sí mismo que por lo que significa; ya no me está permitido hacerme la mínima ilusión: el descrédito que pesa sobre mí, señor, no tiene ni límites, ni excepción, ni remedio.

Considero por otra parte, señor, que debido a mi mujer

y a mis hijos me he convertido en algo demasiado agotador para su majestad. Hace cinco años presentí que mi familia me perdería un día, pero yo no tenía ni fuerza, ni elección, ni voluntad; y por otra parte, ¿qué podía conseguir todo el presentimiento humano contra un juicio casi sobrenatural que nada ha podido nunca desviar ni templar? Al no poder acusar a mis acciones, acuso a mi carácter o a las circunstancias fatales sobre las que nada puedo. El silencio que vuestra majestad ordena de manera invariable, aunque sin indiscreción, sobre los más insignificantes asuntos de mis cartas que se referían a mí me ha dejado reducido a la desesperanza. La guerra interrumpió las comunicaciones con el país en que vive mi familia: después de cerca de cuatro meses ya no sé si están vivos. Mi espíritu se inunda de terrores; lo sufro en mi honor y en mis afectos más sensibles. Viendo, por otra parte, que no he hecho otra cosa que molestar a su majestad, asumo sin protestar la parte que me impone la necesidad. Con un sufrimiento que no me abandonará jamás, y tras lo que no es sino un martirio de cinco años, me arrojo a los pies de Su Majestad para reiterar la petición, que ya le ha sido presentada por mi parte, por si quisiera volver a convocarme. Temo que no sea la humanidad sola de su majestad la que me retiene aquí. Desde que tuve la desgracia de contrariarle de una manera irremisible, se dignó a abandonarme a la piedad extranjera. Seguramente me conceda la justicia de creer que ningún sentimiento condenable influye sobre mi determinación. También yo tengo el honor de asegurarle que, entre sus súbditos con mayor agradecimiento y favor, no habrá nunca ninguno que se interese más vivamente que yo por la felicidad y la gloria de su majestad. Hace tiempo que dejé atrás la edad de la fortuna y ciertamente no daré ningún paso hacia ella. Si, no obstante, me encuentro con éxitos sin salir a su encuentro, nunca podrán consolarme por que salieran mal ante su majestad. Este pesar me acompañará hasta la tumba.

§

Al señor conde de Front,
San Petersburgo, 2 (14) de septiembre de 1812.

Señor conde:

Sigo ofreciéndole noticias a su excelencia, porque las que le enviaba lacradas a Cagliari le resultarán inútiles en Londres y siempre dependerá del uso que estime conveniente darles usted, señor conde, en parte o por completo. En mi último comunicado, dejaba al ejército ruso en Smolensk; nadie creía que debiera abandonar este puesto; mucho nos equivocábamos. El 14 de agosto, 25 000 franceses rodearon a un cuerpo de 4000 hombres de la infantería rusa, que estaban apostados en Kasnoï. Su excelencia encontrará Kasnoï a unas cincuenta verstas al suroeste de Smolensk. Los cuatro escuadrones que flanqueaban esta infantería fueron pulverizados hasta el último hombre; pero los 4000 hombres de infantería, comandados por el bravo general Neverofskoï, aparecieron con bayonetas y se retiraron a Smolensk, que no tiene ni siquiera una simple muralla antigua. Entonces comenzó un terrible ataque que duró tres días, durante el cual los franceses, según se asegura, no perdieron menos de 20 000 hombres. La orden del día, por parte de Bonaparte, fue: *Tomaremos esta bicoca o todo el ejército perecerá allí*. El 6, el general Barclay de Tolly, al creerse rodeado por Elnia, ordenó la evacuación de Smolensk. El general Doctoroff, que comandaba esa ciudad, mandó que contestaran que nada les apremiaba y que él respondía del lugar durante diez días. Barclay replicó con una carta tajante donde señalaba la cuestión del *rigor de las ordenanzas*. Doctoroff obedeció, como es lógico; pero antes de partir, fue a la catedral, donde hizo que sacaran a una imagen de la santa Virgen, famosa en este país, e incluso que se cantara un *Te Deum* como agradecimiento por haber sido capaz de arrebatársela a la rapacidad impía del enemigo. Usted sabrá, señor conde, que el culto a las imágenes es una gran cuestión en la Iglesia griega; tiene incluso cierto aire idólatra que podría chocar a la mirada católica; el despojo de la imagen se llevó a cabo, por tanto, como un gran éxito. Tuvimos, además, el tiempo de sacar lo más preciado que había en la ciudad y todo el mundo pudo salir. Los franceses habían quemado los barrios, los rusos prenderían fuego a la ciudad al abandonarla. Así, señor conde, ya no queda sino el *cadáver* de Smolensk, como diría Cicerón. Este acontecimiento ha ocasionado un perjuicio infinito al señor Barclay de Tolly y más porque Smolensk no es solo una ciudad (en este informe ya no es nada), sino, además, una elevada meseta y un buen emplazamiento militar. En efecto, con Smolensk sitiada, el ejército ruso se vio obligado a lanzarse a Dorogobourg y ya no tuvimos otra ocupación en San Petersburgo que la de contar las verstas desde Smolensk hasta Moscú por la gran ruta.

Mientras ocurría todo esto, en la capital los ojos estaban puestos en el general Kutusoff, al que la opinión reclamaba como comandante general. Kutusoff es un hombre de al menos setenta años, gordo y pesado, colmado de espíritu, por cierto, y refinado en exceso; además, es un hombre de la corte: algo muy bueno en su posición, pero que ha perjudicado algunas veces a la que ocupa. Está desfigurado por una herida espantosa: en otro tiempo una bala le atravesó la cabeza oblicuamente y le salió por la cavidad del ojo. El globo ocular quedó desplazado y el otro ojo también sufrió, pues es conocida la relación que hay entre los dos órganos; ve poco, a duras penas consigue permanecer erguido a caballo, no puede hacer guardias, etc. A pesar de este debilitamiento físico, no por ello dejó de estar muy apegado a una moldava, lo que ha dado mucho que hablar durante la guerra de Turquía. Se decía que esta persona estaba al servicio de la Sublime Puerta; pero yo siempre he considerado esta sospecha como una fantasía de la malicia humana, pues él ha cumplido sobradamente con su deber en esta negociación, que ha resultado incluso mucho mejor de lo que se esperaba. Lo que es seguro, no obstante, es que el emperador, por esta razón o por otras, no lo tenía en alta estima; es posible que la complacencia demasiado hábil del general le hubiera disgustado, porque el emperador es así. Creo saber que, al opinar sobre el informe de un ministro, dijo, con un gesto de desdén: «Este hombre no me ha contradicho jamás». Este rasgo es característico. El emperador, dondequiera que estuviera, era poco amigo de Kutusoff, no obstante, como percibió que la opinión lo reclamaba al mando, de repente lo instituyó como *Príncipe del Imperio*; no hubo un solo titubeo ante esta gracia y cada cual, de común acuerdo, dijo: «Es para no hacerle mariscal». Pero la opinión llegó rápidamente a ese punto en que el emperador ya no pudo resistirlo; otra hermosa causa se añadía, digamos, a la primera, y era del agrado del público. Su majestad imperial le concedió el mando general, por tanto, al príncipe Kutusoff, a la satisfacción universal; pues hay que reconocer que, a pesar de su menoscabo físico, no había nada mejor. Ocho días antes, yo había oído decir: «¿Qué se puede hacer con un general ciego?». Y después de la elección, cuando le planteé a este mismo personaje el asunto de la falta de visión como obstáculo, me respondió: «Oh, por Dios, ve bastante».

El ucase que le otorgó el mando al príncipe Kutusoff es del 20 de agosto. Las primeras líneas perjudicaron notablemente al general Barclay, lo cual sorprendió bastante; pero pareciera que el emperador, conocedor ya por entonces del caso de Smolensk, hubiera querido manifestar su disgusto al decir *que su ejército no había actuado con toda la actividad de la que era capaz y que él no quería seguir examinando las causas de esta tardanza.*

Desde el momento en que el príncipe fue nombrado, uno de sus amigos le advirtió de que no siguiera haciendo pucheros, que pidiera el poder y se sirviera de él. «Dejadme hacer», dijo; y, en efecto, lo consiguió todo, y, en este momento, podemos considerarlo como el *emperador del ejército ruso.* Me aseguran (aunque yo no lo aseguro en absoluto) que su majestad el emperador, cuando le dijo: «El soberano y la patria os conceden este honor», se sonrojaba como una señorita a la que se le lee *Gioconda.* Lo que sí creo poder asegurarle es que el corazón no tomó parte, y que tuvo que contenerse mucho. En la noche del 20 al 21 de agosto, el príncipe partió hacia el gran ejército, al que no llegó hasta el 29 por la mañana, debido a la necesidad que tenía de dormir cada noche. Por el camino, se reencontró con el gran duque Constantino, que regresaba del ejército y con el cual tuvo una larga conversación. Da por cierto que el gran duque le dijo que contaba con continuar hasta Abo, donde su augusto hermano se encontraba entonces, y el príncipe Kutusoff le respondió: «Monseñor, como jefe del ejército, le aconsejo que no vaya a Abo». Quizás esto le parezca extraño a su excelencia; no obstante, ya no hay nada posible, y usted lo comprenderá perfectamente, señor conde, si le digo que, durante toda la campaña, el emperador, hasta el día de su partida, hizo que colocaran siempre al general Barclay a su derecha en la mesa, mientras que su hermano, el gran duque, quedaba a la izquierda, *pues que este no es más que un simple general, mientras que el otro era general en jefe.* Es el resultado de unos principios germánicos, o, por decirlo mejor, prusianos, llevados al exceso, que han interpuesto un uniforme entre la majestad de los príncipes y la mirada de los pueblos, y que producen así un eclipse al que es necesario ponerle fin; pues, si no se pone orden, los pueblos ya no verán en un rey más que a un gran oficial. Sin duda, es necesario que el estado militar sea el primer orden del Estado, aunque no es necesario que afirme, por así decirlo, el carácter real; el príncipe de sangre, en su calidad única de príncipe de sangre, debe poner a la cabeza toda dignidad concedida; al menos eso me parece claro. Retomo mi anterior punto. El gran duque llegó a la capital la noche del 25 al 26; a las ocho de la mañana, fue a ver a su augusta madre, y luego se encerró y no quiso ver a nadie durante todo el día; pero pronto comenzó a hablar en alto y no se incomodó en absoluto. Dijo por todas partes que no había manera de quedarse en el ejército para ver allí todo lo que allí se veía; que no se podía ir peor, y que era absolutamente necesario decidirse por la paz. Este discurso causó la más desagradable de las sensaciones. Después de algunos días, estaba en su tierra de Strelna, a 25 verstas de la capital, y ya no se oía hablar de él. No podría terminar sin contarle a su excelencia todo lo que se ha dicho sobre el regreso del ejército. Es necesario saber, en primer lugar, que este príncipe había cambiado de golpe el carácter del ejército, hasta el punto de sorprender a todo el mundo. Todas las cartas no hablaban de otra cosa que no fuera de esta metamorfosis; no había otro asunto que no fuese la cortesía, la amabilidad y la deferencia del gran duque; se había convertido en eso que denominamos *agradable*; ahora bien, puedo asegurarle, señor conde, que, sin ningún detalle, sería imposible llegar más lejos. Después de esto me han dicho en la corte que se le recuerda *como demasiado educado*; no sé qué decir. Otros me aseguran que cuando el príncipe Kutusoff aceptó el mando, puso como condición *que su majestad imperial no volviera ya al ejército y que el gran duque, su hermano, partiera de allí*, ofreciendo como razón, a ojos de este último, *que* (él, Kutusoff) *no podría recompensarlo si lo hacía bien ni castigarlo si lo hacía mal*. Está muy bien dicho, pero yo desconfío mucho de todos estos discursos que se tienen cara a cara y luego se divulgan entre el público. ¿Quién los repite? ¿El príncipe? No. ¿El súbdito? No. Sea quien fuere, el gran duque está aquí y él mismo habla de que no debe regresar al ejército.

Todos los militares a los que he podido consultar coincidían en que lo primero que haría el príncipe Kutusoff cuando llegara sería volver a recular y, en efecto, eso fue lo que sucedió. Desde Dorogobourg, el ejército ruso se dirigió a Wiasma, y de allí a Mojaïsk, donde se había fijado el cuartel general en el momento en que recibí las últimas noticias (el 5 de septiembre). Su excelencia verá que pronto oiremos los cañones de Moscú. Para empezar, después de la toma de Smolensk, el conde Rostopchin, gobernador de Moscú, comunicó a los habitantes que todos aquellos que lo considerasen oportuno podían irse: todo lo que pudo moverse se marchó. No oigo hablar, sin embargo, más que de la parte débil de la sociedad; porque no solo se quedaron los hombres, sino que se comprometieron a no dejar entrar a Napoleón en Moscú, si no era por encima de sus cadáveres, y a quemar esta gran ciudad como sucedió con Smolensk, si no eran capaces de defenderla.

Después de la cuestión de Kobrin, de la que he tenido el honor de informar a su excelencia, el cuerpo principal de los Sajones, comandados por el general Régnier, se unió al de los Austriacos, comandados por el príncipe de Schwarzenberg; entre estos dos ejércitos reunidos y el del general Tormasoff hubo un combate bastante serio que duró desde las nueve de la mañana hasta la noche del 12 de agosto, cerca del pueblo de Gorodeczna, que no localizo en el mapa, pero que no debe de estar muy lejos de Proujany (gobierno de Grodno). El boletín, bastante embrollado, siguiendo la invariable costumbre del país, le otorga toda la ventaja al general ruso; ha matado o herido a 5000 hombres del enemigo, mientras que sus pérdidas no se elevan por encima de los 1500. Lo que hay de verdad en todo esto es que el general Tormasoff, sacado del gran ejército por la gran maniobra primitiva de Napoleón, no ha podido ser detenido en su marcha (o en su retirada) por el ejército combinado de Austriacos y Sajones, y que es probable que consiga el milagro de reunir a todos los Cuerpos rusos, sin que los franceses hayan podido interceptar ni uno solo. Napoleón contaba seriamente con poder capturar al príncipe Bagration, e incluso ha destituido y enviado a Jérôme, su hermano, al que había encargado esta pequeña tarea, que no se ha solventado a satisfacción del gran señor. A la espera, el general Miloradowitch ha llevado a 30 000 hombres al gran ejército; las milicias de Moscú también han llegado; al príncipe Kutusoff, se le han unido en total, al menos, 60 000 hombres; el almirante Tchitchagoff, convertido en general en jefe por una de estas metamorfosis que no vemos más que en Rusia, lleva al ejército de Moldavia, respaldado por 50 000 hombres excepcionales. Debe de haber dejado atrás Kiev; las tropas del duque de Richelieu están en Tchernigov; todo esto marcha por Moscú con un excelente espíritu y la pasión en el corazón.

Evidentemente, Napoleón pierde la cabeza adelantándose así como lo hace: ya no lo puede salvar —me parece— más que su estrella; pero, cuando confiamos en las estrellas, al final somos unos ingenuos. Es evidente que ha contado con una paz brusca. Haciendo sonar la trompeta por toda Europa, seguramente a costa de un gran esfuerzo, sus esperanzas defraudadas lo han arrojado a un estado que en ocasiones alberga furor. Durante uno de los ataques en Smolensk, hizo bajar del caballo a un coronel polaco que no había avanzado con su Cuerpo y que lo fusilaran delante de él. Y con el avance del invierno, hubo que encender fuegos por todas partes. Los franceses no van calzados, mientras que el calzado es la parte más cuidada de la indumentaria rusa. En verdad, no sé cómo estos encolerizados podrán marcharse de allí. El general Wittgenstein, que continúa ilustrándose sobre la Dvina, y al que podríamos llamar el Wellington de estas comarcas, ordena que los franceses deserten de sus campamentos en partidas de cincuenta, y que se quejen, sobre todo, de la falta de calzado, ¡y eso a finales de agosto! Juzgue, señor conde, ¡los meses siguientes! La razón dice que Napoleón no se marchará de aquí. Sin embargo, sigo inquietándome por no sé qué instinto que me dice que aún no ha llegado su última hora, y que no debe terminar a manos de rusos. Puede que todo sea verdad: es posible que la guerra rusa impaciente a los franceses, y eso podría terminar con mucha facilidad. Las personas más instruidas piensan que una batalla general es inevitable, que quizás esté ocurriendo en el momento en el que tengo el honor de escribirle, y que quizás pueda costar 100 000 vidas más. Si los rusos perdieran esta batalla, las siguientes serían incalculables. Se ha dicho bien: *Recularemos hasta Astrakhán*, etc. Todo eso es muy fácil de decir; pero ¿quién sabe lo que llegará? Aquí ya todo el mundo ha empaquetado sus cosas, empezando por la corte, que ha embalado todo. El convento de las Damas, las jóvenes del instituto de Sainte-Catherine (en total 500 señoritas) han recibido la orden de estar preparadas.

He embalado todos mis documentos esenciales y he quemado el resto. Me han ofrecido un sitio en una especie de goleta cargada de bronce, cuadros, platería, etc., que debe partir al interior, en caso de infortunio, por los lagos y los ríos que aquí se encuentran: yo me he beneficiado de ello; mi pequeña buhonería se convertirá allí en una figura singular, pero al menos encontrará refugio. En cuanto a mí, si me veo obligado a partir, me iré lejos al norte; su majestad quedará advertida por el canal de su excelencia. Si llegara el gran infortunio de una batalla perdida, podríamos poner en duda otras de otro género. Su excelencia no tiene idea de la temeridad de los discursos que estamos escuchando y en el extranjero no se oye ni una centésima parte de lo que aquí se dice. Mientras que veo, por un lado este profundo y silencioso respeto, que he procurado describirle, y del otro, todo lo que hemos osado hacer en este país, comprendo menos que nunca las contradicciones humanas; no dude, señor conde, que Napoleón no haya especulado sobre este punto. El éxito lo tapará todo; pero si no tenemos suerte, no responderé nada; bien podría haber una sacudida en el Estado.

La tendencia actual es tomar medidas drásticas contra Barclay de Tolly. Cuando se humilla y se sacrifica a una nación, esta siempre busca lo que llamamos un *chivo expiatorio*, al que se culpa de todo. No obstante, nadie puede negar la bravura personal de este hombre, ni su mérito como general de división ni su perfecta probidad mientras fue gobernador de la provincia, notablemente en Finlandia. Aunque está lejos del talento necesario para comandar a 200 000 hombres. ¿Y quién nos dice que Kutusoff tiene este talento? El general Barclay podía elegir entre la opción de permanecer en el ejército o volver a asumir la cartera de Guerra; prefirió conservar la autoridad principal y la cartera le queda a su suplente, el príncipe Kouchagoff. El barón de Benningsen sigue siendo lo que denominamos general de *Quartier-maître*, lo que excluye al marqués Paulucci, al que el príncipe Kutusoff quería nombrar puesto; pero quizás se arregle todo. Le aseguro, señor conde, que ese Benningsen me da mala espina, y ya me la daba mucho antes de que el emperador estuviera en el ejército. Sin embargo, nadie se ha rebelado aquí ante este espectáculo, y ni siquiera nadie se ha dado cuenta, aunque también es verdad que aquí ya no estamos en Europa o, al menos, estamos en medio de una raza asiática que ha tomado la delantera en Europa. Para mí, un espectáculo intolerable el de un hombre que ha llevado la mano sobre su señor y que está en posesión de todos los derechos de la sociedad. El emperador acaba de nombrarlo hijo, y no he podido encontrar a una sola persona que se atreva a sorprenderse. Que nos metan eso en la cabeza. ¡Nunca! ¡Nunca!

He tenido el honor de relatarle, creo, la proclamación del príncipe de Schwarzenberg. Es muy cierto que contenía la expresión de *aliados pérfidos*, algo que ha contado con la fuerte desaprobación de la corte de Viena. La compasión es necesaria y mucho; ninguna corte se parece menos a sus ministros. El príncipe de Schwarzenberg pasa por haber sido completamente seducido por los mimos de Napoleón en París. Concibo a la perfección cómo estamos obligados a tratarlo, por la orden soberana de las circunstancias: Luis XIV trató con Cromwell, le concedió la alternativa y llevó su luto: pero dejarse *seducir* por Napoleón, y ponerse realmente de su parte, es un poco fuerte. En el fondo de esta alianza, creo firmemente en aquello que tengo por muy buena fuente: y es que jamás la corte de Viena, es decir, el conde de Metternich, la habría dado por concluida si él no hubiera estado seguro de que la paz con Turquía era imposible. Podría haberlo creído así, teniendo en cuenta que el propio Napoleón lo creía y lo decía en voz alta. Sébastiani, después de haber firmado la paz, estaba tan convencido de que no lo era; se lo aseguraba con tanta firmeza a un parlamentario ruso que se había puesto de su lado; repetía con tanta firmeza que movilizaría a su cabecilla, que el parlamentario, a su regreso al campo, le expresó sus inquietudes al propio emperador. Desde entonces, Napoleón ha estado utilizando intrigas incluso en Constantinopla, hasta el punto de retrasar la partida del almirante Tchitchagoff; pero felizmente todo terminó y hoy (9 de septiembre) nos ha sido comunicado el tratado impreso. Esto me lleva a pensar que Metternich y su corte se arrepienten ahora, cuando ven los brillantes éxitos del ilustre Wellington; pero la alianza ya está hecha. En este aspecto, es necesaria la indulgencia: un hombre que se ahoga y agarra una tabla no advierte si está sucia; es suficiente con que no asegure que estaba limpia.

La opinión de este país tiene en muy baja consideración al príncipe de Schwarzenberg, y creo que la del suyo no es mucho mejor. Corren tiempos desafortunados: cada uno necesita su indulgencia y nadie se pone de acuerdo. No le digo nada, señor conde, de la entrevista de Abo; acerca de este punto sabe tanto como yo. Todo el mundo canta las bondades del *Príncipe real*, no debe hacer temblar a los intelectuales menos de lo que lo hacía Robespierre; porque los monstruos hacen daño en el momento y luego continúan sin consecuencias; pero los pueblos, incómodos con sus soberanos, pudiendo cambiar como de camisa o de medias, despidiendo a uno, llamando a otro (incluso si es personalmente estimable) y que todo eso suceda tranquilamente, como una aventura ordinaria de la vida, es todo lo que se puede concebir entre lo más triste. En cuanto a mí, siempre espero que este mal ejemplo no llegue a buen puerto.

Mientras le escribo, recibo noticia de que el almirante Tchitachagoff llegó el 25 de agosto (empleo siempre un estilo realista) con su hermoso ejército a Daubno; después de doce o quince días de marcha, se habrá unido a Tormasoff entre Pinsk y Minsk.

Observe la carta, se lo ruego, y pregúntese desde una perspectiva militar, señor conde, ¿cómo es posible que *nuestro amigo* se marche de allí sin sufrir algún gran desastre? Si escapa sano y salvo, será el milagro más hermoso de su *hermosa vida*; pero lo espero para las primeras nevadas. Tchitachagoff y Tormasoff tienen con ellos al menos 80 000 hombres.

Nos llegan de vuestro país, señor conde, grandes aprobaciones del plan adoptado por el emperador; nada es más fácil de decir desde la distancia; pero observe, se lo ruego, las consecuencias: ocho provincias, siete millones de hombres y cuarenta millones de rublos de ingresos perdidos, la opinión pública pervertida, el asesinato, los incendios, las profanaciones, los excesos de todo tipo que avanzan de frente, desde Vilna hasta Moscú, vastos países arruinados, quizás, por veinte años, las mayores fortunas tambaleándose, la opinión pública violentamente expuesta, la salida de la capital dependiente de las victorias de Wittgenstein, etc. Son grandes temas que tener en consideración. No vemos más que fortunas hundidas. Dos damas a las que conozco, las princesas Dolgoroucky y Alexis Galitzin, tienen ellas solas a 20 000 campesinos por la ruta de los franceses. Examine todos los países saqueados, piense en medidas forzadas, en impuestos subidos hasta el límite, en el mayor grupo de campesinos transformados en soldados y con armas, y comprobará, señor caballero, que sería difícil jugar una carta más terrible. El propio Napoleón tiene miedo del mal que ha causado; a un parlamentario ruso, que últimamente había ido al ejército francés para solicitar información acerca de un oficial superior al que habían hecho prisionero, se le encomendó una carta de Berthier, en la que protesta por *las constantes muestras de amistad entre su dirigente y su majestad imperial* y propone *restablecer los gobiernos rusos en las provincias ocupadas*. Él mismo no sabe qué hacer con los campesinos que, al encontrarse de repente liberados de sus gobernadores y sus señores, han entrado en una especie de anarquía semejante que han terminado por escaparse a los bosques como animales salvajes. Comprende usted, señor conde, que la proposición de Napoleón equivale a lo siguiente: *cuide de los campesinos en mi beneficio*; pero no por ello ve usted menos el estado de las cosas.

El marqués Paulucci, del que le he hablado por extenso a su excelencia, sigue aquí, y no cuenta con ningún empleo. Tiene eso en común con todos los edecanes de su majestad imperial de primer y segundo rango, que el general Barclay ha puesto a mi lado. En este momento el grito general es *¡La corte fuera del ejército, y fuera los jefes extranjeros!* Acerca de la primera proposición, le diría con mucho gusto como en bachillerato: *distinguo*. Cuando pase la tormenta, que nuestros señores combatan en persona si así lo estiman conveniente; los bienes y los males se equilibran; trasladarán la humanidad, la moderación, la caballería y, sobre todo, un respeto mutuo por la soberanía; no harán guerras inmisericordes y todo terminará, como en otro tiempo, con algunos pueblos tomados o cedidos y en matrimonios; pero en el presente estado de las cosas y de los espíritus, aunque veo que uno de nuestros príncipes viene a pelearse en persona con *ese furibundo*, tengo ganas de vestirme de luto. Por desgracia, el emperador tiene muchas otras ideas, pues estoy convencido por pruebas certeras de que *se cree inútil a su pueblo porque se siente poco capaz de comandar a los ejércitos*; esto supone un gran sufrimiento para él; no obstante, es como si llorara por no ser astrónomo. El primero de todos los talentos es el de reinar; es el que los usa y los supera a todos. Felipe II y Luis XIV no eran, a mi juicio, autómatas; pero pronto veremos que el rey de Inglaterra tendrá que dirigir a su flota en persona, so pena de que se le declare *inútil*. ¡Qué no daría yo por que me llamaran a consolar al emperador, si tuviera los medios necesarios! Ciertamente, es digno de admiración universal por el esfuerzo que ha hecho por sí mismo para así obedecer a la opinión pública; y feliz el hombre que pueda hacerle comprender cuánto talento del soberano, que emplea a los hombres y los pone en su lugar, es suficiente por sí solo e independiente de toda otra cualidad.

El emperador que desconfía mucho de los demás, desconfía también de sí mismo. Necesitaría a un verdadero amigo, a un *ministro del Departamento del Coraje*, que lo apoyara, lo quisiera, e incluso a menudo lo consolara, pues lo necesita. Yo no sé dónde se encuentra un hombre así.

La especie de antipatía que reina entre la corte y el ejército ha ocasionado últimamente una singular explosión por aquí. El general Barclay de Toloy ha excluido, aunque casi podría decirse *perseguido*, a todos los edecanes de su majestad imperial, tanto de primera como de segunda clase. Se dice que con algunos de ellos está un poco molesto; ha enviado incluso a la tripulación. ¿Cómo lo ha hecho? No lo sé. En resumen, están aquí en gran número y le aseguro, señor conde, que estos señores que se pasean por los muelles mientras que nos matamos a las puertas de Moscú dan una imagen bastante triste. ¿Por qué el emperador no los ha hecho regresar a todos? Es lo que apenas comprendo. En todos los países hay ciertos protocolos del gobierno que los extranjeros entienden poco.

Lo que resulta muy llamativo es que el príncipe Kutusoff, a pesar de estar revestido de la más alta potencia militar, en general, no ha cambiado nada respecto a este acuerdo. Sin embargo, antes de salir para el ejército, le había dicho al marqués Paulucci que estaba decidido a nombrarlo general de *Quartier-Maître* del ejército y que, incluso, como tenía carta blanca, estaba decidido a convocarlo una vez que estuviera en ruta; no obstante, no ha hecho nada, y el marqués está aquí como el resto de los ayudantes. A partir de aquí se puede hacer más de una pregunta: ¿Ha querido el príncipe engañar al marqués Paulucci? ¿Ha mantenido este discurso para tomarle el pelo? ¿Ha tenido que parar él mismo por alguna orden secreta o por una opinión irrefutable? Yo me inclino por esta última suposición. La rusa es la nación más envidiosa del universo ante el mérito extranjero; mal que bien le han hecho justicia al marqués de Paulucci, siempre, no obstante, *con qualche ritrosia*. Alguien ha llegado incluso a decir: «Preferimos que nos venzan los franceses a que nos salve un italiano», lo cual es muy hermoso y razonable, como puede verlo su excelencia. El marqués está, no obstante, muy bien en la corte; hace pocos días el emperador lo recogió en su calesa y lo llevó a cenar a casa de su madre, en la Táurica. Sin embargo, si *su majestad la Opinión* quiere perseguirlo, sin duda tendrá éxito; aunque resucitará luego por otro mecanismo particular de este país que no es necesario explicar en este momento.

14 de septiembre. Creía, señor conde, que terminaría aquí mi despacho, cuando una de las mayores noticias me obliga a tomar de nuevo la pluma.

Antes de salir de la capital la noche del 20 al 21 de agosto, el príncipe Kutusoff le dijo a su mujer: «Nos volveremos a ver felices o nunca». Se postró en el entarimado y se encomendó a Dios llorando. Esto, señor conde, le parecerá que concuerda poco con el resto de lugares de mi carta; pero este tipo de disparates son muy comunes en este país, y podría contarle los más singulares. Llegó al ejército el 29 y enseguida le dieron una nueva disponibilidad, que fue muy agradable para los rusos, pues ella se encontraba más conforme con sus antiguos hábitos. Tome un mapa, señor conde, y localice la villa de Mojaïsk, a noventa y nueve verstas al suroeste de Moscú, en el vértice de un ángulo bastante agudo que forma la Moskowa; a una altitud de diez verstas, por el margen derecho de este río, se encuentra el pueblo de Borodinó, lo bastante insignificante como para que aparezca en los mapas, pero que acaba de adquirir un renombre inmortal.

El príncipe se encontraba frente a ese pueblo y ante él había un arroyo que desembocaba en la Moskowa; el flanco derecho estaba apostado en este riachuelo, que da su nombre a la antigua capital del Imperio; respecto al izquierdo, le decía él mismo en su relación del 3 de septiembre a su majestad imperial: *está un poco en el aire, pero el arte lo puede sostener*. En efecto, estaba flanqueado por algunas fortificaciones habituales; el izquierdo estaba comandado por el general en jefe, el príncipe Bagration; detrás de él estaban los generales Touczkoff y el conde de Strognoff, y aún más abajo las milicias de Moscú; finalmente, el príncipe Kutusoff se había escondido en el bosque, y siempre en su mismo flanco, una gran cantidad de tropas y de artillería; el centro ocupaba las colinas frente al arroyo; detrás de él el príncipe tenía una formación completa de siete cuerpos, entre otras toda la Guardia. A la derecha estaban los cazadores.

El 3 de septiembre el príncipe atravesó sus ejércitos; hizo que se portara la milagrosa imagen de Smolensk entre sus filas. Les dijo a los soldados: ¡*Hermanos* (que es el término ruso), *entre el enemigo y la santa ciudad* (Moscú) *no estáis más que vosotros!*». Por todas partes se escuchaba: «Moriremos todos donde nos has colocado». Durante esta especie de revista, un águila planeaba sobre la cabeza del príncipe; él se quitó el sombrero y la saludó, ante lo que todo aquel que le rodeaba gritó *¡Hurra!* El 5 de septiembre, como se esperaba, les atacaron por el flanco derecho; el combate fue largo y encarnizado, pero el príncipe Bagration resultó vencedor e incluso les arrebató dieciséis piezas de cañón; el día siguiente transcurrió entre escaramuzas en las que no se hizo otra cosa que se tantear el terreno. Pero el 7 fue el día fijado por la Providencia para una de las más memorables batallas que se hayan librado jamás. Los franceses llegaron para abalanzarse por la izquierda y el centro, y se reencontraron con los rusos que avanzaban hacia ellos. El flanco izquierdo de los franceses, como bien podrá intuir, y el derecho de los rusos no permanecieron inactivos, y de ahí resultaron ataques oblicuos y cierto caos del que no podemos hacernos una idea justa en este momento.

El combate, es decir, la carnicería, comenzó a las cuatro de la mañana y no dejó de causar estragos más que al caer la noche; 1500 piezas de artillería disparaban desde el flanco de los rusos. Le parecerá exagerado, pero cuando quise decirle *ochocientas* al hombre que tenía más posibilidades de saberlo, me dijo riéndose: *doble la cantidad*. Lo que es seguro es que la artillería estuvo formidable y que recibió un duro castigo de una terrible precisión. Napoleón había dicho con la inquebrantable obstinación de su carácter: *o perece todo mi ejército o yo rodeo este flanco izquierdo*, y los rusos, por su parte, dijeron: *pereceremos todos y no pasarás*. Estos ganaron su formidable apuesta al precio de treinta mil vidas, pues no aceptaban un número menor de víctimas y sostenían que el enemigo no podía haber perdido menos del doble. La batalla fue cuerpo a cuerpo; una misma batería fue capturada una y otra vez, hasta en cinco ocasiones, pero finalmente el valor ruso la ganó. Empujaron a los franceses a doce verstas y les arrebataron treinta cañones. Siete generales rusos resultaron heridos, pero también la propia Rusia, en la persona del príncipe Bagration; una bala se le alojó profundamente en el hueso de la pierna. Se le trasladó a Moscú, desde donde él mismo escribió: «no sé si será necesario que me corten la pierna». Aun cuando se pudo salvar, el ejército no estuvo menos privado de él durante toda la campaña, y fue una gran desgracia. Es un oficial de Souvarof, tiene mucha experiencia y es el ídolo de los soldados; veintidós oficiales del regimiento de los cazadores de la Guardia resultaron heridos o asesinados; se capturaron a pocos prisioneros entre los franceses y el ensañamiento no perdonó a nadie. Pienso, señor conde, que leerá con interés la breve carta que un hombre de espíritu le escribió a su amigo durante la batalla. Dice lo siguiente: «Lunes 26 (V. S.). Antes de ayer una cuestión de héroes, ayer una escaramuza insignificante, hoy un combate de héroes: la tierra tiembla a dieciocho verstas. Los franceses han recibido un ataque por el flanco derecho, mientras marchaban a nuestra izquierda y atacaban además nuestro centro. Tengo confianza en Dios y en nuestros valientes, y en que mañana recibamos orden de avanzar; pero todo esto, los detalles del ejército, los conocerá mucho mejor. En cuanto a mí, le cuento que el primer día en que el príncipe Kutusoff reconoció la posición, un águila planeó sobre su cabeza. La saludó y la tropa gritó feliz: *¡Hurra!* Cuando los romanos combatían, había que citar a los augures». Firmado Ansted (de Estrasburgo), persona empleada en la diplomacia del ejército.

Piensa usted bien, señor conde, cuando dice que aún no podemos tener certidumbre alguna acerca del número de muertos; pero para que pueda formarse una idea de dicha batalla, basta con citar las expresiones de aquellos que la han vivido o que estuvieron cerca. Como ya ha visto, uno dijo: *la tierra tiembla a dieciocho verstas*; un oficial que combatió allí expresó que *Preussich-Eylau fue un juego de niños comparado con Borodinó*. Un oficial general de gran mérito y al que conozco personalmente lo anuncia con sus propias palabras: *los que han visto esta batalla ya tienen una idea de lo que es el infierno*.

La noche del 10 al 11 de septiembre fue terrible para el emperador, y para un número de personas, a las que el primer emisario del príncipe Kutusoff había instruido sobre la batalla que había comenzado, aunque desconocía su éxito. Por fin, la mañana del 11, festividad del emperador (¡feliz coincidencia!), llegó el triunfante emisario. Enseguida se nos invitó a un *Te Deum*, aunque a muchos no se les avisó a tiempo. El emperador nombró mariscal al príncipe Kutusoff y le entregó 100 000 rublos; su mujer recibió el retrato, que es de una y otra parte el *nec plus ultra* de los honores. El emperador le entregó más de 100 000 rublos al príncipe Bagration y 5 rublos a cada soldado que combatió en Borodinó.

Esta batalla, señor conde, no podrá celebrarse nunca lo suficiente; se libró con un valor por encima de todo elogio, contra el enemigo del género humano y por todo aquello que queda en el universo de religión, de independencia y de civilización. Todo hombre, y sobre todo, todo europeo, les debe un verdadero agradecimiento a aquellos que la ganaron. No obstante, si su excelencia me pide saber dónde nos encontramos, me guardaré bien de no responder otra cosa que no sean estas palabras: *no sé nada*.

§

A la señora condesa de Edling,
[sin fecha]

Señora:

He recibido con mucho placer y extrema gratitud la carta que tuvo la bondad de escribirme el día diecisiete del mes pasado. Yo mismo iba a ponerme con esa misma tarea cuando llegó su *gentilissimo floglio*; y lo habría hecho mucho antes de haber sido dueño de mi mente; pero después de varios días casi me había vuelto loco. Con ciertas palabras que llegaron, no sé cómo, a mi atento oído, había adivinado que mi hijo había resultado herido. La imaginación paterna, exagerada en este texto ligero y, por otra parte, profundamente afectado por el espantoso infortunio de esta pobre condesa Strogonof, había empeorado las cosas. Muy inoportunamente, las personas instruidas no querían instruirme; yo no osaba a preguntar nada. Al final, señora, más que persuadido de que, en este tipo de posiciones, no hace falta llevar la triste figura por el mundo, me encerré en mi guarida más muerto que vivo, respirando sin vivir, cuando un extraño tuvo la caridad de decirme, palabra por palabra, precisamente las mismas cosas que usted me dice. No obstante, en el momento en que le escribo, ya no tengo la carta de Rodolphe. A pesar de todo lo que me cuenta, me encontré ante grandes dificultades, no tanto por esta herida de Troyes, sino por todo lo que prosiguió; porque hace calor en esta Francia. Todo lo que ocurre me recuerda a la famosa respuesta que le dio un gentilhombre francés a Carlos V, de quien era prisionero. *Señor tal, ¿cuánto hay de aquí a París? Señor, cinco días* (con una profunda reverencia). Por lo demás, señora, después del congreso, que le ha proporcionado a *nuestro amigo* Napoleón las dos cosas que más necesitaba, tiempo y opinión, ya no tenemos derecho a extrañarnos de nada. Debe admitirse que este estimable hombre no conocía mal su oficio. Tiemblo al ver las maniobras de este enfurecido y su increíble influencia sobre los espíritus. Cuando escucho hablar en los salones de San Petersburgo sobre sus faltas y la superioridad de nuestros generales, siento el gaznate apretado por no sé qué risa compulsiva, amable como la corbata de un ahorcado.

No obstante, después de todo, e incluso admitiendo todas las catástrofes preliminares con las que nos amenazan, es necesario que se haga justicia y que el monstruo perezca. La razón, poco iluminada, no puede consentir el establecimiento sosegado de este hombre ni el de su raza. Los éxitos que le han acompañado durante tanto tiempo podrían invitar a las señoritas a desposar a hombres casados; se dará cuenta de lo importante que es para su orden que él termine mal, para que los usos beneficiosos y probados subsistan tal como son. Dado que este punto no me parece en absoluto dudoso, pasemos a otro. La invito con todas mis fuerzas, señora, a que emplee todas las suyas y toda la atención de su buen espíritu para que continúe y reconozca a fondo esta fermentación moral de la que me habla, y que parece que aumenta a diario. Examínela en los hombres, en las mujeres, en los católicos y en los protestantes. Observe si ocurre en mayor o menor medida, si despoja de los dogmas a los primeros y si se entrega a los segundos; examínela bien bajo la divinidad del Verbo, bajo los sacramentos, bajo la jerarquía, bajo la esencia y los derechos del sacerdocio, bajo las ideas místicas y bajo los autores que, en este género, se han ganado su confianza. Observe sobre todo (y esto es lo esencial) si estas nuevas ideas alcanzan a la ciencia y a qué tipo de coalición han llegado juntas estas dos damas. Si juzgo por lo que veo aquí, ningún sabio ha prestado oídos a la nueva doctrina. No veo entre sus discípulos más que a personas, sin duda, muy honestas, pero que no saben absolutamente nada o que lo que saben, lo saben muy mal, lo cual es mucho peor. Tome buena nota, señora, y escríbame después acerca de ello, reservando lo que estime conveniente para las primeras veladas que pasaremos juntos. En fin, cuento con usted; no traicione mis esperanzas.

El cristiano de *revoltijo* que me describe es encantador. ¡Ay! Si ese joven del que me habla, al que escucha, quisiera acercarse a los sacramentos, ¡qué amable y mimado por el cielo resultaría! Mándeme de quién se trate.

¿Quiere que por mi parte le cuente algo similar a lo del *revoltijo*? El Sábado Santo, se bautizó en la iglesia católica de San Petersburgo un joven negro de la costa del Congo. Lo ofició un jesuita portugués; la madrina fue la primera dama de honor de la difunta reina de Francia, *madame* la princesa de Tarente; el padrino, el ministro del rey de Cerdeña. Al neófito se le preguntó y respondió en inglés. *Do you believe? I believe.* En verdad, esto no se puede ver más que en este país, en esta época. La buena amiga Sophie está tal como la dejó, es decir, buena y amable en grado superlativo, pero *sin una base estable* en cuanto a la salud. Y puedo decirle lo que me impacienta este temperamento. A primera vista, parece que está perfectamente bien, pero nunca se está seguro con ella. Es la única cosa con la que engaña. Con todo, se porta mucho mejor que la pobre Nadine, que me parece muy mal *encaminada.* Dicen que hay una mejora, pero yo apenas me fío. Puedo advertir cómo esta dulce sociedad resulta necesaria para una excelente dama. Si las cosas dan un mal giro, lo cual parece probable, será un golpe terrible para ella. Ya solo con este informe yo me afligiría en extremo; pero es algo particularmente terrible cuando desaparece en la flor de la juventud. Se diría que es una injusticia. ¡Ay, mundo vil! Siempre he dicho que, si tuviéramos sentido común, un mundo así no podría continuar. Si nos pusiéramos a reflexionar con seriedad con la posibilidad de que se nos diese una vida ordinaria de veinticinco años para que, como le place a esa ley desconocida que todo lo rige, nos la repartiéramos, y usted llegase a los veintiséis años, sería la prueba de que otro ha muerto a los veinticuatro; no habría en verdad nadie que se acostara o que pudiera, a duras penas, dignarse a vestirse. Es nuestra locura la que hace que todo siga. Uno se casa, otro emprende una batalla, un tercero construye una casa, etc., sin pensar por un segundo que ya no volverá a ver a sus hijos, que ya no escuchará más *Te Deum* y que ya no se hospedará jamás en su casa. No importa, todo sigue, y ya es bastante.

§

A la señora de Swetchine,
31 de julio (12 de agosto) de 1815.

¿Cómo describir, señora, la impresión que me ha causado el estado que me detalla? ¡Quisiera ser su vecino! Un verdadero amigo es, al pie de la letra, un conductor que sonsaca las penas... Sobre todo las penas de este tipo. ¡Si usted supiera la claridad con que veo vuestro pobre corazón! Me recuerda el auto que he llevado en su contra; no lo retiro. La empresa que ha formado es un crimen: espero que comprenda lo que quiero decir con la palabra *crimen*. ¡Pobre mujer excelente! ¡Quiere poner en los platillos de su balanza a Bossuet, Bellarmin y Malebranche, en un lado, y a Clarke, Abbadie y Scherlock en el otro! ¡Y sin duda los pesará! Pero, para pesarlos, hace falta elevarlos: ¡qué bella empresa para su elegante mano! Ahí está el *crimen*. Jamás, señora, llegará usted por el sendero que ha escogido. Se derrumbará de fatiga; sollozará, pero sin unción ni consuelo; será usted presa de no sé qué ira seca que socavará una tras otra todas las fiebres de su corazón, sin que pueda jamás librarse ni de su conciencia ni de su orgullo. Este Scherlock, al que nombra a todas horas, ha pronunciado estas extraordinarias palabras: *Never a man was reason'd out of his religion*, que yo traduzco, después de haber caído casi en la desesperación, como sigue: *que jamás ha sido un hombre expulsado de su religión por los argumentos*. De alguna manera, decimos que ya nada es verdad. La conversión es, como dice Bossuet, una *iluminación repentina*. Tenemos un montón de ejemplos de este tipo, incluso entre los hombres superiores y con más capacidad de razonar. El último de ellos es Werner, que se vio sacudido por un *golpe de catolicismo* al ver salir al santo sacramento de la iglesia de Saint-Etienne. Guardo en mi memoria desde hace tiempo el equivalente exacto; pero, fuera lo que él pudiera ser, y sea que el feliz cambio se opere súbitamente o por conmoción, siempre comienza por el corazón, donde el silogismo es ajeno. *Never a man was reason'd out of his religion*; y hasta que el orgullo no quede por completo destronado, no hay nada en realidad.

Al volver sobre esta balanza de la que le hablaba ahora mismo, podría decirme con razón que no hablo en absoluto de usted cuando le cito a los protestantes; pero no me cansaría de repetirle, señora, que ciertamente usted es protestante, porque el protestantismo no es otra cosa que el orgullo que protesta contra la *unidad*. Ahora bien, a pesar de que las sectas difieran entre ellas, en lo que a nosotros respecta, sin embargo, todas ellas son iguales, dado que no son *nosotros*. Desde el momento en que se corta una rama deja de pertenecer al árbol; aquella que sigue siendo verde, incluso aquella que ni siquiera ha tocado la tierra, sin duda se distingue de aquella otra que se ha convertido en carbón después de diez años; pero, para el árbol, es lo mismo: ellas no son *él*, ni *para él* ni *de él*.

Su corazón tan bien hecho, tan dulce, tan tierno, recela, no obstante, de un odio violento, amargo, original y casi mecánico contra toda autoridad. El razonamiento podrá de alguna forma transigir con usted; pero el primer movimiento es siempre: ¡Cómo pues! etc.; por eso os he dicho con frecuencia, bromeando seriamente, que usted había nacido protestante... Cree usted no estar convencida; usted lo es desde hace tiempo al igual que yo. Cree buscar la verdad: eso no es verdad en absoluto. Usted busca la duda, y eso que toma como duda son los arrepentimientos. Se disputa contra su consciencia, y ella le atrapa, es su deber.

Esa deuda misma que le hace debatirse es tan solo una gran prueba contra usted. *La duda no habita en absoluto en la ciudad de Dios*. Son unas bellas palabras de san Agustín (o de cualquier otro): ¿cómo podrían vivir juntas la duda y la verdad? Es una contradicción de términos. Nosotros no podemos hacer otra cosa, por desgracia, que asumir el arrepentimiento del crimen; pero los *arrepentimientos del error*, que son la duda, no los tenemos ni los podemos tener. *A las afueras de la ciudad*, la duda se encuentra por el contrario en su hogar, y esta duda es un don, porque advierte de que volverá...

Cronología (establecida por los editores)

Casi todas las citas pertenecen a los *Carnets* de Joseph de Maistre.

1753: 1 de abril.– Nacimiento de Joseph de Maistre en Chambéry.
1763.– Nacimiento de Xavier de Maistre.
1772.– Tras estudiar con los jesuitas, Joseph de Maistre es admitido en la orden de abogados de Turín.
1773.– Abolición de la orden de los jesuitas por bula papal.
1774.– Pierde a su madre. Contactos con la francmasonería.
1775.– Saint-Martin, *Des erreurs et de la verité*. Joseph de Maistre: *Eloge de Victor-Amédée III*.
1777.– Pronuncia su *Discours sur la Vertu*.
1781.– Joseph de Maistre, *Mémoire au duc de Brunswick sur la Franc-Maçonnerie*.
1782.– Levesque, *Historia de Rusia*. J. De Maistre, *Discurso sobre el carácter exterior del Magistrado*. Tratado de Versalles.
1783-84.– Leclerc, *Historia de la antigua Rusia*.
1784.– Necker, *La administración de las finanzas*.
1786.– J. De Maistre se casa con Françoise-Marguerite de Morand, de 27 años.

1787.– Nacimiento de su hija Anne-Xavière-Adèle. *Paul et Virginie.* Final de las *Confesiones* de Rousseau.

1789: 16 de enero.– Muerte del padre de Joseph de Maistre.

1789: septiembre.– Nacimiento de su hijo André-Rodolphe.

1790.– Burke: *Reflexiones sobre la Revolución francesa.* Saint-Martin: *El hombre de deseo.*

1791.– Conferencia de Gibbon, «Decadencia y caída del Imperio romano».

1792: 1 de abril.– «Hoy hace treinta y nueve años que cometí una gran torpeza, hacia las tres de la madrugada».

1792: 22 de septiembre.– «Sábado, invasión de los franceses, horrible lluvia. Infame huída de la tropa»... Se marcha de Chambéry a caballo, en dirección a Génova.

1793: enero.– Ejecución de Luis XVI. Nacimiento de Anne-Nicole-Constance, tercera hija de Joseph de Maistre, futura duquesa de Laval-Montmorency.

1793: 21 de febrero.– «Relectura de *El hombre nuevo*, de Saint-Martin».

1793: 24 de febrero.– «He leído el Apocalipsis, la profecía de Nahum...». Poco después, reencuentro con Saint-Martin en Chambéry.

1793: primavera.– Levantamiento de los montañeses en Saboya.

1793: mayo.– Estancia en Coppet, como huésped de los Necker y la señora de Staël. «Después de la cena, vi al señor Gibbon. Curiosa figura, prefiero sus libros».

1793: junio.– Joseph de Maistre: *Cartas de un monárquico saboyano a sus compatriotas.*

1793.– Ginebra, Lausana, Berna. Agente de información del rey de Cerdeña. Se convierte en jefe de este servicio, es decir, en corresponsal del rey en Lausana.

1793: agosto.– Desgraciada campaña de las tropas austro-sardas en Saboya.

1793: octubre.– Se acusa a De Maistre de haber hecho informes demasiado optimistas. Desgracias. Abre los ojos al verdadero poder de la Revolución. Se refuerzan sus ideas ultramontanas. En 1793 se publica igualmente su folleto anónimo: *Discurso de algunos militares saboyanos en la Convención Nacional*, aparecido bajo el cuidado de Mallet du Pan.

1794: 9 de Termidor.– «Espectáculo impresionante... de la multitud de grandes culpables inmolados unos por otros con una precisión verdaderamente sobrenatural» (*Discurso a la marquesa de Costa de Beauregard*).

1794.– Xavier de Maistre: *Viaje alrededor de mi habitación.*

1795.– Señora de Staël, *Reflexiones sobre la paz; Ensayo sobre las facciones.*

1796.– Joseph de Maistre, *Consideraciones sobre Francia.* Bonald, *Teoría del poder político y religioso* (obra retirada y destruida).

1796: 30 de abril.– «Terribles noticias de Italia. TODO PARECÍA PERDIDO PARA MÍ, al no tener ya ni patria, ni fortuna, ni siquiera soberano, por hablar con propiedad; he hecho que grabaran alrededor de mi escudo de armas, que llevaban flores de caléndula, la divisa "FUERTE HONOR, NINGUNA PREOCUPACIÓN"» (Alusión a los éxitos de Bonaparte. Victor-Amédée III pedirá la paz. Morirá en octubre de 1796).

1796.– Señora de Staël, *De la influencia de las pasiones.*

1797: enero.– Rivoli: «Parece que Italia se da por perdida».

1797: marzo.– De Maistre es llamado a Turín, agregado al nuevo rey, con dos mil libras de pensión.

1797: julio.– Muerte de Burke.

1797: septiembre.– «Se ha producido en mí un cambio extraordinario; los antiguos gustos se fortalecen, las ideas vagas ganan en equilibrio, las conjeturas se transforman en certidumbres; hoy, 18 de septiembre, he comenzado una obra de la que desconozco aún el título [probablemente *Reflexiones sobre el protestantismo en relación con la soberanía*]. Me parece que comienzo a entrever mi vocación… ¡a los 44 años!

1797.– Chateaubriand, *Ensayo sobre las revoluciones*.

1797: 4 de diciembre, 9 de la mañana.– «He concluido la copia de tres discursos, a la manera de una sociedad de iluminados franceses. Había comenzado el trabajo el 17 de julio y, al tomar nota del tiempo que empleé en ellos, vi que les había dedicado 38 horas y 13 minutos. Este fragmento es curioso y muestra muy bien la doctrina de estos señores».

1798: febrero.– «Antes de partir a Turín, quemé el manuscrito de mis *Cartas saboyanas*, redactadas en una época en la que no tenía la mínima *iluminación* sobre la Revolución francesa o, para decirlo mejor, *europea*; a pesar de la integridad de las perspectivas que las dictaron, les he tomado aversión como a un fruto de la ignorancia».

1798.– J. De Maistre: *Plan de un nuevo equilibrio en Europa* (anónimo).

1798: 19 de noviembre.– Joubert entra en Turín. El rey Charles-Emmanuel huye.

1798: 28 de diciembre.– De Maistre y su familia parten a Venecia.

1799: marzo-abril.– Revés de los franceses en el norte de Italia. «¡He ahí los escitas y los tártaros que vienen del polo para cortarse el cuello con los franceses! Así lo han querido los abogados de París … No tuve más que dos pensamientos al verlos desfilar [en Padua]: ¿Qué vienen a hacer? ¿Y cuántos volverán?».

1799: 29 de octubre.– De Maistre recibe el nombramiento

provisional de «regente de la Cancillería de Cerdeña», es decir, jefe de la magistratura. «Tengo, pues, una renta de 12 000 libras; y esta mañana no tenía nada». Podrá pagar sus deudas.

1799: diciembre.– Restablecimiento del culto católico en Francia.

1800: 12 de enero.– De Maistre y su cuñado, el caballero de Saint-Réal, desembarcan en Cagliari.

1801.– Bonald, *Ensayo analítico sobre las leyes naturales del orden social*; *Sobre el divorcio*.

1802: 25 de septiembre.– La familia de De Maistre vuelve a Italia. Pronto él se marchará de Cerdeña, pues parte a San Petersburgo y abandona la magistratura.

1802.– Saint-Martin, *El ministerio del hombre-espíritu*.Ballanche, *Sobre el sentimiento*. Chateaubriand, *El genio del cristianismo*. Fin de la publicación de las *Obras* de Bacon, traducidas en quince volúmenes por Antoine de la Salle.

1803: febrero.– Visita Nápoles y Pompeya. Pasa por Roma, Viena y, el 13 de mayo de 1803, llega a San Petersburgo.

1803.– Muerte de Saint-Martin.

1804: Pascua.– «Comulgué en San Petersburgo de la mano del general de los jesuitas [el padre Gruber]. Si alguien me hubiera vaticinado esto hace veinte años, me habría sorprendido un poco».

1804: enero.– Redacción en curso de una historia anónima sobre Italia, la casa de Austria y la de Saboya.

1804.– Anuncio de la coronación de Napoleón por Pío VII. «Le deseo al papa, con todo mi corazón, la muerte, del mismo modo y por la misma razón por la que se la desearía hoy a mi padre, si tuviera que deshonrarse mañana».

1805: diciembre.– «Recibimos noticias decisivas desde Alemania en nuestra contra… ¿soy ruso?».

1806: enero.– Sombrío porvenir para la casa de Cerdeña: «soy aquel que era en Venecia, en 1789… no, entonces había posibilidades de regresar…». «Recibimos noticias de la derrota de los prusianos ante los franceses» [en Jena].

1807: enero.– Su hijo entra, en calidad de oficial ruso, en el cuerpo de caballería de los *Chevaliers-Gardes*. Febrero: Noticias de Eylau. Junio: Paz de Tilsit. «El rey de Cerdeña [ha sido] abandonado en el tratado». Fue en Rusia donde De Maistre forjó su amistad con la señora Swetchine. Estaba trabajando en las siguientes obras: *Los retrasos de la justicia divina*; traducido de Plutarco; *Del Papa*; *De la Iglesia galicana*; *Las veladas de San Petersburgo*; *Aclaración sobre los sacrificios* [Tratado sobre los sacrificios]; *Examen de la filosofía de Bacon*; *Cartas sobre la Inquisición española*; *Reflexiones críticas de un cristiano devoto en Rusia* (en latín).

1811.– Xavier De Maistre (convertido en oficial en Rusia), *El leproso de la ciudad de Aosta*. La Sociedad Bíblica de Londres se instala en San Petersburgo. Alexandre quiere que los jesuitas participen en los esfuerzos de la Sociedad, pero ellos le son hostiles, al igual que De Maistre.

1812: marzo.– El emperador quería que De Maistre se adhiriese a él. Él prefiere seguir siendo fiel a la Casa de Saboya «mientras exista».

1812: septiembre.– Entrada de los franceses en Moscú.

1815: diciembre.– Expulsión de los jesuitas de Rusia. Pío VII acababa de restituirlos en el resto de territorios.

1816: Pascua.– De Maistre declina la invitación al desfile

del emperador, para poder ir a celebrar la Pascua. Surgirán disentimientos. El emperador es un enemigo de los jesuitas.

1817.– Lamennais, *Ensayo sobre la indiferencia en materia de religión*, primer tomo.

1817: junio.– De Maistre abandona San Petersburgo. Un informe malintencionado parece haber provocado que lo convoquen. Copenhague, Elseneur, París (ve allí a Chateaubriand).

1817: agosto.– Regreso a Turín.

1819: marzo.– Lo nombran regente de la Cancillería del Reino y ministro de Estado.

1819.– Publicación de su libro *Del Papa*.

1821: 24 de febrero.– Su última carta es para Lamennais.

1821: 26 de febrero.– Muerte de Joseph de Maistre.

El mayor enemigo de Europa y otros textos escogidos,
de Joseph de Maistre,
se terminó de imprimir
para EL PASEO EDITORIAL
en el mes de junio de 2020.

Colección «El paseo central»

1. SILVERIO LANZA *Noticias biográficas acerca del Excmo. Sr. Marqués del Mantillo*
2. WASHINGTON IRVING *Vieja Navidad*
3. JOSÉ CARDOSO PIRES *Excelentísimo Dinosaurio*
4. WASHINGTON IRVING *En casa de los Bracebridge (Los humoristas)*
5. DAPHNE DU MAURIER *Los pájaros y otros relatos*
6. DAPHNE DU MAURIER *Monte Verità*
7. FERNANDO PESSOA *Cuentos de locos*
8. EMMY HENNINGS *Cárcel (seguido de «Estrofas del éter»)*
9. ARTHUR CONAN DOYLE *Las cartas de Stark Munro*
10. H. P. LOVECRAFT *Confesiones de un incrédulo y otros ensayos escogidos*
11. ANTONIO NÚÑEZ DE HERRERA *Estampas. Literatura y periodismo de vanguardia. (Obra completa)*
12. RENÉ CREVEL *La muerte difícil*
13. EMMY HENNINGS *El estigma. Un diario*
14. CARLOS EDMUNDO DE ORY *Lorca*
15. JUAN SIERRA *Poesía y prosa (Obra completa)*
16. FERNANDO PESSOA *La oligarquía de las bestias y otras ficciones políticas*
17. JOSEPH DE MAISTRE *El mayor enemigo de Europa y otros textos escogidos*